龍馬おもしろばなし

新選組記念館青木繁男

調べ・知り・聞いた秘話を語る！

百話

目次

プロローグ―龍馬の星座、飛べ「ペガサス」……8

一　龍馬のルーツとエピソード……10

1 龍馬のルーツは、滋賀の坂本だった……10
2 龍馬の先祖の中に一人の烈女がいた……13
3 龍馬は「寝小便たれ」だったのか？
坂本三姉妹……14
4 少年龍馬は、いかなる教育を受けたか……17
5 龍馬はなぜ千葉道場に入門できたのか……18
6 天下のばたらげ男、龍馬の剣の実力は……20
7 龍馬の刀剣趣味……21
8 龍馬は、なぜ脱藩したか……23
9 龍馬は、小太りだった……26
10 日本の水虫第一号、ブーツの龍馬……28
11 龍馬は上海に行っていた？……29
12 龍馬の写真は何枚あるか、「上野彦馬」とは……30
13 龍馬と都々逸……33
14 龍馬は、何処に住んでいたか……34
15 他人の褌で、角力をとった龍馬……36
16 志士の変名アラカルト。坂本は才谷、中岡は石川……37
17 〈手紙①〉ユニークな龍馬の手紙の数々……39
18 〈手紙②〉龍馬の面白い手紙、エヘン、エヘン……41

二　影響をあたえた人々……44

19 姉たちが、龍馬にあたえた影響……44
20 砲術は、佐久間象山に学ぶ……47
21 〈勝海舟①〉龍馬が、岡本とではなく、千葉と勝に会いに行った話……49
22 〈勝海舟②〉海舟に宛てた龍馬の手紙が、京都にあった……52
23 〈勝海舟③〉秘められたロマン、海舟に第三の妻が……54
24 〈勝海舟④〉龍馬の親分、勝海舟のアメリカ行きと面白い話……55
25 〈勝海舟⑤〉海舟はなぜ生涯、人を斬らなかったのか？彼の心胆を寒からしめた剣士がいた……60
26 〈勝海舟⑥〉海軍操練所発進、龍馬の夢叶うが！……63
27 〈河田小龍・ジョン万次郎①〉河田小龍幼少時は良馬であった、龍馬の河田小龍との出会い……67
28 〈河田小龍・ジョン万次郎②〉龍馬はどんな本を読んでいたのだろうか……70
29 〈河田小龍・ジョン万次郎③〉河田小龍から何を得たか……72
30 〈河田小龍・ジョン万次郎④〉龍馬を感化した、河田小龍とジョン万次郎……73
31 〈横井小楠①〉龍馬に影響を与えた小楠……76
32 〈横井小楠②〉龍馬の船中八策の原点は、国是七条……78
33 龍馬と大久保一翁……80
34 〈グラバー①〉死の商人グラバー、薩長同盟の陰の大物……82
35 〈グラバー②〉龍馬が行った、グラバーさんの隠れ部屋……84

三　龍馬の同志たち……86

36 なぜ、土佐勤王党は結成されたのか……86
37 土佐は、薩長畑の〝こやし〟になった……88
38 龍馬の脱藩に、「あだたぬ奴」だと云った、半平太の三文字切腹……90
39 龍馬の紹介で、勝海舟の用心棒をつとめた岡田以蔵……94
40 龍馬の智恵で逃げ、神父となった山本琢磨……96
41 龍馬の友、望月亀弥太の謎……98
42 龍馬の理想、北海道開拓を目指していた北添佶磨……100
43 異色の海援隊士山本龍二郎……102
44 吉井友実（幸輔）と、知られていない、吉井勇の龍馬哀悼歌……104
45 伊藤博文がポルトガル人に化けたと、水を売って大儲けの話……106
46 龍馬の友達、高杉晋作の大芝居……108

四　龍馬の海……110

47 勝海軍塾時代―龍馬、洋船に乗り、海軍にとりつかれる……110
48 亀山社中は、どんな会社だったのか……113
49 亀山社中に起った二つの悲劇―饅頭屋の切腹……114
50 亀山社中に起った二つの悲劇―ワイルウェフ号遭難……118
51 万国法と海援隊設立、そして、いろは丸大事件……119

52 龍馬暗殺了見にもつながる、「いろは丸沈没事件」とは……124

五 龍馬を巡る女たち……127

53 お龍、寺田屋お登勢、お徳、お元など……127
54 お慶の話……132
55 千葉さな子（佐那）との恋……138
56 お龍との大恋愛……139
57 龍馬の幻の手紙、寺田屋登勢書簡……141
58 塩浸温泉で龍馬の愛情浸し―ハネムーン第一号……144
59 龍馬のハネムーンの手紙……145
60 下関自然堂と伊藤家。龍馬、お龍のスイートホーム……147

六 龍馬と事件……149

61 龍馬は、薩長同盟にどう関わったのか……149
62 龍馬を尾《つ》ける、幕府スパイ網……151
63 二挺拳銃の龍馬……154
64 お龍は、全裸で駆け上がってはいなかった……156
65 その時、龍馬は―龍馬の下関海峡戦……158
66 龍馬は、土佐藩を効果的に活用……163
67 大政奉還直後の龍馬……166

七 近江屋事件……169

68 龍馬暗殺諸説を検討する、①見廻組説、②薩摩藩説、③井口家文書、及び血染めの屏風が語る説……169

69 龍馬暗殺、アラカルト―「新選組説」「見廻組説」「薩摩人説」「黒幕朝廷説」「薩摩・見廻組説」「紀州藩黒幕説」「土佐藩黒幕説」……173
70 龍馬の刺客を追って―近江屋の二階に長廊下があった……178
71 幕末最大の謎、龍馬暗殺は何時から謎に……179
72 京都の夜は真っ暗。闇の訪れと共に犯人も……181
73 板倉槐堂が出会った、脱藩浪士の謎……182
74 龍馬暗殺の時の、あの〝名札〟は無かった。槐堂の不思議……183
75 龍馬の暗殺と遺留品、先斗町瓢亭の下駄ではなかった？……185
76 龍馬暗殺は、伊東甲子太郎が臭い。近江屋訪問と油小路の変の謎……187
77 龍馬暗殺は、高台寺党か？……191
78 龍馬暗殺の本命、渡辺篤と今井信郎を再確認する……192
79 渡辺篤（一郎）、履暦書摘書を確認する……195
80 海江田信義と渡辺篤、刺客連合説……197
81 龍馬を斬った男は、とんでもない誤解をしていた……200
82 龍馬暗殺は紀州藩、紀州側からの「いろは丸沈没事件」……202
83 龍馬暗殺に関して、松平春嶽は……204
84 龍馬暗殺、原市之進黒幕説……206
85 龍馬暗殺―女性問題による怨恨説と、「いろはのお龍」の謎……207
86 近江屋事件の時、龍馬はピストルを持っていた！……210

87 龍馬暗殺の神様、西尾秋風氏の「オーミスティク」…… 211
88 龍馬の暗殺—高松太郎の亡霊が語る…… 213
89 龍馬の葬儀も、二説ある謎…… 218
90 酢屋嘉兵衛は男でござる。宅に居たのは、才谷ですぇ…… 220

八 龍馬の死後と一族…… 223

91 龍馬と北海道、そして土佐…… 223
92 龍馬の子孫たち…… 225
93 龍馬に隠し子がいた。その秘密をカナダに追う…… 227
94 龍馬の手紙を焼いた、高知のお龍…… 231
95 お龍に子供がいた、西村松兵衛との出会い…… 232
96 お龍の遺骨は、龍馬の墓のそばに埋められた—お龍の第二の夫西村氏を、西尾秋風氏が語るお話—…… 234
97 佐那子へのお龍の嫉妬…… 236
98 佐那子の話「結婚していた！」…… 237
99 龍馬の室、さな子（佐那子）の墓を作った人…… 238

九 文献の中の龍馬（大正期）…… 242

100 珍書坂本竜馬奔走録…… 242
エピローグ…… 261
主な参考文献…… 262
その他参考図書…… 264
著者プロフィール…… 271
奥付…… 272

プロローグ―龍馬の星座、飛べ「ペガサス」

龍馬（1836～1867）は、現在の子供たちから忘れ去られた。

千葉佐那子（1838～1896）が、晩年に学習院女子部の舎監をしていた時、生徒たちに「私は坂本竜馬の婚約者であった」と話し、形見の木綿の紋服を見せたが、全ての学生は「龍馬の事は知らない」と言ったと伝えられている。

あの慶応三年（一八六七）十一月の「近江屋暗殺事件」も、瓦版にも載らず、京雀は、また、〝尊王派志士〟の暗殺かと、関心は無かった様である。当時の京では、暗殺は日常茶飯事で、こんな逸話もある。

東本願寺の別荘「渉成園」の西側にある古い大きい表具屋さんが筆者の先輩で、彼はこんな話をしてくれた。「先祖の伝承であるが、〝幕末〟に家の前で暗殺があって〝バサー〟と音がした。子供時分に濡れタオルを〝バサー〟と振って遊んだ、あの音だった」と。

又、伏見の酒屋の先輩も「うちの社員の話で、富ノ森に家があり、あの〝戊辰の役〟の時、処刑が行われ、その時、〝バサー〟〝バサー〟と音がしたので、親に「タオルを振るな」と叱られたという話を聞いたと。

龍馬暗殺への無関心さに較べて、三条橋の「近藤勇晒首」は〝一大ショー〟と化し、京都市外域の人々も、「一家で見物に行った、と下鳥羽のお婆さんが話した」とか、「私は三つくらいでした、両親に手をひかれて、首を見に行った」とか。

筆者は今回、龍馬の感想文を書いて貰おうと、優秀な進学校の中学三年生に依頼したが「龍馬の事は知りません」。「みんなそうやで！」との事。

二、三日前の新聞広告、出版社の子供向け「偉人伝広告」を見てびっくり。龍馬は姿を消し、ジョージ・ワシントン(1732〜1799)、二宮金次郎(1787〜1856)、ヘンリー・フォード(1863〜1947)の登場である。

孫の本箱に『飛べ!ペガサス　坂本竜馬(時代を動かした人々　維新篇)』を発見。二〇〇〇年五月、小峰書店発行で、「青少年読書感想文全国コンクール課題図書」である。本を開いて見る。「晴れた秋の空を見上げて「おーい坂本さーん」と呼んでみたまえ。天頂に近く輝く、〃四つの星〃がきらめきながら、私達を見下ろしている。それが龍馬の星座だ。天保六年(一八三五)は凶年だった。全国のお米の出来が悪く、大飢饉に襲われた。その年の十一月十五日、太平洋の黒潮が岸を洗う土佐高知の城下、坂本家に、一人の男の子が生まれた。母親の幸《さち》は、その子を身籠った時「雲を巻き起こした龍」が、お腹の中に飛び込んでくる夢を見た。同じ日に父親の八平《はちへい》は、馬の夢を見たので、生れた子は〃龍馬〃と名付けた」。

「龍馬はギリシャ神話の〃ペガサス〃の様に人生を生きた。メドゥーサがペルセウスに首を跳ねられた時、その血からペガサスは生れた。ペガサスは羽のある馬、自由に空を駆け巡る天馬。〃ペガサス〃は生れるとすぐ、オリンポスに登り、ゼウスの為に雷《いかずち》の運び手となった。ペガサスは天に登り続け、やがて星となった。ペガサスの四辺形は、羽の生えた馬が天を駆ける姿、〃龍馬の星座である〃。不死のシンボルとされた星、星になって龍馬は、天空に生き続ける。

太平洋の波が押し寄せる南国土佐、高知浦戸湾入口の西岸竜王岬から竜頭岬をつなぐ長い海岸を「桂浜」という。太陽が水平線から生れる頃、桂浜は、「五色に輝く宝石」の屑の様な珪石《けいせき》の砂を敷きつめた美しい浜辺となった。龍馬は、この浜に立って海を眺めるのが好きだった」。

筆者は、少年少女読書感想文を読んでみたいと念願しながら〃龍馬百話〃の一歩を踏み出した。

一　龍馬のルーツとエピソード

1　龍馬のルーツは、滋賀の坂本だった

筆者は定年でリタイヤして、少しばかり大津の門跡寺院に勤務した時、よく〝坂本〟へ行き、坂本観光協会（滋賀県大津市坂本）のYさんと親しくなった。「坂本龍馬のルーツは坂本にありますね。元々は明智の一族で、坂本城落城の際、斉藤利三《としぞう》と関係の長宗我部氏を頼り土佐へ。はじめは、才谷という所に住んでいました。龍馬のあの性格〝商売人〟のところは、近江ですよ。坂本観光協会も、龍馬を打ち出したいのですが！」と言っておられた。

伝説だが、龍馬のルーツは、美濃源氏土岐氏の庶家、近江国坂本城主・明智左馬之助《あけちさまのすけ》（秀満）（1536？～1582）で、坂本城が落城の折り、左馬之助の一族が、黄金を〝壺〟に入れ、長宗我部氏を頼って、土佐の国までやって来たということなのである。

元々、坂本家の先祖・太郎五郎は、土佐国長岡郡才谷村で、一町以上の大農民だった。才谷村の土地は十五町余で、作人は四十五人だったといわれている。坂本家はこの才谷村において、長宗我部時代の末期から、山内家による藩制の前期まで約八十年間過ごし、龍馬の玄祖父の祖父にあたる八兵衛守之（1640～1697）が、寛永六年（一六六六）に才谷村から高知へ移住した。八兵衛守之は、上町方面の本丁筋三丁目の借家で、質屋を「才谷屋」として開業し、延宝五年（一六七七）には、酒屋株を買って酒造業も開業し

坂本城跡公園（滋賀県大津市）

た。何々《なかなか》の商売人であった。土佐国内には酒造業者が百八十一軒あり、それぞれ酒造株をあたえられていた。この株を買えるだけ資金力があったのだ。商売上手である、これは〃近江の血〃であろうか。更に元禄七年（一六九四）には、借家で諸品売買をはじめた。この〃パイオニア〃八兵衛守之は、その三年後に五十八才で他界するが、その跡継ぎの八郎兵衛正禎（１６６９〜１７３８）が、本丁筋三丁目に大きな屋敷を買い入れ、倉を修築、新築すること五回、そして、隣屋敷も買入れて更に増改築した。商売の方も質屋、酒造業の他に呉服屋、髪付油製造と手広くやり、酒造業のため備前や備中に手代を出張に出し、米の買い付けも行うようになった。更に武家や町人に金を貸して利子を稼ぎ、享保十六年（一七三一）には本丁筋の町年寄を命じられ、藩主にお目見えが出来るようになった。このパイオニアの二代、わずか四、五十年の間に才谷屋は、高知城下で財産家、分限者として知られるようになった。当時の城下では、中央の仁尾久太夫、櫃屋《ひつや》道清《みちきよ》、下町酒屋の根来屋、上町の才谷屋、この四軒が分限者として名を知られていたらしい。「才谷屋」は更に手代に〝のれん分け〟するほか、五人の手代に新店をあたえたというから、たいしたものだった。本丁筋三丁目の才谷屋は、間口八～九間、奥行数十間だったという。しかも数棟の酒倉は甍《いらか》を競い、使用人も十人以上雇っているという繁盛ぶりであった。さらに龍馬の玄祖父・八郎兵衛直益《なおます》（１７０２～１７７９）のときに「郷士」となったのを機に、長男兼助直海《なおみ》（１７３９～１８１２）と次男八次直清《なおきよ》（１７４４～１８２８）に財産分けがなされた。まとめて相続することは、藩の決まりで出来なかったからである。長男兼助直海に郷士株、次男八次直清に本家才谷屋を、それぞれ引き継いだ。

　郷士株を引き継いだ兼助直海が、龍馬の三代前、曽祖父ということになる。商売が繁盛していたからこそ、坂本家は「郷士」であり続けることが出来たのである。才谷屋は、一時期は城下町周辺に山林も所有するほどの盛況ぶりだった。

　神田村の水谷山は、通称「才谷山」と呼ばれ、そののち彼が脱藩するとき、この山の神社に参拝した。高知市柴巻には「坂本山」と呼ばれる山があり、龍馬もこの山で遊んだのだが、幕末には酒造業を売って、家禄米を抵当に武士にお金を貸す仕送屋になった。だが、仕送屋も、始める時期が遅かった。幕末の経済状況が、地方経済にも、その波が来ていたのだった。仕送屋の才谷屋で、武家の担保の刀が原因で、龍馬の愛する姉上一人が命を落とすことになったとされる。

　亀山社中、海援隊で見せる龍馬の〝商人〟としての才能は、この才谷屋、古くはルーツの近江の血があると思わねばならない。

2 龍馬の先祖の中に一人の烈女がいた

龍馬の先祖「おか阿物語」

「大和国吉野之住須藤加賀守殿の娘なり、乱世の時土佐の国へ落給ふが道迄敵六人追掛即ち勝負之由、おかあ殿少し薄手をおはれ敵に待てといふ言葉をかけ、左の小袖を引きちぎり鉢巻にあて又戦ひ終に六人を切留め、夫より土佐の豊永に落ち給ふ。土佐にて合宿と見えたり。尤も弟一人妹一人つれて被レ落由、弟は須江村に有付き跡有レ之哉不レ存候。妹は才谷へ被レ嫁之由是即ち貴様御先祖に可レ有御座候云々、未レ得二御意一候得共、ケ様の事は聞度物にて御座候故云々、伝聞のまま記進申候。今年八十三に相成候故手ふるひ見わけがたく可レ有御座候」。この「おかあ」は豊永左平衛の妻女となり、弟は須江村にありつき、妹は「才谷に嫁がれる由」と、坂本家古系図中「須藤加賀守娘おかあ事蹟」一巻にあることを、大正五年（一九一六）、郷土史家・寺石正路《まさみち》氏（1868～1949）が、『南国遺事』で紹介している。

「定めて其人格器量素もとより尋常婦女子に卓越せしものありしこと疑ひなけん。然して其妹女こそ正しく坂本家の初代たる江州坂本村より土佐才谷の里に移住せる、坂本太良五良の妻女たりしは実に不思議の奇縁と申すべし。げにも其十代の子孫たる坂本龍馬が才気卓落として一世の傑物たりしも亦偶然にあらずとやいはん」とある。

坂本家は、天正十年（一五八二）、明智光秀が本能寺で反逆し、山崎で秀吉に敗北、その甥光春（明智秀満）は、湖水を馬で大津より泳ぎ渡り、坂本城に逃れ、ここで自刃した。「明智左馬助の湖水渡り」伝説である。

その一族が諸国を流浪したが、この明智の系統が土佐の才谷に来国したのが〝龍馬の先祖〟である。長宗我部家と明智家は、当時、相当親密であったことから、土佐へ来流したと考えられる。もし土佐烈婦を他にあげるとするなら、戦国の世、佐和山城籠城のとき、血なまぐさい生首を天主に運び、お歯黒につくり直した物語の女主人公、山田去暦（これき）の娘「御案（お庵）」や、夫の馬揃えに、手鏡から金十両を取り出して名馬を購わせた、かの有名な山内一豊の妻（〝千代〟とも、〝まつ〟とも）がいる。

もし「おかあ」が「土佐三烈婦人」に数えられるとすれば、龍馬は、謀反人と烈婦、女丈夫の先祖の血をひいたもので「龍馬は一世の傑物なりしも、亦偶然にあらず」ということになるのである。血というものは恐ろしいものである。乙女姉さんを見ても、そんな血統のすごさを感じるのである。

3 龍馬は「寝小便たれ」だったのか？
坂本三姉妹

天保六年、土佐国高知城下上町の町人郷士坂本家の次男に生まれた龍馬（１８３６～１８６７）が、「寝小便たれ」だったという話は、坂崎紫瀾《しらん》の『汗血千里駒』の影響が大きい。

「りょうま」の名は「龍馬」が正しいようだ。「竜馬」が一般化しているのは、司馬遼太郎先生（１９２３～１９９６）の『竜馬がゆく』（全5巻、文藝春秋、１９６３～１９６６）の影響である。

「りゅうま」と読むのも誤りで、龍馬自身、手紙の末尾に「りょう」と署名していることからも明らか。諱《いみな》は、直陰《なおかげ》のちに直柔《なおなり》。はじめて郷士になった直益《なおます》（才谷屋三代目）（１７０２～１７７９）以降、歴代「直《なお》」の字が諱に用いられている。「良馬」と書いてあるものもある。

父の名は八平《はちへい》（長兵衛、直足《なおたり》）（１７９７～１８５５）。龍馬が生まれた時、背中に黒く長い毛がたくさん生えていて、調度〝馬のたてがみ〟のようだったので「龍馬」と名付けたといわれている。その時に兄弟は、長兄の権平《ごんぺい》（直方）（1814～1871）、長姉千鶴《ちづ》（1817～1862）、次姉栄《えい》（?～1845）、そして四才年上の三姉に乙女《おとめ》（1832～1879）がいた。

末っ子の龍馬だが幼い頃のことは、よく分かっていない。少年の頃の龍馬は「よばったれ」「よばいたれ」「よばれたれ」とも、つまり、寝小便たれで泣虫小僧だったといわれている。近所の子供たちから〝坂本の鼻たれ〟と馬鹿にされても、喧嘩一つできない弱虫小憎だったようだ。しかしこれも、明治の小説のせいで、本当のことは分からない。

龍馬の本当の性格はともかく、末っ子として大事に育てられたことは、間違いないのである。家族だけでなく、坂本家の使用人からも、「坊ちゃん」として大事にされていたのだ。

だが龍馬が、十二才の時、弘化三年（一八四六）母・幸（1796～1846）が四十九才で他界してしまった。多感な時期に母を失った龍馬と馬が合い以後の生涯、母代りとして接してくれたのが、坂本のお仁王さんの姉乙女だった。乙女の存在は彼には大きかった。

■坂本三姉妹

「坂本の仁王様」こと、三女の乙女は世によく知られているが、他の二姉妹のことは、〝女仁王様〟の陰になり知られていない。長姉〝千鶴《ちず》〟は、龍馬より十九才年上で、安田村郷士・高松順蔵（1807～1876）に嫁ぎ、のちに海援隊士として、龍馬の〝サポーター〟として活躍する「高松太郎」（のちの坂本直《なお》）（1842～1898）と、自由民権家で北海道のクリスチャン「高松南海男《なみお》」（坂本直寛《なおひろ》）（1853～1911）を生んだ。龍馬（1836～1867）とは、親子ほど年が開いていたので、交渉は少なかったが、義兄順蔵は、文武両道に秀で「龍馬のお手本」であった。乙女宛ての手紙に「順蔵さんにお見せ」とか「順蔵さんのうちにおるような心持にて」と、昔を追憶している。千鶴は、文久元年に病没。

次女〝栄《えい》〟は、この世からも坂本家からも記録を抹消された女性で、しかも、弟龍馬と大きなかかわりがあって、彼も生涯このことは心の負担となった。栄は、彼の脱藩を助け大志を励ましたが、禍《わざわい》が一家一族に及ぶのを懸念して自殺したという。栄の密葬墓は、昭和四十三年（一九六八）一月に掘り出され、〝乙女の墓〟と並んで新しく建てられた。「白露の玉のおすすきいえつと、　月かげながら手折りきや君」の美しい遺詠があったと伝えられる。

■ところが、昭和六十三年（一九八八）に、〝栄《えい》〟のものと見られる別の墓石が、嫁ぎ先である柴田家の墓石と隣り合わせに発見された。墓石には「柴田作衛門妻」「坂本八平女」と二行で刻まれ、没年が「弘化□□九月十三日」と一部破損して解読不能なものの、かつては「弘化乙巳二年九月一三日」と刻まれていたことが判明しており、「貞操院栄妙」という戒名が刻まれていたという。弘化二年とは一八四五年で、龍馬の脱藩より十六年も前のことになり、栄は、嫁いですぐに若くして亡くなったことになる。この発見によって、栄の自害云々はともかく、柴田家を離縁されたことも疑わしく、龍馬に刀を渡せるはずもないことが証明された。通説は覆った。以後、龍馬の脱藩時に刀を渡したのは、三女・乙女（1832～1879）で、「肥前忠弘」ということになっている。

4 少年龍馬は、いかなる教育を受けたか

龍馬（1836～1867）は、凡庸《ぼんよう》な少年だった。親が塾に行かせても、すぐにやめてしまい、正規の学習をすることは無かった。その耳学問は、師をも唸らせるものがあったが、決して「神童」と呼ばれる少年ではなかった。

だが、坂本家には学問をする気風があり、兄や姉たちも皆そうだった。子供の教育には〝金〟を惜しまない家系だった。母を亡くした十二才の時、彼は高知城の西、家からほど近い小高坂村の楠山庄助塾に入って学問をすることになったが、すぐに学友と〝いさかい〟を起して、退塾させられてしまった。その後は、姉乙女に家で厳しく教えられることとなった。楠山塾を止めてからは、正規の学問はしなかった。和歌を詠んだり、中国の古典を読んだりはしたが、同世代の志士たちがやった漢詩は、興味を示していない。

文久二年（一八六二）三月に龍馬が脱藩した時、同志の平井収二郎（1835～1863）は、京都にいる、妹・加尾（のちの西山加尾）（1838～1909）に「元より龍馬は人物なれども書物を読まぬゆえ、時として間違いし事も御座候得ば、よくよく御心得あるべく候」と手紙に書いている。彼は、他人の目には書物を読めない無知の人間と映っていた。只、正規の学問をしていなくても、耳学問に優れ、物事の本質をとらえることには優れていた。

ある蘭学者から「和蘭政体論」の講義を聴いたとき、講義の途中で彼は言った。「先生、原義を誤って伝えているように思います。ご一閲を頼みます」「拙者はおぬしの師である。どうして誤ることがあろうか」。原書を精読したところ、自らの誤訳に気付いた師は思う。「自ら読まざるに眼光透徹す、師といえども顔色なきなり」。よく「眼光紙背に徹す」といわれるが、彼は本を読むことはなく、耳から聞いただけで、師の読み間違いを指

摘したわけだ。

彼は、周囲の同輩たちがやっていた学問とは、まるで〃縁〃が無かったが、武芸を嗜むことで「寝小便たれ」「泣き虫小僧」から、たくましい有為の青年に成長して行ったのである。

この「龍馬・愚童説」を採用した『維新土佐勤王史（坂崎紫瀾編）』『坂本竜馬（千頭清臣著）』などの出版物によって、次第に「愚童説」が定着していったのであろう。

5 龍馬はなぜ千葉道場に入門できたのか

江戸剣道修学のため、龍馬（1836〜1867）が高知を発ったのは、嘉永六年（一八五三）三月十七日のことだった。この時は、藩に十五ヶ月の国暇を願い出て許された。その時、龍馬十九才。龍馬と行動を共にしたのは、高知城北江ノ口村出身の溝渕広之丞《みぞぶちひろのじょう》（1828〜1909）。（龍馬は、溝渕とは別に江戸入りしており、千葉道場では同門となったというのが、本当らしい）。

東海道経由で江戸に出た龍馬らは、二人揃ってある場所に向かった。桶町千葉道場である。桶町千葉道場は、この時代には桶町でなく、新材木町か鍛冶橋御門前にあったが、安政二年（一八五五）十月二日の大地震で焼け出され、桶町に引っ越したという。龍馬が江戸に来た時は、まだ桶町でなかったというのだ。

千葉道場は、神田お玉ケ池ではないのか？　千葉道場は、たしかに神田お玉ケ池が有名だが、それは千葉周作（1793〜1856）の道場で、龍馬と溝渕が寄宿した道場は、周作の弟定吉の道場だ。

北辰一刀流の千葉周作がかまえた道場は、正式には「玄武館」といい、はじめ日本橋品川町にあったのが、のちに神田お玉ケ池に移転した。ちなみに北辰一刀流とは、北辰夢想流と小野一刀流を合わせたもので、そこから名付けられている。

一、斉藤弥九郎の神道無念流「練兵館」(力の斉藤)
一、桃井春蔵の鏡新明智流「士学館」(位の桃井)
一、千葉周作の北辰一刀流「玄武館」(技の千葉)

神田お玉ヶ池を本店とすれば、龍馬と溝渕が寄宿した「桶町千葉道場」は支店である。一般に千葉道場というと〝エリート〟の集まりのようだが、調度、龍馬たちが入門した寛永年間には、お玉ヶ池の千葉道場には三千六百人も門弟がいて、屋敷は大名屋敷ほどの広さがあったという。なぜ、それ程、門弟が集まったのか。弟定吉は、道場を開く前から経営の才があった。他の流派の「目録」は、八段階制で一段昇進するごとに礼金をとって経営していたが、北辰一刀流では三段階制として門人の負担を減らし、そのぶん諸大名から門人の委託を受けて、束修《そくしゅう》(授業料)をとっていたため、個人の束修を全廃したという。だから門弟が集まったのだ。

結局、本店のお玉ヶ池で教えきれない者を、桶町で預かっていたのかも知れない。

龍馬と溝渕を出迎えたのは、北辰一刀流剣術師範の千葉定吉(1812?~1879)。定吉には、長男重太郎(1824~1885)、その妹に千葉さな子(佐那)(1838~1896)らがいる。重太郎は、この時三十才、龍馬と親しくなり、勝海舟に二人で会いに行ったという、有名な話が残っている。

■桶町千葉道場は、嘉永二年(一八四九)頃、開祖千葉周作の弟・千葉定吉平政道により作られた。当時では非常に珍しい士農工商の別け隔てない道場だったため、上士、下士、農民、商人から女性、子供に至るまで瞬く間に門人を増やす。すぐさま手狭になり、隣にあるすでに閉塾していた東条一堂塾を買い取り、拡充した。嘉永六年（一八五三）、小栗流師範であった坂本龍馬が土佐藩の許しを得て千葉道場門人となる。龍馬は千葉定吉とその息子で二代目の千葉重太郎より教えを受けた。そして二年後の安政二年（一八五五）十月二日、「安政の大地震」が発生。死者七千人に及んだと言われ、千葉道場も地震による火災を免れなかった。が、千葉一家の努力と道場の経営良好により、翌年には桶町に再建し、通常稽古を再開したという。

6 天下のばたらげ男、龍馬の剣の実力は

土佐の桂浜の竜頭崎に立っている龍馬の銅像は、室戸岬の中岡慎太郎の銅像と、大海を間にして目と目で見合っているという。その死を共にした二人の銅像の姿は、いかにも対照的である。慎太郎は、大小を帯びて「気をつけ」の姿勢、衣服の折り目も〃ぴちっと〃しているし、襟元もきちんとしている。髷《まげ》は、結いたてのように見える。これに対して龍馬は、小刀一本だけを差し、右手を無雑作に懐に入れ、台石にゆったりと寄りかかった「やすめ」の姿勢だし、袴は〃よれよれ〃、髪は乱れ、しかも、履いているのが大きい靴である。土佐のことばで「ばたらげる」というのは、胸をあらわにして、だらしなく衣服を着用することをいう。龍馬のこの姿は、正に〃ばたらげ男〃である。

龍馬の剣の先生は、千葉定吉である。定吉は千葉周作の弟で、桶町に道場をかまえていたところから「桶町千葉」と呼ばれたが、龍馬は、この定吉から「北辰一刀流長刀兵法の目録」を得ている。この伝書には、定吉の娘である、里幾《りき》（?〜１８５８）、佐那《さな》（１８３８〜１８９６）、幾久《いく》（?〜１８８７）という三人の女性の名が連なっている。女性の名が書かれるとは、武術の伝書には珍しい、艶な〃しろもの〃である。しか

し、これは長刀の伝書である。北辰一刀流には「水玉」「黒龍」など長刀の形も多くあった。長刀は「なぎなた」と読む。龍馬にあたえられた伝書は、ほかに小栗流の伝書三巻が、今に残っている。小栗流は、和術（柔術）を表芸にした総合武術で、朝比奈丹左衛門という人から土佐に伝えられた。龍馬は十四才の時、日根野弁治に入門して、この小栗流を修めた。日根野弁治の道場で、もっぱら稽古をつけてやったのは、土居楠五郎という師範代であった。この人の名は余り知られていないが、口碑（言い伝え）によると柔弱な少年時代を送った龍馬は、この土居楠五郎に稽古をつけて貰うことが、無上の楽しみとするようになったという。しかし楠五郎も、龍馬一人を相手にしているわけにいかないから「もう一本」と龍馬がしつこく手合わせを求めると、面倒くさくなって、体当たりをくらわせたり、襟首をつかんで引き倒したりした。が、龍馬は起き上がって「もう一本」と立ち向かっていったそうである。龍馬は、しぶとい男だったようである。

龍馬が果たして、どれほどの剣を使ったかは分からない。史伝では、龍馬は、人を一人も斬ってはいない。近江屋の斬り込みの時も、床の間の〝吉行〟、二尺二寸を抜き放つ暇も無く、凶刃に倒れた。寺田屋で、ピストルで対戦したように、剣より近代的武器の利用を考えていたのだろうと思われる。

7 龍馬の刀剣趣味

龍馬には一つの趣味があった、「刀剣趣味」である。こう書くと不思議に思う人がいるかもしれないが、武士は皆、腰に大小を差しているのだから、刀剣の趣味なら武士なら誰でもあったと思われる。現代の我々が考えるのと、事実は大分違うのである。江戸時代の武士だからといっても、刀剣に深い知識や関心があった訳ではない。刀剣の趣味を持っていた武士は、意外と少ない。現代人でも自動車を運転する人が、全て「自動車マニア」では無いのである。

江戸時代の話に「茶店に刀を置き忘れて船に乗ってしまった武士。芝居小屋に刀を忘れ帰る武士。町の辻で猿若舞に見とれ、脇差の刀身をすり盗られ、鞘だけ差して帰ってくる武士」の面白い話もある。

平和な江戸期、元禄時代（一六八八～一七〇四）に入ると、武士の〝帯刀〟は、形式化してしまい、刀剣に関心を示さない武士も現れて来る。まして、刀剣の歴史を学び、古今の名将がどのような刀剣を使用したのか、どの様な拵《こしらえ》（刀剣の外装の意）を好んだかなどの知識、或は、刀剣の真偽の鑑定などといった知識を持つ武士は、江戸期を通じて本当に少ない。

ピストルを持ち、ブーツを履いて歩くハイカラ趣味、というイメージの強い坂本龍馬。しかし龍馬は、幕末志士の中でも屈指の愛刀家であり目利きだったといわれ、刀剣専門知識を身に付けていた、数少ない武士の一人であったと思われる。それは彼の書き残した手紙、手帳などを詳細に調べると、愛刀をこよなく望み、また、〝素人離れ《しろうと》〟した、刀剣の知識が書かれている事から分かる。

龍馬は慶応二年（一八六六）十二月四日、先祖のものを持って死に臨みたいと手紙を書いて、この刀を兄権《ごん》平《べい》に頼んでゆずりうけることになった。権平は、山内容堂と会うため土佐を訪れた西郷吉之助（隆盛）に、この刀を言付けて、西郷は、中岡慎太郎らに頼んで龍馬のもとに届けた。慶応三年三月頃からこの刀を大切にもって居たと見られ、慶応三年六月二十四日付、兄坂本権平宛に、「然ニ先頃西郷より御送被遣候吉行の刀、此頃出京ニも常帯仕候。京地の刀剣家ニも見セ候所、皆粟田口忠綱位の目利仕候。此頃毛利荒次郎出京ニて此刀を見てしきりにほしがり、私しも兄の賜なりとてホコリ候事ニて御座候」と、記している。

彼が陸奥陽之助（宗光）（1844～1897）に宛てた手紙。

「一、さしあげんと申た脇ざしハ、まだ大坂の使がかへり不申故、わかり不申。
一、御もたせの短刀は　さしあげんと申た　私のよりは、よ程よろしく候。是ハまさしくたしかなるものなり。然るに大坂より刀とぎかへり候時ハ、見せ申候。
一、小弟の長脇ざし御らん被成度とのこと、ごらんニ入レ候」。
十三日　謹言　陸奥老台　自然堂　拝
十三日は、慶応三年（一八六七）十一月十三日、暗殺の二日前である。一つ目は、陸奥陽之助（宗光）に脇差を一振り進呈の約束で、大坂に出した使者が京に戻ってくると分かると、刀を研ぎに出してあると。二つ目は、陸奥が龍馬のところへ短刀を使者に持たせ鑑定依頼である。三つ目は、龍馬の長脇差を見たいという陸奥に見せてあげようと、返事している。

8 龍馬は、なぜ脱藩したか

文久二年（一八六二）三月二十四日夕方、龍馬は、土佐を脱藩した。潮江村地下《じげ》浪人・沢村惣之丞（関雄之助）（1843〜1868）と一緒だった。『福岡家御用日記』には「三月二十五日、御預郷士坂本権平弟龍馬儀昨夜以来行方不知、諸所相尋候得共不明之届候事」とある。

なぜ彼は脱藩したのか。「土佐勤王党」を結成した武市瑞山とは、遠い親戚関係にあたっていた。何かを始めたいと思っていた龍馬には、敷居の低い組織だった。その武市の書簡を持って会いに行った久坂玄瑞からは、「西南雄藩は立ち上ろうとしているのに、土佐は何をやっているんだ！」と、せっつかれた。だが武市の考え方は、個人々が立ち上るよりも、土佐藩主山内豊範はじめ上士の意識を、勤王一色に変えることにある。あくまでも土佐藩士として動こうとしているのが武市だ。だが、久坂の意見は尖《とが》っている、大義のためなら、藩が潰れても仕方ないという意見。久坂にせっつかれた〝武市〟はどうするか。藩を牛耳っている〝吉田東洋〟を殺すに違いない。龍馬だけでなく、多くの者がそう思っていた。

龍馬は思った。吉田東洋を殺して迄、土佐の藩論を尊攘にまとめても意味がない。〝武市〟への、〝土佐勤王党〟への、批判の行動だった。だから脱藩を決意したのだ。

龍馬脱藩に、武市半平太はこう語った。「龍馬は土佐国にあだたぬ（入りきれない）奴なれば、広い所へ追いやれり」「肝胆元雄大　奇機自湧出　飛潜有誰識　偏不恥龍名」（肝胆元より雄大　奇機おのずから湧出し飛潜誰が識るところある　ひとえに龍名に恥じず）」と。

龍馬は、なぜ脱藩しても、自由人でいられたか

脱藩は重罪だった。捕まったら、国許で死罪の可能性があった。何故、龍馬は自由に生きられたのか。

「脱藩」とは、国外に出て浪人となること。藩が一番気にしていたのは、藩の機密、また御家の秘事などが知れることだった。捕まったら御家断絶、死罪すらありえた。しかし、幕末には、脱藩し尊王攘夷運動に走る者が増えはじめ、事実上、黙認の風潮があった。

龍馬は脱藩の半年前、文久元年（一八六一）九月十三日付で、同志平井収二郎の妹・加尾（1838～1909）に手紙を送っている。恋と革命の〝ラブレター〟である。加尾は四才年下、美人で学問も出来、和歌、文筆に優れ、才色兼備の娘で〝幼馴染〟でもある。平井家は、城西、井口村の郷士で、上町の坂本家とは、指呼《しこ》の間にあった。

「先づ々御無事とぞんじ上候。天下の時勢切迫致し候に付、一、高マチ袴《はかま》（乗馬用の馬乗袴）一、ブッサキ羽織（背縫いの下半分が広く裂けた羽織）一、宗十郎頭巾（目・鼻・口以外を覆う黒縮緬の頭巾）外に細き大小一腰各々一ツ、御用意あり度存上候」。

加尾は、安政六年（一八五九）、山内容堂の妹・友姫《ともひめ》（恆姫《ひさひめ》が正しい）（？〜１９１３）が、三条実美《さねとみ》の兄・公睦《きんむつ》（１８２８〜１８５４）に嫁した際、「お付き役」に選ばれて京都に出る。友姫が未亡人となったのちも、文久二年（一八六二）まで三条家に留《とど》まって仕えた。

在京の四年間、加尾は、脱藩浪士の運動を助け、親身になって世話をした。そこで龍馬は、自分が脱藩したら京都へ行くから、その時は加尾に男装させて、尊王攘夷運動に加わらせようとしたと思われる。

龍馬が脱藩した翌日、平井収二郎は、妹加尾に書き送っている。

「坂本龍馬昨廿四日之夜亡命、定めて其地へ参り申へく、龍馬国を出る前々日、其許の事に付、相談に逢候。たとひ龍馬よりいかなる事を相談いたし候とも決して承知不可致。其許は家にありて父母にしたがふ身分なれば、他人の為に人に遣はれ候事は出来不申候。元より龍馬は人物なれども、書物を読まぬ故、時としては間違ひし事も御座候は、よくよく御心得あるへく候。只只拙者も其許も報恩の節を失せず、忠孝の道に欠けさる様、致され度候。めでたくかしく。」

平井は、龍馬がやりそうなことを見抜いていたのだ。たとえ友人であろうとも、脱藩した者に、身内を少しでも、関わらせたくないという思いがあった。結果的に龍馬は、京の加尾のもとには、立ち寄らなかったが、すでに言いつけ通り、着る物を用意していたらしく、のちに「袴地と羽織とは、親戚へのお土産にかこつけ」と、述懐している。

9 龍馬は、小太りだった

先年、京都新聞の記事に、〝龍馬愛用の紋服〟からの想定として、こんな記事が「龍馬ファン」を驚かした。

東山の霊山歴史館が「大龍馬展」で展示していた、龍馬の紋服の傷みが激しいため、同寸の複製品を作った。その際、協力して貰った森岡京都府和裁協同組合理事長の話を参考に、紋服の身丈、身幅から龍馬の身長と体重を割り出した。元の紋服は身丈が三尺九寸（約百十八センチ）、身幅が前七寸（約二十一センチ）、後ろ八寸（約二十四センチ）である。ただし、上半身の横幅は三分（約一センチ）から七分（二十一ミリ）広げてある。

紋服の裾が脛《すね》の下にくると仮定し、和裁の標準寸法から見積もって、身長は「百七十三センチ」、肩幅が横に広げてあることから、体重は平均よりもやや重い「八十キロ」と推定した。龍馬の体格については、従来、他の志士たちと並んだ写真の中で、ひときわ背が高く、その比較から百七十センチ〜百八十センチの大柄と見られているが、具体的に特定した資料は無い。

また紋服は、絹の羽二重《はぶたえ》を使っており、当時の武士の一張羅、歴史館が詳しく調べたところ、着物は「紋抜きのもの」を買ってきて、後から、家紋を入れたことが分かった。「いわば背広の既製服を買ってきたようなもので、高級品ではないでしょう」ということだ。組み合わせ角に〝桔梗の家紋〟も裏返しに付いており、表と裏を仕立て直して二度着ていたらしい。素人が仕立てたらしく、縫い目も、かなり粗かった。「寺田屋のお登勢か、恋人のお龍に頼んで仕立て直してもらったかも」と……。

龍馬は、小太りだったようである。

龍馬の身体的特徴は？

いま、残されている龍馬の写真を見ると、およその体格は分かるが、身長までは分かりにくい。身長は、龍馬を知る人物の証言から、五尺七寸とも五尺八寸とも、五尺九寸（約百七十三〜百七十九センチ）ともされる。いずれにせよ、当時にあっても、かなり大柄だろう。四才違いの姉・乙女の身長と同じ位である。現存している龍馬の紋服から推測すると、百七十センチより少し大きいと考えられているので、証言と大差はない。またその紋服の寸法から、龍馬の体重は、八十キロぐらいではないかとされる。

他に、分かっている身体的特徴としては、色黒、目が細く、眉が太い。剣術修行の面ずれで両鬢《びん》が縮れ、一説では、梅毒のため、髪の毛が抜け落ちて、額が広くなっていたという。背中に馬の〝たてがみ〟のような毛が生えており、これは、のちに妻となるお龍《りょう》も証言している。お龍によれば、眉の上に大きい黒い痣《あざ》があり、顔じゅうに、黒子《ほくろ》が散らばっていたという。

今の写真は、相当に修正され、〝イケメン龍馬〟になっているのだ。

10 日本の水虫第一号、ブーツの龍馬

龍馬（1836〜1867）は、梅毒だったといわれているが、この根拠は、中江兆民《ちょうみん》（1847〜1901）の証言である。「其額は梅毒のため抜け上り居たり」。だから、髪の毛が抜け落ち額が広くなっていたというのが、俗説にある。

だが、高知県立坂本龍馬記念館のホームページでは、龍馬梅毒説を否定している。「梅毒で髪の毛が抜けるということはないようです。兆民以外で、龍馬のことを梅毒と語っている人はいない上に、兆民自身が、龍馬と特に親しかったわけでも無いのですので、兆民の勘違いという事は十分考えられます」と。

さて、龍馬がブーツを履いていたことは、彼の写真からも明らか。ブーツを履く〝きっかけ〟は、砲術訓練がはじめといわれるが、確かにブーツ姿は、流行の最先端だったはず。女性のみならず男たちからも珍しがられ、羨望の眼差しで見られ、龍馬も得意顔だったことだろう。だが、ブーツの中は〝むれて〟いたので、そんなことから、龍馬が、日本の水虫に罹《かか》った人の第一号だったようである。

現在、龍馬がブーツを履いている写真は、立った龍馬と座った龍馬の二枚残っている。この二枚の写真のブーツは、違うもの。立姿のブーツは、先が破け、そりあがっているのが分かり、座っているのは、つま先も上がらず、足にぴったりフィットしている。

立姿のブーツは、長州の高杉晋作からもらったものといい、長州藩は、当時、長州沖を通るイギリスやオランダ、アメリカなど外国船に攻撃していた。その時の乗組員のものではないかと、いわれている。

座っているブーツは、どこで調達したのか？　龍馬は、長崎で亀山社中という商社を開き、諸外国から、武器や蒸気船を輸入していた。この後ろ盾が、トーマス・ブレーク・グラバー（1838〜1911）だった。

そして、龍馬は、グラバーの住む大浦の居留地に何度か足を運んでいた。その居留地、大浦川と海岸通りの交わる角に一軒だけ靴屋さん、それがトンプソン靴店だった。

11 龍馬は上海に行っていた？

龍馬が上海に渡航したと書けば、首をかしげる。何処にそんな史料があるのか。

史料がある。下関市立調布博物館所蔵の『旧臣列伝』という毛筆の書物。これは調布毛利家に残っていた史料、記録等を基に同家で編纂したものである。『旧臣列伝』に収められた〃長府藩士福原和勝《かずかつ》〃（1846～1877）の略伝中に、次の記述がある。「慶応三年某月、藩主の密旨を承《う》け、土佐の士坂本龍馬と倶《とも》に、清国上海《しんこくしゃんはい》に航し外国の情況を探討す。和勝洋行の志を抱くに至るは、蓋《けだ》し茲《ここ》に始まる」と言う。

福原和勝（右）と山県有朋（左）

ちなみに、和勝は同年三月下旬、長州藩の大場伝七、熊野直介らと共に「物情探索」の為、長崎に赴いている。

一方、龍馬も慶応三年（一八六七）三月廿日、下関で中岡と会い、四月六日、長崎から下関伊藤家に、手紙を送る迄の足跡が確認出来ないとすると、この間に密航した可能性は高い。当時、下関や長崎では「死の商人」が暗躍。〃上海辺り〃と密貿易を行っていた。幕府の規則がどうであれ、上海で購入できる武器・兵器のリストを持つことが死活問題になっていた。しかも、欧米の武器商人が安々と往復しているのをみれば……。

元治二年（一八六五）三月、「薩摩藩遣英使節団」として、薩摩藩の英国留学生と共に英国に行った、引率の松木弘安《こうあん》（寺島宗則《むねのり》）（1832～1893）は、帰途、慶応二年（一八六六）、上海で乗り継いだイギリス船の中で、陸奥陽之助（宗光）（1844～1897）に偶然会った。

「幕命ヲ得タル官員ノ外ハ外国ニ出ルヲ禁ズルノ制ナルヲ以テ、去年発ノ時モ薩領ヨリ秘ニ抜碇シ、今回モ長崎ニ入ラザルナリ。該船ニ陸奥宗光及薩人林多助在リ。何故乗船スト問ヘバ、帆船ノ使用ヲ学バンガ為メナリト。阿久根海岸ニテ陸奥ニ別レ、林モ上陸シ、三名帰鹿ス」（『寺島宗則自叙年譜』）。

長崎から上海の航路距離は、長崎から江戸の距離より120キロも近い。長崎から二日で上海へ、さほど難しい事ではない。同じ長府毛利家の「福原和勝履歴」にも同様の記述がある。福原和勝は、実際、慶応三年四月、武器購入のため上海に渡航している。

好奇心が強く探索を礎としている龍馬、きっと龍馬は、海外渡航経験をしたのだろうと思われる。

12 龍馬の写真は何枚あるか、「上野彦馬」とは

龍馬（1836～1867）の写っている写真は、六種類ある。焼き付けて、複数紙焼きが存在している可能性があるので、「種類」と言う方が正しい。六種類とも、慶応元年から慶応三年（一八六七）にかけて撮

左上／上半身だけの“ぼけた”輪郭の写真
左下／椅子に座って“ブーツ”を履いている写真
右上／縁台に座っている写真
右中／海援隊士との写真
右下／伊藤助太夫使用人と座っている写真

影されたと思われる。

一、台に寄り掛かっている全身の写真。「長崎の上野撮影局」。

以下、四種類は、上野彦馬か、弟子で土佐の井上俊三が、写したものか分からない。

一、椅子に座って〝ブーツ〟を履いている写真「上野撮影局」。

一、伊藤助太夫使用人と座っている写真「上野撮影局」。

一、上半身だけの〝ぼけた〟輪郭の写真「上野撮影局」。

一、海援隊士との写真。（長崎と思われるが、上野撮影局か確証なし）。

一、縁台に座っている写真。慶応三年秋、福井で写された説があるが、他説もある。

「上野撮影局」とは、文久二年（一八六二）十一月、長崎新大工町中島川端に開店したスタジオ。上野停車園撮影処の料金は、一枚に付二分。貧乏浪人が記念の為に叩く金額としては、法外なものであった。二分は職人一人が、一ヶ月、十分に食っていける金額だ。

上野彦馬（１８３８～１９０４）二十七才、日本最初のプロ写真家。仏写真家ロッシェに学ぶ。「停車園撮影処」の名は、父、俊之丞《しゅんのじょう》の雅号からとったもの。唐の詩人杜牧《とぼく》の七言絶句「山行《さんこう》」からとった名であった。

松本良順《りょうじゅん》はじめ勝海舟、榎本武揚《たけあき》、坂本龍馬らを、次々に撮影して評判をとった。

井上俊三の孫の話では、「あの脇机にもたれかかった龍馬の写真は、うちのおじいが撮ったもので、床にゴロリと寝ていた龍馬を、これ幸いと起こして写した」と、幾度となく母の正さんから聞かされていたとのこと。

13 龍馬と都々逸

高杉晋作と三味線は付もので、現在の市販の「フィギア人形」でも〝三味線〟を持っている。

幕末の武士たちに、自作即興の歌が流行していた。文化風情《ふぜい》を持たない「新選組」でも、芹沢鴨と土方歳三らの歌が残っている。長州系志士は特に盛んで、龍馬もこの席で覚えたのだろう。「何をくよくよ川端柳　水の流れを見て暮らす」「咲いた桜になぜ駒つなぐ　駒が勇めば花が散る」。この作者は高杉か龍馬か？　高杉の徹夜痛飲の歌、「二人浮世を酒ともだちと　飲んで暗夜を明かしたい」「雪が降る　ふと風が吹かにや　浮世の春がこぬ」と、古書に記されている。

又、「坂本龍馬兵庫の情勢を視、京師の意向をさぐらんとて兵庫に入り、旅館西屋に宿し、しばしば色街に出入りし、花によじ柳を折り、一時花柳の巷に艶名を鳴らす、当時、歌妓に「小吉」なる者あり、侠気に富み且つ文字を解す、酒杯談笑の間、意気相投する処あり、暁鐘の鳴るに心づきて、宴を徹せしこと尠《すく》なからざりし」と、龍馬、「小吉」の為に俗謡を作り、花街に伝唱せしという。「雨にほころぶ、初山桜、咲いた心を知らせたい」。

神戸の花街で遊び、「小吉」という彼女と仲良くなっている。龍馬には何か魅力が備わっていたらしい。

下関「自然堂」から、お龍に〝プレゼント〟した俚謡《りよう》（民謡）の傑作がある。

「恋は思案のほかとやら　長門のせとの稲荷町　ねこもしやくしもおもしろふ　あそぶ廓の春景色　ここにひとりの猿廻し　たぬき一匹ふりすてて　義理もなさけもなき涙　ほかにこころハあるまいと　かけてちかいし山の神　うちにいるのにこころは山路　さぐりさぐりて　いでて行」。

「龍馬は風流閑日月《かんじつげつ》あり、時に政友と稲荷町に遊対酌談義興に任せて一宿して帰る事あり、〝おりょう〟頗る喜ばず、龍馬亦困す。偶、長府一青年来る。龍馬、おりょうをして酒を供せしめ咄嗟に都々逸《どどいつ》を賦す、即ち床間の三弦を執って弾じ且、歌ふ。おりょうも暫く破顔す。龍馬この歌を書いて、終りに「才谷梅太郎」の印を押す。梅花の中に、才谷太郎と訓せるもの。風流瀟洒愛すべし」。お龍はこれを回想、龍馬の都々逸がありますよ、斯う云ふのです。「とんくと登る梯子の真中程で、国を去つて薩摩同士（雪山按ずるに当時龍馬は姓名を変じ薩藩士と称して幕府の嫌疑を避け居たり。故に詩句の三巴遠を変じて薩摩同志とせるか）楼に上る貧乏の春（雪山按ずるにお龍氏も亦お春と変名し居たり。故に詩句の万里の秋を変じて殊更に春とせるか）辛抱しんぼしやんせと目に涙。（『千里駒後日譚』）。

■「三巴」は、高知吸江湾《ぎゅうこうわん》の三つ頭、大坂通いの船の発着所、故郷高知は遠いと嘆いたもの。

14 龍馬は、何処に住んでいたか

龍馬研究家の西尾秋風（1922〜2003）氏と九代目酢屋嘉兵衛氏との面白い出会いを別文で書いたが、昭和期になっても、「うちは〝才谷さん〟をお泊めして、〝坂本さん〟ではありません」と言っている。

京都では、海援隊京都詰所になっていた材木商酢屋嘉兵衛方。酢屋は享保六年（一七二一）創業、元は〝酢のメーカー〟であり、幕末六代目から〝材木商〟に転業。角倉《すみのくら》家より大坂から伏見そして京へと通じる「高瀬川」の、木材輸送独占権を得て運送業も併営。幕末当時は、家の前は馬車道で広く、その下側には「高瀬川の舟入」があり、岸には納屋が建ち、舟の荷揚げをしていた。川沿いには各藩の藩邸が建ち並び、各藩との折衝や伏見、大坂との連絡にも、格好の地であったので、こゝに決めたのだ。

龍馬は、二階の表西側の部屋に住まいしていた。二階の出格子より、龍馬は「舟入」に向けて〝ピストルの試し撃ち〟をしていたようだ。慶応三年（一八六七）六月廿四日の乙女（1832〜1879）への手紙では、酢屋に投宿している事を伝えており、この家に「海援隊京都本部」を置き、隊士長岡謙吉（1834〜1872）、陸奥陽之助（宗光）（1844〜1897）等、多くの同志が投宿していた。

同年十二月七日の「天満屋事件」の時も、この二階に集まったといい、ここから出陣した。維新後にこの家を訪れた陸奥宗光は、当時を思い出し、感慨にむせんだと言われている。この家に残っていた「海援隊日誌」を読み号泣した、当時九十一才の伯爵・田中光顕《みつあき》（1843〜1939）は、この日誌を「涙痕帖《るいこんちょう》」と名付けた。

そして、龍馬は、酢屋では危険なので十一月十二日、河原町蛸薬師土佐藩邸西側の「近江屋」に移った。近江屋井口新助（1837〜1910）は、土佐藩出入りの醤油商であった。

龍馬は、他にも、京都では転々としており、京の西南部の長岡京市の「乙訓寺」にも居たといわれる。神戸海軍操練所へ行く前は、「三十三間堂」の南側辺りに多くの隊士が居住し、そこにも居た。

有名な亀山社中時代は、長崎の豪商小曽根家宅。下関では伊藤助太夫方の一室「自然堂」に住まいした。大坂では、土佐堀の旅宿「薩万」薩摩屋万助方（土佐海援隊大坂詰所）。脱藩して暫くは、江戸千葉家。その後も江戸へ出張した時は、千葉家を利用していた。神戸海軍操練所時代は、新築した神戸塾で塾生たち一同と寝起きしていた。そして京都への時は、必ず、伏見の「寺田屋」であり、彼女のお龍もそこへ預けていた。

15 他人の褌で、角力をとった龍馬

龍馬は、脱藩後三十三才で死ぬまで六年間は、全く「他人の褌《ふんどし》で角力《すもう》」をとり、日本を洗濯した男である。つまり、兄権平《ごんぺい》の采配する坂本家や本家の才谷家からも、一文の仕送りも受けず、専ら薩摩や長州の金力を頼り、のち長崎で後藤象二郎と知り合って、自藩の土佐を利用して幕末回天の舞台廻しに力を注いだ。

同じように脱藩浪士であった、出羽の清河八郎や越後の本間精一郎は、自藩をバックにしない、全くの草奔《そうもう》の志士であることにおいては、龍馬と相似ているが、彼等の運動資金は、全て故郷の田舎で貯えた自家からの持ち出しによっていた。

これに比べて、龍馬が全くそうでなかったところが、彼の本領である。それだけに〝逞しく〟〝したたか〟で喰えない男であったと思われる。すでに、当時の武士から、はみだした存在であったのであろう。彼の言動は、無欲恬淡《むよくてんたん》で、固苦しい官途を拒否しているが、これは当時としては驚くべき事を、普通として行っている。

長崎における「亀山社中」や「海援隊」で支給した給料は、平隊士も隊長格も同一額である。これは、当時の通念としては、到底考えられないことである。この当時の他のグループ、例えば「新選組」の近藤勇たちの運営方法とは、著しい相違があるのだ。商人の利潤追求と詩人の無償性が、矛盾なく同居しているのである。

この様な男を育てた家庭は、これまでの先祖の閲歴が示すように、中流の武士階級にも味わえないであろう、豊富な物資生活に恵まれてきた。例えば、西郷吉之助や桂小五郎など、中下層武士階級出身者の伺い知れぬ豊かさ、伸びやかさの中に、彼は育っている。

「座敷を歩くにも小笠原流のすり足で、飲食等武家の作法通りにし、客膳たる高脚《たかあし》の本膳には古式通りの三汁五采を供へ、自分の膳にすら魚は尾頭《おかしら》付きの鯛を常としたが、而も魚肉は只表面を食べるばかり、菊栄《きくえ》等が、裏の片身に箸を付くのをみては、武士の子にあるまじき尾籠《びかご》の振舞とて叱責した。又来客に出す菓子は紅白の二種を、夫れ〲別の高つきに盛った。そして之を食する作法として、先ず白菓子を先きに喰べ、次ぎに赤菓子を喰べる、そして如何なる場合にも双方三個以上を食するは違法なりとて、之を厳禁した。菊栄の友だちの遊びに来た時も、この紅白の菓子を出したが、彼女がこの禁を破って多食する時は、きびしく叱って之を止め、余った大部分の菓子を全部、遊び友だちにあたえたという」『おばあちゃんの一生／三十余年の懐古―岡上菊栄伝』（宮地仁著　大空社　1989）。この坂本家の家風を、のちに、坂本乙女（1832～1879）の遺女といわれた「岡上菊栄《おかのうえきくえ》」（1867～1947）が語り、残している。

当時の才谷家は、商売上手で、相当な裕福な暮らしぶりで、龍馬もこの環境で育ち、金融とか、利というものに非常に〝長《た》けて〟いたと思われる。海軍操練所の資金を、松平春嶽に交渉に行って千両の目標を五千両引き出した才能を見ても、分かる。その後、亀山社中ではこの能力を十二分に発揮し、資金運用を天才的に行ったと見なければなるまい。最後の、紀州藩から大金を交渉力で勝ち取った事実が、全てを説明している。

16 志士の変名アラカルト。坂本は才谷、中岡は石川

新国劇の名セリフ「春雨じゃぬれていこう」「あい、月様」。〝お月さま〟では無い。なんとか菊という、芸奴さんだか舞妓さんだかが、勤王の志士「月形半平太」の頭文字だけを言ったようだ。この月様は、架空の人物。ただ福岡藩に月形洗蔵（1828～1865）、土佐藩に岡田以蔵の大親分、武市半平太（1829～1865）がいた。その姓と名をつなぎ合わせたものという。両方とも尊攘派の志士。

別に書いているが、平野国臣《ひらのくにおみ》（1828～1864）も志士。この平野は「幕府のために追跡され、海に避け山にくぐり、姓名を変じ、〃形をあらため〃、千辛万苦《せんしんばんく》……」。「けだし英雄は昔からみなこうだった」。だから僕も平気と言っている。逃げる専門ではなく、力の限り幕府をやっつけるため、大運動を展開した。だから姓名を変えた回数も多い。宮崎司、佐々木将監、都甲楯彦、草香江水斉、胎岳陰雲外坊、竹島直紀、浦志摩守、藤井五兵衛、田中作八郎と、なんと、十もの変名を使っていた。〃西の横綱〃は、この人だろう。〃形をあらため〃とは変装のことだ。

〃東の横綱〃は、水戸の真壁の人、櫻任蔵《さくらじんぞう》（1812～1859）。任蔵も変名は、村越芳太郎、相良六郎など九回、井上馨（聞多）は五回、その中には「春山花輔」という面白いものもあるのが、井上らしい。伊藤博文（俊輔）は「花山春輔」ら四回、水戸の高橋多一郎は四回。

土佐の中岡慎太郎（1838～1867）は、大山彦太郎など四回、彼が親友龍馬と共に暗殺された時、龍馬は石川と呼んでいる。その時の中岡は「石川清之助」であった。龍馬は、西郷伊三郎、才谷梅太郎、取巻の抜六、大浜涛次郎《とうじろう》、高坂龍次郎と五回だが、その時の龍馬は、高知の才谷屋からとった「才谷梅太郎」であった。高杉晋作も四回、彼は梅が好きだったので「谷梅之助」など。武市半平太も四回で「太平墨龍」など。松村塾の三秀の愛弟子・吉田稔麿は、「松里勇」「松村小介」と、〃松〃をつけていて四回。

この平野国臣は、狂人のふりをして妻子と別れ、尊王討幕一本槍で飛び回った。文久三年（一八六三）「八月十八日政変」にも〃一枚カミ〃。「政変があった！　天忠組（天誅組）よ、お待ちなさい」と忠告に走ったが、もう旗上げしていて間に合わなかった。そして京都へ戻ったら、みんな長州へ落ちたあと、すぐに追っかけて……。

天忠組は二階へ上がって「梯子《はしご》」をはずされたのも同様だ。「助けよう」、遂に七卿の一人、沢宣嘉《のぶよし》を大将に担ぎ、奇兵隊第二代目総督の河上弥市も引っぱり出し、生野、但馬《たじま》地方の尊王家と組んで天忠組応援の旗上をやった。この地方には農兵を組織して尊攘運動をやろうとしていた同志がいたからである。しかし、これも失敗、沢は逃げ、河上は自刃、平野は捕まり六角獄舎で〝禁門の変〟の折、斬殺された。

また、〝あだ名〟も面白い、坂本龍馬は「痣《あざ》」で、土佐勤王党の武市瑞山《ずいざん》（半平太）は「顎《あご》」である。御所猿ケ辻で「黒まめさん」血に染まるで、姉小路公知《あねがこうじきんとも》は「黒まめ」、三条実美《さねとみ》は「白まめ」だった。松下村塾の野村和作（靖）は〝メンコ〟の「金時」、赤くて丸い童顔だった。同じく後に陸軍中将になった山田顕義《あきよし》は、「黒砂糖の疑塊《かたまり》」、よほど色黒だったのだろう。武市瑞山（半平太）は「竿鈴《かんれい》」。大村益次郎は「火吹き達磨」。将軍慶喜《よしのぶ》は「豚一」、彼は〝新しいもの喰い〟で豚も喰べたので「豚」「一橋」で〝豚一〟なのだ。フランス陸軍装をして二条城周辺を乗馬していたのを見て、京雀は「豚一の馬鹿」と呼んだという、伝説めいた伝承が、京の家庭に伝わっている。

17 〈手紙①〉ユニークな龍馬の手紙の数々

文久三年（一八六三）六月二十九日、龍馬は、姉乙女に手紙を書いた。

「この手紙は極めて重大なことばかりが書いてあるので、おしゃべりな奴には見せないようにな。」「このごろは、或る大きな藩に認められて、いざというときは二、三百人位の人を任せられるようになり、お金のことも心配しなくても済むようになりました。さて、私が今、心から嘆き怒っているのは、長州で外国との戦争がはじまり、みじめな負け方をしただけでなく、同じ日本人でありながら、その外国に手助けしようとした者がいたということです。それは大きな勢力をもつ幕府の役人たちです。それがどうしても許せません。いずれこの者どもと戦して討ち殺し、日本を、今一度洗濯し、正しい国家の姿にしなければならないと思っています。私の志が素晴らしいというので、大きな藩から仕官をすすめられましたが、いまさら他の藩に仕えるつもりはありません。世の中には、そんなに人材がいないんでしょうか。私は自由人として、これからも思ったとおりに活動します。そうすると、もしかして長生き出来ないかも知れません。と言っても、そうやすやすと死ぬつもりはなく、天下大変となっても役に立たなければ生きている価値はないと思いますので、立派な人物になるように心がけます。土佐の「芋掘り」とも、なんとも言われない、低い身分に生れた私が、一人で天下を動かしてやろうと思っているのです。もしそれが出来たとしても、人間個人の力では無く、天というものの意思でしょう。大きなことを言っているようですが、私は決して思い上がっているわけではなく、泥の中の「すずめがい」のように、いつも土を鼻の先につけて、砂を頭にかぶっておりますので、ご安心ください」。（大意）

龍馬が乙女姉さんに出している手紙は、面白いユニークな文面である。外国の軍隊を手助けして、日本の国の一部（長州）を占領させようとする日本人と戦をして、打ち殺してやろう怒りを表にし、新しい行動をはじめるとの手紙である。その前に乙女姉さんに出した手紙で、龍馬は長生きして頑張り、四十才になるまでは故郷には、帰らないと書いている。それが、今度の手紙では〝ひょっと〟して長生きできないといっている。

この手紙の中の大きな藩とは、福井藩のことだ。松平春嶽に認められて、藩士にとり立てようとの話もあったのだが、龍馬には眼中の外のことであった。藩などに縛られない自由が、龍馬の頭にあったのだ。この頃、龍馬には大きな自信が動き出し、一人で天下を動かしてやろうと大志はふくれ上っていたのだった。「雀貝のようにいつも土を鼻につけ、砂を頭にかぶって」と、思いあがらず、自分を見すえている。人に目立とうとして派手にふるまうのではなく、目的に向かって着実な道を歩む龍馬の行動は、順次展開して行くのである。

薩長連合、海援隊の活躍、大政奉還と四十才になるまで故郷に戻らないと言った龍馬、長生き出来ないかもと言い替えた龍馬は、乙女にこの手紙を書いた時から、わずか四年しか生きることが出来なかったが、日本を洗濯する大仕事をしでかしたのであった。

18 〈手紙②〉龍馬の面白い手紙、エヘン、エヘン

文久三年（一八六三）三月二十日、龍馬は、姉の乙女《おとめ》に手紙を出している。この頃、京都では、清河八郎（1830～1863）が「浪士隊」を率いて、江戸から中山道を京都にやってきた頃だ。

「扨もく人間の一世ハがてんの行ぬハ元よりの事、うんのわるいものハふろよりいでんとして、きんたまをつめわりて死ぬるものもあり。夫とくらべてハ私などハ、うんがつよくなにほど死ぬるバへでゝもし（死）なれず、じぶんでしのふと思ふても又いきねバならん事ニなり、今にてハ日本第一の人物勝憐（麟）太郎殿という人にでしになり、日々兼而思付所をせいといたしおり申候。其故に私年四十歳になるころまでハ、うちにハかへらんよふニいたし申つもりにて、あにさんにもそふだんいたし候所、このごろハおゝきに御きげんよろしくなり、そのおゆるしがいで申候。国のため天下のためちからおつくしおり申候。どふぞおんよろこびねがいあげ、かしこ」。（さてさて人間の世の中には、分からないことばかりですね。運の悪いものは、お風呂から出ようとして〝きんたま〟をつめまわって死ぬ者もあります。それに比べれば私などは運が強く、（これは死ぬなと思うような場に出くわしても死にはしません。自分から死のうと思って、また生きなければならないようになってしまい、それゆえ、いま私は、日本第一の人物勝海舟という人の弟子になり、昔から考えていた

ことの実現を目指して、毎日、頑張っています。ですから四十才になるまでは、故郷《ふるさと》に帰らないつもりで、兄さんに相談したところ、最近は機嫌がよく、許可もでました。国のため、天下のために、働いています。どうぞお喜びください)。

この年の四月、神戸に、幕府の神戸海軍操練所建設が決定した。海舟が、将軍家茂《いえもち》に直接上申し、これが認められて出来たのであった。はじめて、幕府は本腰を入れ、日本全土の海防を考えてこれを開設した。幕府の支給金の、年三千両では足らないので、松平春嶽《しゅんがく》から、そのお金を借りることにし、勝は、その交渉を龍馬に命じた。龍馬ならば、この仕事は果たせるだろう。勝は龍馬の力を確信していた。大先生の勝に大仕事を任せられた龍馬は、雄気百倍で、二回目の福井に向かった。文久三年五月十七日、旅の途中に京都から乙女に手紙を出している。

「エヘン、エヘン」と戯《おど》け乍ら……「此頃ハ天下無二の軍学者勝麟太郎という大先生に門人となり、ことの外かはいがられ候て、先きやくぶんのよふなものになり申候。ちかきうちにハ大坂より十里あまりの地ニて、兵庫という所ニて、おゝきに海軍をおしへ候所をこしらへ、又四十間、五十間もある船をこしらへ、でしどもニも四五百人も諸方よりあつまり候事、私初栄太郎なども其海軍所に稽古学問いたし、時ゝ船乗のけいこもいたし、けいこ船の蒸気船をもつて近ゝのうち、土佐の方へも参り申候。そのせつ御見にかゝり可申候。私の存じ付ハ、このせつ兄上にもおゝきに御どふいなされ、それわおもしろい、やれ〳〵と御もふしのつがふニて候あいだ、いぜんももふし候とふり軍サでもはじまり候時ハ夫までの命。ことし命あれバ私四十歳になり候を、むかしいゝし事を御引合なされたまへ。すこしヱヘンニかおしてひそかにおり申候。達人の見るまなこハおそろしきものとや、つれ〴〵ニもこれあり。猶ヱヘンヱヘン、かしこ。右の事ハ、まづ〳〵あいだがらへも、すこしもいうては、見込のちがう人あるからは、をひとりニて御聞おき、かしこ」。(このごろは天下無二の軍学者勝麟太郎という大先生の門人となり、ずいぶん可愛がられて、客分のような仕事をしています。近いうちに大坂から四十キロばかりのところにある兵庫で、大々的に海軍の養成所をこしらえ、大きな船を作って、弟子も四、五百人も集め、私初め栄太郎（龍馬の甥　高松太郎）なども、その海軍操練所で稽古や学問に励むことになります。けいこ船の蒸気船に乗って土佐に帰り、お目にかかりたいと思います。先日は兄上と京都で会いましたが、それは面白いからしっかりやれと言われました。この前、四十才になるまで土佐に帰らないと手紙に書きましたが、もし戦争にでもなれば、それまでの命かも知れません。しかし私は今の仕事に生き甲斐を感じており、すこし〝エヘン顔〟をしているのです。「達人の人を見る眼は、すこしもあやまるところあるべからず」と「徒然草」にも書いてあるとおり、達人である勝海舟先生は、私を高く評価してくださったのです。もういちど、エヘン、エヘン……。この手紙は他人に見せないでください。親類の中にも意見の違うものがいますので、姉上だけで詠んで下さい）。

福井行きの大任を引受け「エヘン、エヘン」と威張って見せながら、龍馬は春嶽に会い、五千両を借りることに成功したのであった。勝は千両位が相場であろうと思ったのに、龍馬が五千両を引き出したのでびっくりしたとか。そして、春嶽の紹介で横井小楠や三岡八郎（由利公正）にも会って親交を深めた。

龍馬のヒットの五千両は、横井や三岡のサポートがあり、人に好かれる龍馬の成果であった。

二　影響をあたえた人々

19 姉たちが、龍馬にあたえた影響

龍馬（1836～1867）には、三人の姉がいた。中でも有名なのは、彼の性格を変えた三姉の乙女《おとめ》（1832～1879）だが、実は次姉「栄《えい》」も、龍馬の人生に大きな影を落とすことになる。

「いごっそう」、土佐の方言で気骨あること。信念を曲げない、頑固者。高知県人の気骨を表す語である。〃異骨相〃とも書かれる。たいていは、土佐の男性を指し、女性の場合は「はちきん」と呼ぶらしい。「八金」とは、男（二金）を手玉にとるとか、普通の女性を十金とすれば〃女らしさ〃が足りない分、八金という…なるほど。

龍馬の四つ年上の三姉・乙女は、「坂本のお仁王さま」とよばれるほど大柄な大女だった。身長は五尺八寸（約百七十五センチ）。体重は三十貫（約百十二キロ）というから、そんじょそこらにいる女性では無かった。すごいのは、体格だけではない。剣術は切紙《きりかみ》伝授の腕前で、馬術、弓術、水練、長刀、はたまた、彼女は〃ピストル〃も撃てたのである。しかも経書《けいしょ》、和歌、絵画といった学問だけでなく、琴、三味線《しゃみせん》、舞踊、謡曲、浄瑠璃といった音曲も好む、万能選手のような女性である。只し、料理、お針は苦手だった。こんな人だから、藩医・岡上樹庵《おかのうえじゅあん》（1828～1871）に嫁して一女をもうけたが、結婚生活十年ほどで離縁され、坂本家に出戻りとして帰っていた。結婚相手の岡上という男は、身長五尺に足らぬ小男で短気の持主であり、坂本家と岡上家の家風の違いから、姑との間も上手く行かなかったのである。姑からすれば〃女だてら〃に男の好むよ

うな事などをやり、ろくに家事もできない。当時としては異端で、現在には〝ぴたり〟の人であった。

ここに、歴史の不思議がある。もし龍馬に乙女が居なかったら。乙女は龍馬を「愛撫して倦まず、怯《きょう》を矯《た》め、勇をはげまし以て其性情を一変せしめ」と、母親役を見事に果たしたといわれている。弱き男、龍馬を叩き上げたのだろう。十二才で母を亡くした龍馬は、生涯、姉乙女を母のように敬慕し、ほほえましい心一杯の手紙を送り続けた。この人は、龍馬の死後、〝お龍《りょう》〟を引きとって一緒に暮らしたが、同じような性格の二人は、上手に行かず〝お龍〟は去った。そして明治十二年（一八七九）八月三十一日、四十九才の有為な死を遂げた。

坂本乙女

次に長姉の千鶴《ちづ》（1817～1862）、この人は安芸郡安田村の郷士、高松順蔵（1807～1876）に嫁し、文久元年十二月二十五日に、四十五才で他界しているから、龍馬とは十八才も年が上で親子ほどの関係であったのだ。龍馬は、幼い時からよく、高松家のある安田浦に遊びに行ったという。千鶴は、龍馬を大変可愛がり、江戸へ龍馬が剣術修行へ出た時には、お守りを贈ったといい、龍馬は京都寺田屋に居候を決め込んだ時には、姉・乙女に手紙で「まるでここは安田の順蔵さんの家にいるような居心地だ」といって順蔵宅と懐かしんだそうだ。

高松順蔵は、文化四年に土佐藩郷士・高松益之丞の長男として生まれる。祖父の高松弥三衛門から教えを受けたが、やがて江戸へ出て経書や歴史、儒学など様々な教養を身につけた。剣は長谷川流居合術を習得し、名人の域に達したという。また、壬生水石《みぶすいせき》（1790〜1871）の下で書画や篆刻《てんこく》を学び和歌などを嗜み、諸国を巡りながら多くの歌人や学者と交わったといわれる。八歳で継いだ家督を、末弟の勇蔵（?〜1872）を養子に迎えて譲り（次弟はオランダ医学を学び、濤亭《とうてい》（1810〜1868）と名乗り開業医となる）、号を「高松小埜《しょうや》」と名乗り悠々自適な生活を送り、私塾を開いて近在の壮士教育に務めた。剣の腕前でも、土佐一の剣豪として知られた。藩主だった山内容堂の蘭学者就任の招聘を三度にわたって固辞し、権力に阿《おもね》るを嫌った。龍馬の人生においても、順蔵の思想に多大な影響を受け、またこの私塾から中岡慎太郎、安岡斧太郎（直行）や後の海援隊士・石田英吉らを輩出した。明治九年に七十歳の生涯を閉じた。

順蔵と千鶴の二人の男の子が、後に坂本龍馬の名籍を継いだ坂本直《なお》（高松太郎）、龍馬の兄・権平の養子となった坂本直寛《なおひろ》だ。

次女の栄《えい》は、徒士《かち》柴田宗右衛門に嫁したが、乙女姉と同様に坂本家に戻り、文久二年（一八六二）三月二十四日に自害とされる。この日は龍馬が脱藩した日であった。なぜ姉の栄は自害したのか。この三月二十四日、龍馬は「才谷屋」に姿をあらわし、姉の栄に〝一刀〟を出してくれと頼んだ。この頃、才谷家は仕送屋を営んでおり、武家から質草に預かった刀が蔵にあった。龍馬は、坂本家の刀ではなく質草の刀を出してくれと頼むが、姉栄は、はねつける。この当時、女は蔵への出入りを禁止されていたからである。だが、龍馬が一生懸命にお願いするので、根負けした栄は、蔵から銘「吉行」の刀一振を、密かに持ち出し龍馬に渡してしまった。まさか龍馬が、その足で〝脱藩〟という重罪を犯すなど夢にも思わなかった。事件となってしまった。当主で兄権平《ごんぺい》は、龍馬の脱藩と刀の紛失を藩に届け出た。栄はこの責任をとって、その夜自害したとされる。姉の乙女の関係ばかりが目立つが、自分のために自害した、次姉栄の存在が大きな影を常に落としていたと思われてならないのである。そして龍馬は走った。

次女の栄の新説については、P16参照。

20 砲術は、佐久間象山に学ぶ

龍馬が江戸に出て、まもなく嘉永六年（一八五三）六月三日、マシュー・ペリー（1794〜1858）率いるアメリカ海軍東インド艦隊の四隻の軍艦「サスケハナ」「ミシシッピ」「プリナス」「サラトガ」が、江戸湾浦賀沖にやってきた。日本に開国を迫るため、西暦1852年11月にバージニア州ノーフォークを出発しケープタウン、シンガポール、香港、上海、琉球、小笠原諸島を経由してやってきたのだ。「泰平の眠りをさます上喜撰《じょうきせん》、たつた、四杯で夜もねむれず」。このように落首に書かれたのは有名な話。

龍馬は、土佐藩臨時用役として、海岸警備に駆り出される。国暇で江戸遊学を許されている訳だから、土佐藩邸にも度々に顔を出していたはずで、土佐の担当区域の品川海岸で、大井村の下屋敷が警備本部になった。だがペリーは、幕府浦賀奉行の戸田氏栄《うじよし》（1799〜1858）、井戸弘道（?〜1855）にフィルモアナ大統領の親書を手渡したが、幕府から翌年までの回答猶予を求められて、九月九日にいったん退去してしまった。

龍馬は、九月二十三日付の父八平宛ての手紙で「異国船処々に来り候由に候へば、軍《いくさ》も近き内と奉存候。

佐久間象山

其節は異国の首を打取り、帰国可仕候」。龍馬は、もう一度黒船がやってきたら異国人を討ってやろうと思っていた。この頃は他の志士たちと同じ、〝攘夷〟の青年だった。

　幕府が回答猶予を与えられている間の、同年十二月一日に、龍馬（１８３６～１８６７）は、兵学者佐久間象山《しょうざん》（１８１１～１８６４）に入門して砲術を学ぶ。象山は、ペリーの来航した浦賀を訪ねて視察していた。龍馬が、象山と浦賀に足を運んだ記録はない。

　前の年の嘉永五年、勝海舟の妹・順子（１８３６～１９０７）が象山に嫁《とつ》いでいた。だが海舟は、自信家の象山を快く思っていなかった様だった。

「佐久間象山はもの知りだよ、学問も博し、見識も多少もっていたよ。しかし、どうも〝ほら吹き〟で困るよ。あんな男を、実際に局に当らせたらどうだろうか？　何とも保証は出来ないのう。〝顔つき〟からして一種奇妙なのに、平生〝緞子《どんす》〟の羽織に、古代模様の〝袴《はかま》〟をはいて、いかにもおれは天下の師だというように厳然とかまえこんで、元来勝ち気の強い男だから、漢学者がくると洋学をもつて脅《おど》しつけ、ちょっと書生が訪ねてきても、直に叱り飛ばすという風で、どうも始末に、いけなかったよ」。象山を批判する海舟も、同じく自信家だったのだが……。

　龍馬も、象山に叱り飛ばされたに違いない。〝人たらし〟の龍馬のことだから、象山を笑わせた、少し変わった門下生だったのだろう。

象山の門弟、吉田松陰《しょういん》(1830~1859)が、伊豆下田で米艦への乗船問題を引起こし、象山も連座して、小伝馬町に入獄させられ、更に文久二年(一八六二)まで、信濃国松代《まつしろ》で蟄居生活を送った。そして、その二年後の元治元年(一八六四)、象山は一橋慶喜に招かれ京に入り、「公武合体論と開国論」を説くが、七月十一日、三条木屋町で河上彦斉らによって暗殺された。

龍馬がいつまで象山の弟子だったかは分からない。剣術修行の満期で、龍馬は江戸を発ち、高知へ戻ったのであった。

象山から龍馬が、どれ程のことを学んだかを示す資料はない。しかし、嘉永六年(一八五三)十二月に象山の教えを受けてから数ヵ月後、翌年六月に土佐へ帰国。同年十一月に、ジョン万次郎から米国の詳細な事情を聞き、絵図いりの書物にした「河田小龍」の元に出向いたことを考えると、龍馬は、佐久間象山から少なからぬ影響を受けたに違いない。安政三年(一八五六)八月、龍馬は再び、江戸に出る。

21 〈勝海舟①〉龍馬が、岡本とではなく、千葉と勝に会いに行った話

龍馬(1836~1867)が、松平春嶽の紹介状をもって、千葉重太郎(1824~1885)と共に勝海舟邸へ出かけたのは、文久二年(一八六二)十月のことである。(史実は、同年十二月九日とされる)。勝の日記によれば十月中、海舟が家に居たと思われる日は、六日、十四日、十八日、二十四日のわずか四日である。このうち十四日は、幕府が上海から購入した鉄船ジンキー号を受け取りにいって帰った日である。六日は

勝海舟

家にいて調べものをしており、十八日は空白、二十四日は休みとなっている。この三日の日のいずれかであっただろうか。春嶽の紹介状がもらえた理由については、各種の「龍馬伝」が、各々推測するところではあるが、千葉重太郎を同道したことを理由として、重太郎が、常盤橋の春嶽の江戸屋敷へ剣術師範として出入りしていた縁であるとされている。（平尾道雄説）。

古い小説には、その様子がこの様に描かれている。

《重太郎は知ってゐるが、連れの男には見覚へが無かった。二十七、八の背の高い、無作法な男であった。客の二人は勝の顔を見ると、次の間で腰の刀をほどこうとしたので、勝は見かけによらない大きい声で「さあ、そのままでお入りなさい。時節柄、刀を離すのは武士の油断と申すものだ」と注意した。さふゐう勝も、書きものをしている机の側に、鮫鞘《さめざや》の短い刀を乗せた刀架を、ちゃんと引き寄せてあった。勝は、対坐に着くのを待って「御尊父はお達者だろうね、この頃は公務、多端《たたん》で、つい御無沙汰を申してゐるが」と穏やかに訊《き》いた。然《しか》し、重太郎はなぜか少し興奮して「土州の坂本君です。道場の古参です」と、いきなり連れの男を紹介した。「土佐の坂本君と申されるか」、勝は俄《にわ》かに態度を変へ、脇息を押しのけ鋭い眼を据へて「失礼だが、御両所は、儂《わし》を刺しに参られたな、さうだろう、何《ど》うだ」と睨んだ。「いや別に」重太郎は少しく〝狼

狽〃して、膝を乗り出した。「隠さなくていい。顔に書いてあるぢやないか」。》

この作品は『藤陰略話《とういんりやくわ》』等の史料から読み取り、相当に忠実に性格に描かれている。『藤陰略話』は、河田小龍（1824～1898）が、明治二十六年（一八九三）ごろに著した、門人の近藤長次郎（1838～1866）の略歴である。

平尾道雄氏（1900～1979）は云う。

「ところで、勝に会いにゆく龍馬の心根は、ゆれ動く何かがあったと思われる。絵師河田小龍との接触によって航海の夢をもっていた龍馬には、会見に先立って、勝への期待、また、憧れに似たものを胸に抱いていたのではなかったか？　攘夷一筋の壮士として、勝をねらったものとは考えられないことである。『追賛一話《ついさんいちわ》』（海舟後日談）に、龍馬の言葉として「今宵のこと、ひそかに期する所あり、若し公の説、如何に依りては、敢て公を刺んと決したり、今や公の説を聞き、大に余の〃固執〃を恥ず、請ふ是より公の門下生と為らん」と、言ったとある。勝のこの言葉に嘘は無かっただろうが、勝は話を面白くすることでも有名な人だから、落ち着いて聞いておきたい。この内容の受け取り方だが「今宵の事、窃《ひそか》に期する所あり」といい「公の説、如何に依りては、敢て公を刺さんと決したり」という龍馬の意中には、若し勝が、開国一辺倒の西洋心酔者に過ぎざる人間であったならばという、それだけの〃ゆとり〃をもって龍馬は望んだ、ということが考えられるのである」。

アリウス・バーサス・ジャンセン氏（米国の日本研究者）（1922～2000）も、この事にふれて「坂本は、勝がどんな議論で自分を説得にかかってくるか、ある程度まで心に用意ができていたことは明らかである。しかし勝の方では襲撃されるものと予期していた」と述べている。更に氏は、「当時の志士のほとんどが同様であったが、坂本の場合も、その経験や知識は習俗の枠内に厳しく限定されたものだった」と云っている。習俗の枠内、つまり「神国日本」や「尊王攘夷」という当時の一般的通念に縛られていたということであろう。ジャンセン氏は、そこに至る経路を、剣術の持つ〃日本人的精神面〃からくるものとして〃やや心理的〃に解釈しようとしているが、これはやゝ西洋的見方であると云わざるを得ないのである。考えてみれば「剣術」というものの考え方も、江戸中期頃と幕末明治期では相当に、その内容に変化があった。昔は、剣術は芸道であって、必ずしも殺人技術を意味するものではなかった。いきなり日本精神が剣道と結びつくということは、それこそ習俗に枠内に限定された考え方である。

平尾氏は、ジャンセン氏の心理的解釈に対し「これまで、我々が〃頓悟《とんご》〃という言葉で簡単に説明し、理解しようとしたのは、全く態度を異にしたものである」と云っておられる。

龍馬に対する時、我々にはその「頓悟」で通じるのである。龍馬は誠に「頓悟」がぴたりの男である。小龍と盟約を交した時でも、士にあらざる己《おのれ》ら庶民の優秀性が持ち出されて「ああ、そうか」と簡単に、分かってしまうところがあった。勝との会見でも、やはり「そうか、そうだったのか」という風に〃頷いて〃いるのだ。只、この時は何か〃もやもや〃としたものが胸内に渦巻いていて、それを勝に〃ぴたり〃と押さえられ、「これだろう」と云われて驚いた。また龍馬には、小龍と会ったあの時が、忽然《こつぜん》とよみ返ったのだろう。自分は最初から、これだったと分かったのである。

22 〈勝海舟②〉海舟に宛てた龍馬の手紙が、京都にあった

坂本龍馬が勝海舟に宛てた、海軍防衛に関する書簡の一部が、京都市在住の阿刀弘敬さん宅に保存されている事が、その昔、研究家の西尾十四男（秋風）さんや、宮地佐一郎さんによって確認された。阿刀さんは戦後

まもなく、東京神田の古書店に置かれていた物を買い求め、今日まで大切の保存していた。龍馬の書簡は、これまで多数見付かっているが、はっきり分かっている、「海舟宛の物は一通だけ」という。

昭和二年（一九二七）に刊行された勝海舟全集『流芳遺墨《りゅうほういぼく》』の中に写真版で掲載されているが、原本はその後行方不明となり、〃幻の手紙〃といわれてきた。書簡は掛軸に表装されており、縦十八センチ、横四十センチ程の物。

最初に「坂下龍馬書付」という海舟自筆の覚書がある。元治元年（一八六四）と推定される、龍馬から海舟宛ての手紙の内容は、「龍馬　謹白　黒龍丸の船将云〻の議論もて、其御船を軍艦となし、大炮を積、数年交代しつゝ、且ハ神戸をも守らむといふ。軍艦といはゞ江戸の外の物ならぬ心より、右の論に決せむ。九月拾五日、故に左の愁願をなせり。」

文久三年（一八六三）五月、長崎で、米国から買い入れた蒸気船黒龍丸が、越前へ回送され、龍馬が福井に向かい京を発った文久三年（一八六三）五月十六日。おりしも越前福井藩では、横井小楠（肥後熊本藩士）の主導で、挙藩上洛計画が立案されていた。

松平春嶽に近侍した側向頭取・鈴木主税（1814～1856）が認めた『御用日記』には、頻繁に訪れる面会者や、たび重なる城下巡視ルートが詳細に記され、その変化から藩論の転換を読み取ることができる。しかし、元治元年七月十九日、黒龍丸は、勝海舟の斡旋で、江戸幕府に同額で買い取られ、神戸海軍操練所練習船に充てられた。

龍馬は勤王志士の中にあって〃一段高い見地〃から我国の防衛を考えていた事がよく分かる手紙である。

23 〈勝海舟③〉秘められたロマン、海舟に第三の妻が

勝海舟（１８２３～１８９９）が幕府の海軍伝習生として、青春時代を過ごした長崎の町で、これ迄あまり知られていなかった〝隠し妻〟がいた事実が分かった。それを裏付ける、〝海舟の娘の写真〟なども見付かっている。

海舟の〝ロマン〟を、今まで秘めてきたのは、長崎の江戸町海岸に「出島《でじま》」を築いた豪商小曽根家。当時の当主・小曽根邦治郎《くにじろう》さんが、祖父の乾堂《けんどう》から直接話を聞き、海舟の書や貴重な写真を保存している。

小曽根乾堂《けんどう》（１８２８～１８８５）は、幕末から明治維新にかけての動乱期、長崎に来た海舟や坂本龍馬の面倒をみた人である。

海舟には、本妻・民子（１８２１～１９０５）の他に、小説に出てくる〝長崎妻〟のお久さん（実名は、梶玖磨女《かじくま》）がいたことはよく知られているが、三人目の妻「増田糸」については、真相を知っているのは小曽根家の人たちだけである。邦治郎さんの話によると、この「隠し妻」は、海舟が初めての長崎遊学時代（安政元年から万延元年（一八五四～一八六〇）、「本蓮寺」で身の回りの世話をした市内の旧家の娘である。海舟は「咸臨丸」で渡米する事になったが、その時、この婦人は身篭っていたので、海舟は乾堂に「くれぐれもよろしく」と言い残して、長崎を去ったという。翌万延元年（一八六〇）八月三日に出産。生れた娘は「逸子《いっこ》」（１８６０～１９４７）と名付けられ、小曽根家で育った。

海舟は、元治元年（一八六四）、欧米列強の長州藩攻撃を阻止するように命じられ五年ぶりに来崎した。二月二十三日から四月四日まで福済寺（長崎市筑後町）に滞在し、お久さん（梶玖磨女）と再会した。この時、二十三歳のお久さんは、海舟との間に子を、再び身篭る。そして、同年十二月六日、海舟の三男となる梅太郎

(1864〜1925)を出産した。その後、お久さんは若くして亡くなり、海舟は梅太郎を東京の家に引き取り、養育した。その梅太郎は、明治十九年(一八八六)に、米国人女性クララと結婚している。

その後、新政府の仕事が一段落した明治六年(一八七三)頃に、海舟は、小曽根家を訪れ、「逸子」と初めてはじめて父子の対面をした。その時海舟は、乾堂のために「釣氷樵山《ちょうひょうゆざん》」の書を残している。

海舟は「逸子」を三女として入籍し、東京本所の自邸で育てた。成人して明治十三年(一八八〇)、目賀田種太郎(1853〜1926)に嫁ぎ男爵夫人となり、二男六女をもうけて、昭和二十二年(一九四七)十二月に八十八才で亡くなっている。昭和四十三年(一九六八)に小曽根邦治郎さんは、目賀田家を訪ね、逸子の写真を預かり、長崎の実家の仏壇にあげたという。

丸山楼から〝だらだら坂〟を下りつめた、堀川の辺りに石垣があり、その上は「坂上八幡宮」である。八幡宮と並んで「小曽根家」がある。長男の栄、すなわち乾堂は、大浦海岸へ貿易の店を構えてそちらに移り、後は、四男の英四郎(1840〜1890)が引受けて、質店を経営していた。勝海舟が、長崎海軍伝習所時代から出入りして親交の深かった家である。

24 〈勝海舟④〉龍馬の親分、勝海舟のアメリカ行きと面白い話

「万延元年におれが咸臨丸《かんりんまる》に乗って外国人の手は少しも借りずにアメリカへ行ったのは、日本の軍艦が外国へ航海した初めてだ。咸臨丸はオランダで製造した船だが、当時どうして製造するのか?　金はどれくらい必要なのか?　乗組員はどんな事をするのか?　一向に誰も判らないのサ。—中略—それで長崎のほか築地にも

海軍所を立てて、列藩の子弟の教育を始めたが、之がまず日本の海軍の基礎となったのサ」(『氷川清話《ひかわせいわ》』)と、勝海舟(1823～1899)が記したのは、つと有名で、そう思っている人は多い。筆者も、勝さんは〃凄い人だ〃とずーと思っていた。しかし、本当は、こうだ。

安政七年(一八六〇)正月十九日、浦賀を出帆した「咸臨丸」は、間もなく猛烈な嵐に見舞われた。現在の単位に直すと、三百トン内外に過ぎぬオランダ製汽帆走のこの船は、文字通り木の葉のように〃翻弄〃された。大部分の日本人は、船酔いで全く役に立たず、ブルック大尉以下のアメリカ人が大いに力を発揮した。ここに、ジョン万次郎(1827～1898)の大きな働きがあった。多忙を極めた万次郎の境涯の一つの節目となったのが、この航海であった。

「日米通商条約」の批准のため、幕府が「米軍艦ポーハタン号」によって派遣した遣米使節団の護衛が名目であるが、実質上の目的は、日本人による軍艦の自力運航訓練にあった。最初は日本人のみで渡航する計画であったが、駐日米国公使ハリス(1804～1878)が、日本人の航海能力を危うんで、たまたま、浦賀沖で難船し、帰国のための便船を求めていた、アメリカ海軍の測量船フェニモア・クーパー号のジョン・M・ブルック大尉以下の乗組員も、同乗させるように斡旋した。この通訳として万次郎に白羽の矢が立ったのである。司令官には、副使、軍艦奉行木村摂津守良毅《よしたけ》(1830～1901)が自ら当たり、艦長は軍艦操練所頭取・勝麟太郎義邦(1823～1899)、士官に当たる「教授方」は、万次郎を含めて八人いた。日本人乗組員は、瀬戸内海の塩飽《しわく》諸島の船乗りから編成した水夫五十人を含めて九十六人、他にブルック大尉以下アメリカ人十一人がいた。

この航海に参加した福沢諭吉(1835～1901)も、「航海中は、いっさい外国人のキャピタン〃ブルック〃の助力は、はからないというので、測量するにも日本人自身で測量する。決してアメリカ人に助けてもらうということは、ちょいとでも無かった。それだけは大いに誇ってもよいことだと思う」と、『福翁自伝』に書き残したので、誤解が多く、多くの人々は、日本人独自の太平洋横断の快挙だと思っているが、本当はアメリカ人の援助によるところ大であったのだ。

唯一、日本人で水を得た魚のように活き活きしたのは、ジョン万次郎だった。

「多人数の中、甲板上に出て動作をなす者は唯僅かに四、五人のみ。此時に当って帆布を縮長上下する等の事は一切に亜人（アメリカ人）の助力を受く。彼等は此の暴風雨に逢ふと雖も一人も恐怖を抱く者なく、殆ど平常に異る事なく諸働をなす。之に継ぐ者は我が士人（日本人）にて唯、僅に中浜氏（ジョン万次郎）、小野氏（友五郎）、濱口氏（與右衛門）の三人のみ、其他は皆、恐懼し、殆んど食糧を用ふ事、能はざるに至る」と、木村軍艦奉行の従者・斎藤留蔵（１８４４〜１９１７）は、その航米記『亜行新書』に書いている。彼が通弁方・中浜万次郎と共に、褒めているのは、測量方・小野友五郎広胖《ひろとき》（１８１７〜１８９８）と運用方・濱口與右衛門英幹《ひでもと》（１８２９〜１８９４）である。いずれも軍艦操練所教授方として万次郎の同僚であった人々で、かつて、長崎でオランダ士官から海軍伝習を受けた経験を持っていた。

ジョン・ブルック

「艦長（勝）は下痢を起こし、提督（木村）は船に酔っている」状態に陥り、何日たってもこれが好転しない。「艦長はまだ寝台に寝たきり、提督も同様」「艦長は快方に向かっている。今日スープとブドー酒を贈った。私がキャビンの扉を開けたとき、彼は寝床の上に座っていて、非常に感謝しているようであった。大変静かな人で、私は彼の声を聞いたことがない」「今日、麟太郎艦長が出てきたが、まだ弱々しくデッキには立てない」以上、ブルック『咸臨丸日記』より。勝は、ほとんど何もしなかった艦長といえる。

ブルック大尉は他にも、航海中の万次郎がくつろいで昔を想い出している様子や、アメリカ水兵と語ったり、歌を聞かせたりしている姿を日記に残している。ブルックは、剛直な人物で、乗艦するとすぐ、万次郎の非凡な才能を見抜き信頼を寄せるようになった。航海中に日本人乗組員の未熟練と規律の無さに悩まされた彼は、「日本の海軍は、どのような改革が必要であるかについて、意見をもっているのは乗組員中、万次郎只一人である」と記している。

また、面白いのは、士官たちについてのスケッチも試みている。「万次郎は背が低く、肩幅が広くがっちりした体躯である。顔はいささか幅が広いが知性にあふれている。表情には強い意志をあらわし、唇は厚く、歯を見せている。彼は全く、すばらしい男だ」と描写している。彼はまた、万次郎が上下に挟まれて焦燥し、不安そうであることも観察していた。ブルックの目から見ると、彼の地位は不安定であり、〝軋轢《あつれき》〟を避けるために細心の注意を払っているように見える。万次郎は、たとえば〝航海中には士官の当直が必要である〟ということを理解させるためにさえ、上司を説得せねばならず、一方では、強風の日にマストへ水夫を登らせようとして、逆に「帆桁《ほげた》に吊るすぞ」と脅かされるような経験をせねばならなかった。

後の場合には、ブルックも憤慨し「命令に反するような奴は、艦長が権限を与えてくれ次第、自分の手で吊るしてやる」と言って、万次郎をかばった。

ともあれ、三十七日掛かって咸臨丸は、太平洋を横断してサンフランシスコに着いた。万次郎にとっては十年ぶりのサンフランシスコであった。

これから少し面白い話となる。この入港で、目の玉が〝デングリ返る〟ほど驚いた事があった。アメリカ人にも、日本人にも同じに。

ブルック大尉は「十五、六年前ここへきた時、猪を十二、三頭捕まえた。そこが今、「サンフランシスコの中心街」と説明。こっちの日本人は「ヘェー!」。あちらも、青い目をくるくるさせて「よくもまあ、船乗り五年生が、こんなちっぽけな船でやってきた」と驚き、その姿が珍しかった。どこへ行っても大歓迎。

そして滞在中、「キャプテン勝、サンフランシスコ裁判所へ出頭してもらいたい」という呼び出しがあった。法廷裁判長が威儀を正し、数冊の絵本を出した。「これはなんですか?」男女の秘戯の一部が、アップで極彩式絢爛である。勝は、この時少しも騒がず「日本の芸術品だが、どうかしたか」「昨日、公園で二人のレディーが散歩中、キャプテンの水兵が、この書物をレディーにあたえたのです。彼女はすぐこれを持参、侮辱罪だと訴えてきた。よって法律で処分したい」。

郷に入れば郷に従え、「仕方ありません。その証拠品は持ち帰らせてもらいます。水兵共は、私共で処分します」勝は退出した。…「閉廷」…。廊下へ裁判長が追ってきた。「まあ、お寄り下さい」。別室で紅茶などを出し「勝さん、これからは個人的なことですが、あの絵は珍しい。実は訴え出たレディーも、私も、欲しいのですよ」「わかる、わかる!」。勝は吹き出しそうになった。

「日本の意地悪キャプテン」は、名士を宿舎に招待した。裁判長も来ている。パーティが盛り上った頃、勝は「貴下の、熱望して止まなかった芸術品を、貴下とレディーに贈呈するものであります」。クソまじめな顔で、粛々と、大それた儀式のように贈呈式をやり始めた。赤面する裁判長…逃げ出すレディーたち…。溜飲を下げたという、知られざる「春画プレゼント」のお話である。

25 〈勝海舟⑤〉海舟はなぜ生涯、人を斬らなかったのか？彼の心胆を寒からしめた剣士がいた

勝海舟（1823～1899）の体には、三ヶ所、傷あとがあった。足と頭とそれから脇腹である。二十回ほど刺客に襲われてこの程度だから、よっぽど強運の生れなのであろう。

文久三年（一八六三）春三月。ある夜、京都の寺町通を〝ぞろぞろ〟歩いていた海舟の行く手に、壮士三人が現れた。彼らは、いきなり抜刀すると、海舟に斬りつけた。海舟は、たまらず後退した。その時、側にいたのは「人斬り」の異名高い土佐の岡田以蔵（1838～1865）である。以蔵は龍馬に頼まれて海舟のガードマンをしていたのだ。そこは「餅屋は餅屋」、「おっ」と、いう間に以蔵は、長刀を引き抜き一刀両断。「弱虫どもが、何をするか」と一喝、その鬼気に、気圧《けお》された残る二人は、「韋駄天走り」に逃げ去った。

その以蔵に、後日、海舟はこんなことを言った。「おめぇさん、人を殺す事を嗜《たしな》んぢやいけねえ、先みてえな挙動は、改めるがいいぜ」。すると、以蔵は不服そうに口をすぼめて言うのに、「先生、そんでも、あの時に「おん」が居らんかったら、先生の首ぁ、ぶっとんでいたぜよ」。言われてみれば、その通り。これには、海舟も一言も無く、ただ頭を〝ポリポリ〟掻くばかりだった。

こういう話がある。人を斬るということは、海舟の好みに合わなかった。「私は、人を殺すのが、大嫌いで、一人でも殺した者は無いよ。みんな逃がして、殺すべきものでも〝まあまあ〟と言って放っておいた。刀でも、ひどく丈夫に結わえて、決して抜かないようにしてあった。人に斬られても、こちらは斬らぬという覚悟だった。何、蚤《のみ》や虱《しらみ》と思えばいいのさ。肩につかまって、〝ちくりちくり〟刺しても、ただ痒《かゆ》いだけだ。生命にかかわりはしないよ」（『海舟座談』（岩波書店　1930））。

もって生まれた胆力というものであろうか、こういう覚悟は、やはり剣の修行、それもかなりのものをした者でないと、容易にできない。海舟は十六才の時、浅草新堀の直心影流、島田虎之助（１８１４～１８５２）の道場に入門し、二十一才で免許を得ている。この島田道場の荒稽古は有名であった。彼の知己、中村栗園《りつえん》の養子の確堂《かくどう》（１８３２～１８９７）は、組討ちで首をしめられて悶絶した門人に、虎之助が喝《かつ》を入れる場を実見している。気絶するまでやらせる〝稽古〟なのである。虎之助の道場で教えられたのは、一言《ひとこと》で言えば「心胆の剣」であった。ひたすら心をたくわえ、胆を錬ることが武道の源だと、虎之助は考えていた。

この道場に寄宿した海舟は、十九か二十才の時、牛島の弘福寺（東京都墨田区向島）で参禅したり、その東隣りの牛島神社（王子権現）で夜稽古したりしているが、その修行は〝生半可〟なものでは無かったらしい。「天下の事、すべて春風の面を払って去るごとき心胸」と、後年、語った海舟の政治的なあの度胸も、この剣の修行あってのものだった。

この海舟が、修行時代に出会った剣者に、白井亨《しらいとおる》（１７８３～１８４３）という人がいた。海舟にとってその出会いは、よほど鮮烈なものだったらしく、後年、『氷川清話』の中で、その印象をこう語っている。

「この人の剣を使ふや、ほとんど一種の神通力を具《そな》えて居た。その白刃を下げて立つや〝凛《りん》〟して犯すべからざる神気力、尖《きっさき》よりほとばしりて、向かいなどに立って居られなかった」。

この白井は十五才の時、一刀流の中西道場に入門した備前岡山藩士で、それ以前は「機迅流《きじんりゅう》」の依田新八郎に師事したが、毎晩、重い木刀で千回も素振りするという修行を継いだにもかかわらず、中々、印可を与えられなかったので、前途に見切りをつけて中西の門を叩いたのである。努力家であったという。千葉周作（１７９３～１８５６）は「白井という人は、その日の相手が何十人いようと、常に二通りつづけ稽古した」という意味のことを書いているが、体格にそれほど恵まれなかった自分を、稽古で補おうとしたものであろう。

当時、白井亨は、寺田五郎右衛門宗有《むねあり》（1745～1825）、高柳又四郎（1808～?）と共に、中西道場の三羽烏といわれた。しかし師の中西忠兵衛子啓（?～1801）が病死すると、道場を出て修行を続け、独自の技「八寸の伸曲尺」などを工夫した。

文化二年（一八〇五）、亨は二十三才で武者修行のため江戸から旅に出る。神道無念流の岡田十松《じゅうまつ》（吉利《よしとし》）（1765～1820）の道場や馬庭念流の道場などで数々の試合をして高い評価を得て、岡山藩で優遇されて道場を与えられる。白井は、ここに六年ほど腰をすえたが、白井の胸中にひとつの疑問が起こり、それが膨《ふく》れ上がっていった。剣は、畢竟《ひっきょう》（結局）、鶏の蹴合いのようなものではないかと思ったのである。世の剣者は、四十を超えると一様に衰える。もし剣が、若年、壮年だけのものなら、それは、鶏の蹴合いに等しいではないか。あっ、俺は、こんなくだらないことに、二十年も精力を傾けてきたのか。愚味《おろか》なことだ。白井はこう思った。

その時、江戸から「母危篤」の知らせが届いた。江戸へ赴いた白井は、母が全治したあと、かつての寺田五郎右衛門の門を叩く。彼はその時、寺田と試合した。年齢六十三才の寺田が、静かにかざす木剣は、あたかも火を吹いているかのようで、白井は小ゆるぎもできず、まるで夢を見ている心地であった。二十八才、白井の真の修行がこれから始まった。寺田に入門した白井は、そこで五年間修行するかたわら、師が東嶺禅師《とうれいぜんじ》から印可を得た「内観の法」を修めた。彼は、三十三才で寺田の「天真一刀流」の印可を得た。白井は「おれの木刀の先から凛が出る」というのを「口癖」としたという。

26 〈勝海舟⑥〉海軍操練所発進、龍馬の夢叶うが！

勝海舟という人は小男であったが、その行動を見るにつけ、当時これほどたくましい男は居なかっただろう。自分が考えた海軍が〝ないがしろ〟にされた上は、大名たちに、頼ってはいられない。自分の力でやるぞ。直ちに一橋公に会って、海軍の必要性を強硬に言上した。不思議なことに、放っておかれた彼の海軍の立案が、すらすらと通ってしまった。何はともあれ、これで「神戸海軍操練所」の態勢も整った。但し、慶喜と海舟の、意図の違いは依然ある。海舟は神戸に「共有の海軍」を作ること、慶喜の方は現職の「摂津海防御指揮」の下に、この海舟を入れる考えである。海舟にとっては種々の不都合が次々出てくると共に、その構想も表面上だけの進展で、何時崩壊するかも知れない様子である。そんな中で、彼は軍艦奉行に昇進する。給料も一千石から二千石へと上がり、格も付く。安房守《あわのかみ》という格も、この時に生れた。ともかくに海軍操練所は発進した。元治元年（一八六四）五月二十九日、幕府は、海軍操練所建設の覚書を出し、諸藩からの修業生を募集する布告「神戸海軍修行生募集」を出した。旗本・御家人や薩摩・土佐・越前の藩士、坂本龍馬除く殆どの「海軍塾」（勝塾）の塾生、浪人も参加した。

「今度海軍術大に被為興、摂津神戸村へ操練所御取建に相成候に付、京阪・奈良・堺・伏見に住居の御旗本・御家人子弟厄介は勿論、四国・九州・中国迄諸家々来に至る迄、有志の者は罷出修業いたし、尤業前熟達の者は御雇、又は出役等にも可被仰付候間、委細の義は勝安房守可被承合候」。

こうして、ようやく操練所がスタートした。この修行生募集文から、勝や龍馬の息使いが伝わってくる。この時、勝は江戸に戻っていた。そして鎖港論に対戦した。すると幕府は、すぐ〝へなへな〟となった。それなら京都へ行って周旋してみようとなった。同年六月二十日、勝は、大坂天保山《てんぽうざん》沖に着く。江戸からの龍馬が、突然現れて激派志士の蝦夷《えぞ》地開発計画を告げるのは、この途中、下田《しもだ》港に滞船中のことであった。

勝が下坂して来た、その時京都は、まさに一大旋風が吹き荒れんとする寸前であった。去る六月五日、祇園会の宵山、新選組が池田屋を襲い、長州、土州、肥後の志士たちに壊滅的打撃をあたえた。長州は激昂した、「会津打つべし」と、兵を率いて続々上京の途に就いていた。この時、海舟にとっても思いがけない不幸があった。七月十一日、京三条の街頭で佐久間象山《しょうざん》が、河上彦斉《げんさい》らに暗殺されたのである。象山は、海舟の妹さんの夫である。当時、海舟は、象山と共に海軍の増大を目指して活躍せんと、その時期を待っていたのである。打撃は大きかった。それればかりでない、池田屋事件では塾生・望月亀弥太が斬られていた。

七月十八日、海舟は神戸、生田の屋敷にいた。夕ぐれの庭に塾生たちが騒いでいる。庭に出て見ると、京都の空が真紅に染まっていた。京に非常事態が起っていた。翌日、大坂の佐藤政養《まさやす》（与之助）（１８２１～１８７７）から知らせが来た。「京師に於て長藩発砲、伏見表並びに竹田街道、蛤御門等、戦争相始め候趣、その他雑説粉々云々」。龍馬は、勝海舟と共に、神戸より大坂に観光丸を回航、淀川を上った。

海舟は、後に「禁門の変」と呼ばれた、この時の戦争の感想を「実に過激輩の一時愉快心より生じ、その事採るべきものなし。此輩と共に国家の大事を誤る、豈、国主の趣意ならん哉」と言いながらも、「京地の風評、長を善とし、会、殊に悪説有り。（略）又、薩・会の処置、暴に過ぎ、頗る正中を得ざるものあり。薩は形勢を明察し、機会に乗ずる、天下第一といふべく、昨冬以来、長人是に仇すれども、私怨を忍び改めて咎めず、彼が挙不正に到るに及んで、憤怨以てこれに答へんとす。尤も巧なりといふべし。会藩は、上に人物なく、下士激烈無着落。その規模、殊に狭小。必ず労して天下の大害を生ぜん。また憐れむべし」。「薩摩、会津の処置があまり、暴に過ぎ正中を欠いたために、こうなったのだ」と冷評し、また、「薩は形勢を明察し、機会に乗ず事、天下第一といふべく」と評す。会津に対しては「上に人物なく、下士激烈無落、その規模殊に狭小、必ず労して天下の大害を生ぜん」と、彼の目や頭脳は鋭い。後に起こる〝会津の大悲劇〟を予言しているのだ。この時京都は、御所内の戦火から、南方へ燃え広がった火と、御池木屋町の長州藩邸退去による火とにより、京の50%が「どんどん焼け」と呼ばれる大火災となり、市民に大災害がふりかかった。

筆者の住む宇治市にまで、その灰が飛んでとの伝承が残っている。この時、お龍の一家は、焼け出されていたのであった。

この戦争で長州は、禁門守衛の薩軍によって敗退させられた。〝薩長の確執〟は、この時から決定的になった。そして、勝海舟の上にも、また大きな挫折が訪れようとしていたのだった。

「池田屋事件」以来、海軍操練所は一層緊張していた。「神戸から一歩も出ないように」と、海舟からの注意があり、幕府の浪人狩りが一更に厳しくなっており、それに練習生の望月や安岡金馬など操練所を捨てて、飛び出して行ったたし、望月亀弥太、北添佶磨などは池田屋で死んでいる。「神戸海軍操練所」は、志士の巣であるという風評が立っているだけでなく、塾の近辺をかぎ廻る〝目明し〟たちも現れ出していた。練習生は、昼間は「観光丸」の操舵に従事して海に出る。夜になって舎に戻るという生活を続けた。

観光丸の乗組員として大坂城代に届けられた氏名は、次のようである。松平三河守家来・道家帰一、勝安房家来黒木小太郎、多賀松太郎（高松太郎）、千頭義郎（千屋《ちや》寅之助）、近藤長次郎、新宮並樹（新宮馬之助）、鵜殿豊之進、この七人は「仮御雇」ということになっている。津軽越中守家来・工藤菊之助、九鬼長門守家来・前田又太郎、勝安房家来横井左平太、横井太平、岩田内蔵之助、この五人は「御雇手伝」である。横井以下の三人は、横井小楠から預かってきた者たちであった。以上のうち、多賀松、千頭、近藤、新宮の四名が土佐人だ。勝海軍塾頭の龍馬が居ないが、これはわざと名を伏せたのだろう。塾生と船員を分けた形でもある。

その時、「禁門の変」で大きな被害を受けた長州へ追い打ちのように、英米仏蘭四ヶ国連合艦隊が下関に迫った。長州は降伏した。「龍馬流」に言えば、外国を相手に戦争をした日本国に他ならない。降伏こそしたが、彼らの自尊心は少しも変わらなかった。元治元年（一八六四）八月の初め、龍馬はその頃江戸にいた。同年八月中旬、初めて西郷吉之助（隆盛）（1828～1877）に会って、その大人物を知った。

西郷の龍馬評。「天下に有志あり、余多く之と交はる。然れども度量の大、龍馬に如くもの、未だ曽て之を見ず。龍馬の度量や到底測るべからず」（千頭清臣『坂本竜馬』）。

勝が大坂で西郷に出会ったのも、同年九月十一日である。勝は西郷に、幕府がもはや手の付けようもない状態にきていることを告げた。禁門の変後、幕府は、過激派も制圧したし、長州も四ヶ国艦隊に降伏したので、全く事件が終ったと「呑気」に過ごしている。幕府内には奸賊がはびこって、正の人は地をはらった。「私しぁ、もう、幕府には一個も期待しない」と、西郷を驚かした。西郷が「外夷の艦隊が摂津へ来て条約、勅許　兵庫開港を迫ったら、どうしたらよいか」と問うと、勝は「外夷も幕府を軽侮しているから、もはや、幕府の言うことは通るまい。この上は、雄藩の賢公たちを集めて相談し、外夷の船に負けないだけの兵力を以て、掛け合うほかあるまい」と答えたという。これは、西郷が、国元に送った手紙の内容である。同年九月十六日、西郷吉之助は、大久保一蔵（利通）に、勝義邦（海舟）の印象を伝える手紙を書く。「勝の知略に驚き、頭が下がる思い」と記す。

勝はこの時、すでに「海軍奉行罷免」を予知していたであろう。江戸に居る俗吏たちが、「神戸海軍操練所」を憎んでいることはありありと分かっていた、塾生たちへの〝猜疑《さいぎ》〟も深まっている折から、いずれ、塾も閉鎖の運命にある。江戸に呼び戻しの通知が何時来るか、罷免は何時か、彼はもうそれを待っているような状態であったのである。それと同時に、塾の内部も、その頃かなり乱れてきていた。八月十九日の日記に「塾中之掟を申渡す、近来紀伊家之者放蕩甚敷、殊に押貸等の所行あり、皆放逐、又越前家之者放蕩絶言語、たへて士之行なし」（塾中の掟を申し渡す。近来、紀伊家の者、放蕩甚しく、殊に押貸し等の所行あり、皆放逐、又、越前家の者、放蕩言語に絶えず、たえて士の行なし）。更に二十五日にも「塾中之書生放蕩、戒之」（塾中の書生、放蕩、これを戒む）と書いている。この時、塾頭の龍馬は不在勝ちであり、勝はしばらく滞在してみて、彼らの不行跡に、驚いたようである。

そして、海舟へ江戸から呼び出しが来たのは、十月二十二日のことである。「御城代より御達しこれあり、江戸表にて御用これあり候間、早々帰府致すべき旨、御達し、大隅守（目付松平信敏）より届く」とある。また、二十四日には早朝、目付・徳永主税（昌新）がやってきて「江戸の諸官、形勢、作と異なり、謹んで議論するなかれ」と、言いおいて帰った。もう議論の余地がないから観念しなさいと、忠告しに来てくれたのである。

勝は、二十四日、陸路、大坂を出る時、征長総督参謀・西郷吉之助に、塾生の身柄をくれぐれも頼んで、帰って行ったといわれている。

27 〈河田小龍・ジョン万次郎①〉河田小龍
幼少時は良馬であった、龍馬の河田小龍との出会い

坂本龍馬の〝龍〟の字を、その頃地元では〝良〟と当て字して書いている。あるいは幼少年の時は「良馬」と書いていたかもしれない。『真覚寺日記』（僧静照《せいしょう》が、安政元年から慶応四年まで綴った日記）などにも「郷士《ごうし》御用人の子、坂本良馬」と記している。また、龍馬を継いだ坂本淳助（のちの直《なお》）の戸籍を見ても「養父坂本良馬」となっている。当時の人は、音さえ合ってれば、それほど漢字に拘りがなかったのだろう。

龍馬の家は、本丁筋一丁目南側で、水通《みずとおり》町からいえば北側の大通りである。もっとも真覚寺日記は、龍馬の家も水通町としている。これは才谷家の表口は本丁側だが、裏口は水通町に面したということであろう。才谷家は相当に大きく広い屋敷であったことが、ここでよく分かるのである。

明治十五年（一八八二）、幕を引いた才谷屋の家屋は、大正の初めごろは「旅籠木屋」の看板が架かり、「海軍々用旅舎」となっていたそうである。そしてさらに昭和に入ると「金子陶器店」となっていたという。

明治の最初の戸籍に出る坂本家の地番は、二十八番屋敷であるが、これが兄権平の家で、龍馬は別戸籍だが同地番、同居人となっている。龍馬の後継ぎは、海援隊の高松太郎（１８４２〜１８９８）、つまり甥の淳助（のちの直）で、兄権平の後を淳助の弟、習吉（南海男）（のち直寛）（１８５３〜１９１１）が継いでいるのである。

龍馬（１８３６〜１８６７）が、河田小龍（１８２４〜１８９８）を訪ねた時期は、嘉永六年（一八五三）の九月か、十一月かと、小龍は『藤陰略話』に記しているが、『坂本龍馬関係文書』の校正者は「七年の十月、十一月か」と傍証している。嘉永七年が正しいとすれば、小龍が、南奉公人町住、紺屋業・門田兼五郎の世話で、築屋敷の兼五郎妹婿・和田伝七の空家へ移ってからのこととなるし、また、海援隊の俊才、〝まんじゅう屋長次郎〟の入門と、ほぼ同じ頃となる。

龍馬は、南裏通りの水通りを西に出て、横町に入り大里屋の前を通って、通丁南奉公人町を抜け、新越戸へ出て、小龍宅に赴いた。近藤長次郎（１８３８〜１８６６）との交友も、この時期から深まっていったのだろう。片方は豪家の息子であり、片方はまんじゅう屋の倅である。ただし幼な友だちというほどの付合いがあったかどうか？　二人が志を同じくする者として実際の交流を深めるのは、龍馬が小龍の門をたたいてからのことと思われるのである。

『汗血千里駒』などを読むと、初め長次郎が龍馬を凌駕する志士のように書かれているが、この時期から新しく龍馬の視界の中に、この天才的な人間が浮上してきたものと思われるのである。

河田小龍の記録『藤陰略話』に、龍馬と小龍の談合の様子が出てくる。

龍馬、「小龍さん、あなたのお考えは、十分飲み込めました。船は都合がつけば買えます、けんど、船を使う仲間がおらんざったら、どうしようもない。私の、今の悩みはこれです。小龍さん、何か、ええお考えがあれば、言うて下さいと……」。

と、小龍、「そうじゃのう、儂《わし》が思いように、従来から俸禄をとって暮らしちょる者は〝ぶらぶら〟しておっても、金はくれるし、何か志を持って事に当たろうなどということは考えもんじゃ。そこへいくと、身分は一介の町人でも、頭が良くてせっかく何かやってやろうとしても、資金が無くて手をこまねき、皮肉の嘆をかこっちょる連中がかなりおる。そういう者を使えばええと、わしは思うちょる」。

河田小龍

龍馬、「なるほど、分かりました。小龍さん、あんたはそんなら、そういう人物を構えることをやってくれませんやろうか。私はこれから船のことを懸命に勉強しながら、人を探します。あなたは人探しを専門にして、かたわら、船を獲得することを考えてください。ええですね、そうと決まったら、もう再々会って話し合わなくても、ええと思います。お互いあなたは内、私は外でやりましょう」。こんな約束を交して、二人は別れたのであった。

龍馬という男は何時もそうであったが、誠に分かりが早い。ええことは即座に分かり、やり遂げる。しかも、やり方に情がある。

この証となる具体的な話を、後にジャーナリストとなった坂崎紫瀾《しらん》（1853～1913）は、こう述べている。

「一夕、小龍従容トシテ龍馬ニ告ゲテイワク、今後ノ事ハ航海術ニ在リ、自ラ金策シテ、一汽船ヲ購《か》ヒ、運輸業ニ従事シ、兼テ其術ヲ練習ス、即チ海軍ヲ興スノ端緒ナリト、龍馬イワク、我レ他日必ズ真ノ目的ヲ達セン、唯、人ナキヲ憂ヘント、即チ其門ニ来リ学ブ平民ノ秀才ヲ鼓舞ス。大里長次郎、今井純成、寺内馬之助、即チ是レナリ」

28 〈河田小龍・ジョン万次郎②〉龍馬はどんな本を読んでいたのだろうか

龍馬は、「書物を読まぬ」と思われていた。実際、書物よりも耳学問の印象が強い。嘉永七年（一八五四）六月、江戸での最初の剣術修行から高知へ戻った龍馬は、佐久間象山に学んだ影響で、蘭学塾に通いはじめたらしく、師の講義を聞きながら、その誤訳を指摘したエピソードがある。また、同年十一月、河田小龍のもとを訪ね「ジョン万」こと中浜万次郎のことを聞いている。小龍が万次郎から聞き書きの『漂巽紀略《ひょうそんきりゃく》』に、興味百倍だったろう。小龍は、この内容を詳しく教えたと思われる。のちに龍馬がつくる「船中八策」のネタが、この「漂巽紀略」にあるという研究者がいるほどである。きっと、これも、小龍からの耳学問であろう。

しかし、一方でこんな逸話もある。

或る日、檜垣清治（直枝）（1839〜1894）が道ばたで、友人の龍馬と出会った。男が腰に長刀を帯びているのを見て龍馬は言った。「そんなもん、無用の長物じゃ」、その時龍馬は、短刀しか帯びていなかった。今度は、友人は短刀しか差さなくなった。次に龍馬に会うと、ピストルを出して〝一発撃って〟見せた。男が度肝を抜かれていると、龍馬は「これは西洋の武器じゃ」。更にしばらくして会うと、龍馬は、着物の〝懐〟から一冊の本を取り出した。「これからは、武力だけじゃダメじゃきに。学問が必要じゃあ。今、これを読んどるが、これが、えろう面白いんじゃ」。龍馬が取り出したのは『万国公法』だったという。「剣よりピストルよりも書物」という当時の龍馬を象徴する「エピソード」。大正時代に書かれた著者千頭清臣『坂本竜馬』によって生み出された「作り話」であろう。

『万国公法』の原書は、米の法律家ヘンリー・ホイートンが書いた「国際法原理」。中国在住アメリカ人宣教師・ウィリアム・マーティンが、中国で漢語を訳し『万国公法』と名付けられた。中国から日本に輸入、将軍にとも、勝が松平公に貸し出したとも。その中に日本で訳された海賊版が、幕末の知識人に読まれるようになった。武力でなく「先を読む」ための洞察力だった。

龍馬は、砲術のためと亀山社中での外国貿易会社との商取引で、必要に迫られて英語を学ぶことになる。英語の学習上、必要となる「英和辞典」を入手したと思われる。また、ジョン万次郎翻訳の『亜米利加合衆国航海学書』を、勝海舟経由で入手した可能性もある。

29 〈河田小龍・ジョン万次郎③〉河田小龍から何を得たか

高知の画家河田小龍との出会いは、龍馬にとっては、人生の大きな転換点となった。二人は何故かある密約を結んでいた。江戸で剣術修行から戻った龍馬は、その嘉永七年（一八五四）の秋、小龍のところを訪ね、世界情勢を知り海外に目を向けるようになる。

その二年前、嘉永五年七月、土佐に戻ったジョン万次郎の取り調べを行ったのが、小龍だった。小龍が江戸や長崎遊学経験がある文化人のため、藩から下命があったので、小龍は、自宅に二ヶ月も居候させ、話を聞いたという。

彼は、万次郎から聞いた世界の話を『漂巽紀略《ひょうそんきりゃく》』にまとめた。上陸した島々で、米船ジョン・ホーランド号に救われる迄の状況、彼らの航路を示した世界略地図、島々の略図、ハワイ州オアフ島ホノルルの事情、米国滞在中の状況、汽船や汽車の説明、ジョン万次郎が、琉球を経て帰国までの経緯や事情を記述。面白いのはそこに描かれているスケッチのジョン万次郎は、まるでカウボーイの様なスタイルをしている。

こうした小龍から、アメリカをはじめとする「生」の世界情勢を聞いた龍馬が、海外に目を向けるようになったのは当然のことだった。彼はおそらく、「異国人の首を打取る」の無意味さを悟ったのだろう。

共に海外に目を向けた小龍と龍馬は、ある密約を交わした。「君、小龍は内（土佐）に居て人を作り、僕、龍馬は外（土佐国外）に在りて船を得べし」。つまり、小龍が人材を集め、龍馬が船を調達するという意味だ。小龍は龍馬に、「下等人民（上士階級以外の下士、商人、庶民のこと）の秀才」を紹介することを約束。安政二年（一八五五）には、近藤長次郎、新宮馬之助、長岡謙吉など、のちの亀山社中、海援隊のメンバーとなる若者を龍馬に紹介した。

この小龍が、龍馬に新しい世界の目を開かせ、のちの亀山社中、海援隊の基礎を作ったのである。

30 〈河田小龍・ジョン万次郎④〉龍馬を感化した、河田小龍とジョン万次郎

文久二年（一八六二）三月に脱藩した龍馬は、下関を出発、関門海峡を渡って始めて、同年四月、九州に上陸した。そして目的地の薩摩へ向かうも、薩摩藩は鎖国政策をとっていたので他藩の人間・龍馬の入国は認められなかった。目的地を薩摩としたのは、薩摩が外国から進んだ技術をとり入れている情報を、土佐の河田小龍から聞いていたからである。

ジョン万次郎

この河田小龍（1824〜1898）は、土佐藩の船役人の子供として高知で生れ、京都、大坂に出て、はじめは絵師を志したが、その後、学問の道に転向し優秀な学者となって土佐へ帰ってきた。

その頃、中浜村の万次郎（1827〜1898）らが、海上で漁業中、天候悪化で遭難し漂流中を、通りかかったアメリカの捕鯨船に救助された。この漁師たちの中でも特に秀でていた万次郎を、その船長が見込んで、アメリカに連れて帰り教育を受けさせた。万次郎は、一等航海士となってアメリカ捕鯨船の船員となったが、故郷を忘れ去れず、嘉永四年

（一八五一）一月、薩摩藩領の琉球に帰国。その後は、長崎奉行に取り調べられる。幕府送還で土佐に帰って来たのが、嘉永五年七月だった。海外渡航はその当時、国禁であったが、遭難という特別な事情で、幕府からは、厳しく咎《とが》められなかった。この時、万次郎を取調べたのが〃河田小龍〃であった。

取調べをしていて小龍は、更に大きく目を開けさせられた。この万次郎を見込んだホイットフィールド船長の厚意で、教育まで受けさせて貰い、英語も自由に話し書ける。当時では、日本一の外国通の万次郎であった。小龍の報告でそのことを知った土佐藩は、早速に万次郎を召し抱えた。同年十二月、土佐藩、漁夫・万次郎に「中浜」の姓を与え、教授館下遣を命じる。しかしすぐに、幕府からお召しがあり、嘉永六年（一八五三）十一月、幕府の役人となった。幕府直参御普請役格《じきさんごふしんやくかく》である。

龍馬が小龍に会ったのは、嘉永七年（一八五四）十一月、二十才の時であった。小龍は龍馬に、こんな話をした。小龍曰く、「私は万次郎から、たくさんのことを教えられた」。

世界への目を、この時小龍は、大きく開いたのであった。

「そうだ！　才能のある人間は、どこにでもいるのだ。今のように、武士の家に生まれたものだけが政治をする時代は、もう終わりだ。この一介の土佐の漁師が、今や幕府にとって必要ならざる存在となっているのではないか。私は先日、藩命により薩摩に行ってきた。西洋の技術を使って、兵器や蒸気船を作っている様子を見学するためだった。新しいものを作ることは大事だが、私が思うには、今、日本人の未熟な技術で小さな蒸気船を作るより、今は外国から大きい船を買ってそれを乗り廻し、そして早く外国と肩を並べるしかない。現在の鎖国の日本は米国のペリー来航によって、条約を結び、国を開いたのだから、これから、どんどん外国人が大きな船に乗って日本に来るだろう。こんな時に、国内では開国とか攘夷とか言っている。早く皆、時代に目ざめるべきである」。小龍のこの言葉は、龍馬をふるい立たせた。

「このジョン万次郎とはどんな男だろうか?」。土佐は足摺岬に近い「中ノ浜」、現在の土佐清水市の貧しい漁夫の子として生れ、六才で父を失った。彼は、船に乗って働いた。彼を日本史に残すことにしたのは、海難事故であった。実直で、すばしっこく、賢く、向上心に燃えた少年、十五才の万次郎。その頃、彼は、宇佐浦の小さな延縄船《はえなわせん》の見習い船員として雇われていた。天保十二年(一八四一)、冬の漁に出た彼は、四人の仲間と共に冬の季節風に吹き流されて、伊豆の鳥島に流れ着いた。無人島でアホウドリを捕え、魚を釣っては飢えを満たし、雨水で困難な暮らしをしていた。五ヶ月目に、幸運にも沖を通った船に助けられた。それは、当時は日本近海で操業していたアメリカの捕鯨船であった。特に船長のホイットフィールドは、優秀な船乗りであった。一同をハワイに連れて行って、そこで生活の道を作ってくれた。万次郎の才に目をつけて、彼だけ本国に連れて帰って教育を受けさせてくれた。中学級の教育を優秀な成績で終了した万次郎は、「ジョン・マン」として捕鯨船の船員となった。彼の実力と人望は、船長を突然失った船で全員投票の際も、副船長に選出されるほどになっていたが、故郷の母を想うと、帰国への情、殊更となった。カリフォルニアで砂金堀りで作ったお金で、ハワイに戻って、そこに残っていた土佐の人々と帰国の計画を練った。日本の鎖国を知る欧州の船は、日本へ連れ行ってくれない。万次郎は捕鯨用のボートを手に入れ、上海通いの船長に願い出て、日本近海迄、曳き船をして貰い、そこからボートで上陸を計った。その時彼は、二十五才になっていた。こうして、二人の仲間を乗せたボートは、琉球本島の摩文仁《まぶに》の海岸でアメリカ船から離れ、夜明けの海岸に進んでいった。こうして帰国した祖国で、彼は異例な抜擢を受けることになった。ペリー来航に前後する激動の日本が、彼を待っていたのだ。土佐藩士と武士の身分となり、やがて幕府直参の江川太郎左衛門配下の秘書官となったが、これで彼の夢は、成就したのだろうか?

平成十九年(二〇〇七)、アメリカでホイットフィールド船長の旧邸が取り壊されるという危機が日本の新聞に報ぜられた。現在のアメリカでは、忘れ去られた歴史だったのだろう。長寿で有名な日野原重明《ひのはらしげあき》先生らが募金活動されて、その保存を行われたと聞き及んでいる。

31〈横井小楠①〉龍馬に影響を与えた小楠

「破約必戦論」、横井小楠《しょうなん》（1809〜1869）が、勝安房（海舟）（1823〜1899）と交流を深めた頃に唱えていた〞政治理論〞である。天保十一年（一八四〇）の「アヘン戦争」に代表されるヨーロッパのアジア侵略を伝え聞いて、小楠の考えた理論である。

「幕府は、これまでの〞私《し》〞の政治を捨てて〞公《こう》〞の政治を、確立しなければならない。幕府の結んだ〞不平等条約〞は、アメリカの圧力のもとに、徳川の利益の為に結んだ〞私〞に基づくものであり否定する。いったん、戦争覚悟で条約を破棄し、新たに〞公〞の議論を立てて開国の国是を立てるべき」と、主張。これを、海軍」を通じて実現を目指した者に、海舟そして龍馬がいた。

文久二年（一八六二）九月二十五日には、政事総裁職松平春嶽・顧問の横井小楠は、将軍後見職一橋慶喜を訪問し、諸外国との決戦の覚悟の破約攘夷を献策している。しかし、慶喜は開国論を主張した。同年十月十三日、側御用取次・大久保忠寛（一翁）は、横井小楠と会談、幕府の「私論」の打破に尽力すると述べる。

小楠には、面白い話がある。文久二年十二月、江戸にいた小楠は、友人と酒を飲んでいた。そこへ、刺客が踊り込んできた。小楠は、すぐさま手拭《てぬぐい》で〞頬被り〞をし、「旦那ごめんよ」と梯子段を駈け下りた。まんまと、騙したのだ。小楠はこの件で、「武士たる者、刀を置いて逃げるとは、士道不覚悟」とされ、肥後に呼び戻さ

横井小楠

れ逼塞《ひっそく》処分を受けて蟄居となった（士道忘却事件）。

文久三年（一八六三）五月、龍馬（1836～1867）は、福井の小楠を訪ね、三岡八郎（由利公正）（1829～1909）の紹介を受けた。「龍馬君我藩ニ来遊、小楠横井翁ノ客寓ヲ訪ハル。余亦偶相会シ、共ニ与ニ時事ヲ討論シ、談数刻ニ及フ。是レ余カ君ト相知ルノ初ニシテ、頗ル意気相投スルカ如シ。爾後幣蘆ヘモ屢々駕ヲ枉ラレ、交情愈親密、互ニ心肝ヲ吐露ス。一日薄酒共ニ酙ム。君酒間君カ為ノ国歌ヲ高唱セラル、声調頗ル奇ナリ。後幣藩ノ壮士輩、酒間常ニ国歌ヲ唱歌スルハ是ヲ濫觴トス。（『由利公正氏覚書』）。

龍馬はその時、「声調頗ル奇」に高唱。

「君がため　捨つる命は　惜しまねど　心にかかる　国の行く末」

（天皇を頂点にいただいた新しい国づくりのためならば、この命など少しも惜しくはないが、混迷する世の中を目の当たりにすると、この国はいったいどうなっていくのだろうかと気になって心配になってしまう）。

越前藩では、酒席でこの和歌の大唱が、流行ったといわれる。

32 〈横井小楠②〉龍馬の船中八策の原点は、国是七条

「俺は今まで、天下に恐ろしい者を二人見た。それは、横井小楠《しょうなん》（1809〜1869）と西郷南州（隆盛）（1828〜1877）だ」と、勝海舟（1823〜1899）が言ったという。幕末の偉人の中でも、如何に小楠が優れていたかを示す言葉である。

幕末の政治家、思想家、横井小楠（通称、平四郎）は、文化六年、横井時直（百五十石）の次男として、肥後熊本の城下内坪井に生れた。九才にして、すでに藩校時習館に学ぶことを許され、その頃より〝己の名を日本史に止める志を持つ〟と誓ったといわれる。二十五才で居寮生（給費生）、後、居寮長となる秀才だった。天保八年（一八三七）家老長岡監物《けんもつ》らと、訓詁的朱子学に終始する時習館の改革に図る。天保十年、江戸に上り、藤田東湖《とうこ》らと親交。この頃すでに水戸藩の徳川斉昭公に招聘を受ける程であった。その後帰国し、城下水道町に転居。藩政批判書「時務策」を記した。天保十四年（一八四三）頃より長岡監物是容《これかた》（1813〜1859）、元田永孚《もとだながさね》（1818〜1891）らとの会読を始め、「実学党（藩政改革派）」を形成していく。小楠は、生活に根ざした実学を本当の学問として、「官府を利する手段を捨て、御国中士、民の利益に成る道を世話する道に、一決すべし」と説いた。天保十四年、私塾を開く。ここに徳富一敬《かずたか》（蘇峰の父）（1822〜1914）、八嶋源助らが入門。弘化四年（一八四七）相模町の新居に移り、塾を「小楠堂」と命名。安政元年（一八五四）兄・時明の死により家を継ぐ。安政二年、城の東、沼山津《ぬやまづ》に転居、四季の眺めが素晴らしい「四時軒《しじけん》」に住む。裏の川で投網を打つのが好きだったという。「愚かなるこころにそそげひらけたる君の誠を春雨にして」、小楠の卓見に最も傾倒した越前藩主・松平春嶽《しゅんがく》（1828〜1890）は、安政三年（一八五六）招聘使者村田氏寿《うじひさ》（1821〜1899）に託して、この歌を贈って招いた。文久二年（一八六二）七月、

前越前福井藩主の松平春嶽は、幕府の政事総裁職に就任するが、その際に小楠は、幕閣に「国是七条」を建白した。

文久三年（一八六三）より五年間、小楠は同藩の藩政改革にあたった。この頃より勝海舟と親交。同年五月、海軍奉行勝の書状を持参した、坂本龍馬とも福井で会い、この時以来、龍馬は心服し師事している。やがて小楠は、「倒幕開国尊王論」の立場を明確にしていく。小楠は、幕府政治総裁となった春嶽の相談役として、元治元年（一八六四）春、『海軍問答書』を著す。慶応三年（一八六七）には、福井藩に「国是十二条」を建議するなど、「公武合体論」を理論づけ、間接的に幕政改革にあたり、幕末の政治に大きな影響を及ぼした。

『国是七条』。

一　大将軍上洛して、列世の無礼を謝す
二　諸侯の参勤を止めて術職（領内政治の報告書を将軍に提出する）となす
三　諸侯の室家（妻子）を帰す
四　外様譜代に限らず賢を選び、政官となす
五　大いに言路をひらき天下とともに公共の政をなす
六　海軍を興し、兵威を強くす
七　相対貿易を止めて、官交易をなす

龍馬の『船中八策』が有名になってしまったが、その元は、この『国是七条』であり、「大政奉還論」、「五ヶ条の御誓文」に大きな影響を与えている。

慶応二年（一八六六）、小楠は、海軍操練所にいた甥の横井左平太・大平（太平）の兄弟を米国へ留学させた。計画的に渡米した最初の日本人である。

その時に贈った、小楠の言葉は次のようなものだった。「堯舜孔子《ぎょうしゅんこうし》の道を明らかにし、西洋機械の術を尽くす、なんぞ富国に止まらん、なんぞ強兵に止まらん、大義を四海に布《し》かんのみ」。小楠の世界平和の理念は、今日において、さらに貴重である。

明治二年（一八六九）正月の昼下がりに、京都御所を駕籠で退出、丸太町角で、銃声と共に五人の刺客が襲った。小楠は脇差しで防戦したが、ついに十津川《とつがわ》郷士らの凶刃に倒れたのである。キリスト教を評価したことが「ヤソ教」を広めようとしたと誤解されての暗殺だった。

こうして小楠は、六十才の生涯を閉じた。「横井平四郎さんな実学なさる、学に虚実があるものか」。保守佐幕派、「学校党」が圧倒的な熊本では、小楠の招聘を妨害し、歌で〝茶化〟した。小楠の死の翌明治三年、「実学党」が藩政をとり〝肥後の維新〟ができた。そして「熊本洋学校」が出来た。明治九年（一八七六）一月三十日、生徒三十五名は花岡山山頂でキリスト教精神を宣布しようとし、盟約した。彼らは「熊本バンド」と呼ばれ、やがて京都の「同志社」の発展の原動力となった。

『幕末おもしろばなし　百話』で、筆者は「小楠遭難事件」を描いた。また「新島八重《にいじまやえ》」で、熊本バンドの人々と同志社についても描いたので、お読みくだされば、幸甚であります。

33 龍馬と大久保一翁

「当時天下の人物と云ハ、徳川家ニハ大久保一翁（忠寛）、勝安房守、越前にてハ三岡八郎、長谷部勘右衛門、肥後ニ横井平四郎（小楠）、薩摩にて小松帯刀、西郷吉之助（隆盛）、長州にて桂小五郎（木戸孝允）、高松晋作」

と、慶応二年（一八六六）十二月四日に、龍馬は兄権平への手紙に書いている。高杉を「高松晋作」と誤って書いている。

大久保一翁《いちおう》（１８１８〜１８８８）は、嘉永六年（一八五三）、三十七才の時に浦賀にペリーが来航後、老中首座の阿部正弘の抜擢により目付兼海防掛に任命される。この時期、勝海舟が提出した海防意見書に興味を持ち、阿部正弘に紹介して海舟の出世の道を開いた。

大久保一翁

文久三年（一八六三）四月六日付、大久保一翁が横井小楠（１８０９〜１８６９）への手紙に、「勝に従居候土州有志、過日五人拙宅に参候に付略承、只々嘆息極候得共、其来人中坂本龍馬、沢村惣之丞両人は大道可解人哉と見受、話中に被刺候覚悟にて懐相聞、公明正大の道は此外有之間敷と素意の趣話出候所、両人丈は手を打斗に解得に付……」。龍馬と、一緒に脱藩した沢村惣之丞は、「大道」が分かり「公明正大」の道について、手を打つばかりに分かる男だと。

龍馬（１８３６〜１８６７）が、海舟塾に入門した翌年、文久三年に大目付兼外国奉行に就任する。この時期に松平春嶽や横井小楠等と面談し、「幕府にて掌握する天下の政治を、朝廷に返還し奉りて、徳川家は諸侯の列に加り、駿遠参（駿河、遠江、三河）の旧地を領し、居城を駿府に占め候儀、当時の上策なりと諫言す」と自説を説く。この時「大政奉還」を、彼一翁は主張している。これを聞いた龍馬は、「幕府にとっては大不幸、我らにとって大幸」と、評価している。

一翁に龍馬を紹介したのは海舟、「一翁に会って見ろ」と。文久三年（一八六三）四月二日、龍馬は、江戸で、幕臣大久保一翁と会い、勝海舟と松平春嶽宛ての親書を託される。

開明派の幕閣で、のちに子爵となった大久保一翁の龍馬評。「坂本龍馬は土佐随一の英雄、謂はば大西郷の抜目なき男なり」と、評したのであった。（千頭清臣著『坂本竜馬』）。

34 〈グラバー①〉死の商人グラバー、薩長同盟の陰の大物

長崎の観光名所「グラバー邸」は、つと有名であるが、グラバーが、〝龍馬の黒幕〟として、「薩長同盟」を陰で後押ししていたのは、余り知られていない。

「亀山社中」に武器や軍艦を売った「グラバー商会」は、正式にはジャーディン・マセソン商会の長崎代理店。トーマス・ブレーク・グラバー（1838～1911）の肩書は、〝マセソン商会長崎代理人〟だった。イギリス、スコットランドに生れたグラバーは、上海に渡ってジャーマン・マセソン商会に入社し、安政六年（一八五九）九月、長崎にやって来た。その時は二十一才だった。はじめは生糸や茶の輸出を中心としていたが、幕末の日本の政治動乱に目をつけ、薩摩、土佐、長州等の倒幕派、そして亀山社中と取引し、イギリス渡航の手引もした。

「亀山社中」の手はじめの仕事は、薩長同盟成立の為、薩摩名義で武器、軍艦の購入の仕事。龍馬は〝人と人繋ぐ〟、亀山社中は〝ものを買う〟。

慶応元年（一八六五）七月二十一日、長州藩の井上聞多（馨）と伊藤俊輔（博文）が長崎へ、近藤長次郎が小松帯刀に紹介、伊藤、井上は長崎薩摩屋敷に匿われた。長次郎がグラバーから、ミニエー新鋭銃四千三百挺、七万七千四百両、ゲベール古銃三千挺、一万五千両、亀山社中が薩摩藩代理として長州の金で買い、八月中旬、井上、伊藤は、薩摩船「胡蝶丸」で下関に運送したという。これらの銃は、「対幕戦」から「鳥羽・伏見の戦い」で大活躍したそうだ。

グラバー

更に十月十八日、近藤長次郎がグラバーから購入したのは、軍艦「ユニオン号」。三万七千両、金は長州藩、名義は薩摩藩。船首に島津の「丸に十文字」が掲げられ、船名「櫻島丸」として、亀山社中の者が操船して下関へ。平時は、通商貿易航海に使用し、有事には、武装して薩摩と長州両藩に提供する事が決められた。

十二月になって、長州から不満が出て、龍馬は高杉晋作と相談。長州海軍局中島四郎と会見し、十二月十四日「櫻島丸改定条約」が結ばれ、櫻島丸は一時的に長崎に回航された。櫻島丸は、後「乙丑丸《いっちゅうまる》」と変名し、下関海峡で「四境戦争」で活躍する。その四境戦争を、龍馬は見学した。

明治三年（一八七〇）、グラバー商会は、次第に武器が売れなくなり、諸藩から資金回収が滞ったので破産した。トーマス・ブレーク・グラバーには日本人妻は二人いて、はじめの人は、内縁の広永《ひろなが》園《その》。五代友厚（1836～1885）の紹介によるものともいわれる、談川《だんがわ》ツル（1851／1848～1899）とは結婚して、長女ハナ、長男倉場富三郎をもうけ、明治四十四年（一九一一）に七十三才で、東京で他界した。徳川幕府の大反逆人として、明治四十一年（一九〇八）、明治政府から外国人として破格の勲二等旭日重光章を授与された。

35 〈グラバー②〉龍馬が行った、グラバーさんの隠れ部屋

鎖国の時代、龍馬は、黒船に驚き、「ジョン万」の米国を、河田小龍を通じて学び、グラバーとの取引を通じアジア、西洋を知った。関門海峡で、長州が〃コテンパン〃に打ちのめされたのも、世界の力であった。

「長崎」、私は、日本・東洋・西洋の情緒あふれる、この歴史一杯の街が好きである。「風頭《かざがしら》公園」の龍馬の銅像は、他のどれよりも好きな顔であり、姿である。男の立像である。龍馬の写真を撮った、上野彦馬のお墓は、この銅像の真近くにある。坂を下ると、亀山社中で龍馬がもたれかかった柱に支えられた〃居間〃が、当時の面影を残している。坂道は、「龍馬通り」と名付けられ道標が楽しい。

長崎と言えば「原爆」である。長崎の原爆の被害の象徴の一つとして、「片足鳥居」がある。その近くに「坂本国際墓地」があり、グラバーの墓は、多くの外人と一緒に、そこに静かに眠っている。隣のお墓には、息子夫婦が眠っている。墓石には〃倉場家之墓〃が読める。

維新の功労者、幕府には反逆者、そして死の商人といわれたトーマス・ブレーク・グラバー、武器、船を斡

岩崎弥太郎

旋し、イギリス留学に、密出国に手を貸したグラバー、あの薩摩と長州の手を握らせた龍馬の陰に、グラバーありき。

観光のメッカ、「グラバー邸」のエスカレーターは便利だが、情感がうすれた感じがする。何となく〃そぐわない〃と思う。ここには、近代日本の幕開けに主力となった多くの青年が訪れ、密談し取引した。邸には現在非公開乍ら、〃隠れ部屋〃がある。先日、某テレビで放映された時には、大ビックリをし、喜びをかみしめた。龍馬や近藤長次郎などなど、世界を知り日本を変えた若者達の匂いが残る、港を見下ろす邸は「日本の夜明け」を告げた場所である。焔硝《えんしょう》の匂いが残っているが……。

グラバー曰く、「徳川幕府の反逆人の中では、私が一番の反逆人であったと思う」。日本の明治維新の功労者である、こんな彼の言葉の重みは、「戊辰《ぼしん》戦争」にはじまる、体制側と反体制側の戦争の結果を見ればよく分かる。戊辰戦争に輸入した武器が、捌《さば》きされず、「グラバー商会」は、明治三年（一八七〇）に倒産した。しかし、龍馬亡き後、岩崎弥太郎（1835～1885）と関係を深め、岩崎の顧問として活躍。銅、絹、茶の輸出、武器輸入、石炭、ドック事業に足跡を残し、五十二年間、日本に滞在し、七十三才でその人生を終えた。

三　龍馬の同志たち

36 なぜ、土佐勤王党は結成されたのか

山内《やまのうち》氏が、長宗我部《ちょうそかべ》氏のあとへ入ってきてから続いてきた階層差別、「上士と下士」。特に上士と下士の軋轢、そして、「安政の大獄」で、山内豊信《とよしげ》（容堂）が処罰されたことへの反発が、尊攘運動を生んだ。龍馬が二度目の剣術修行をして、江戸から高知に戻ってきたのは、安政五年（一八五八）九月六日の事。その二ヶ月後の十一月二十三日、水戸浪士住谷寅之助《すみやとらのすけ》と大胡聿蔵《だいごいつぞう》に会いに行く以外は、しばらく高知から離れる事はなかった。

龍馬が二十七才になった文久二年（一八六二）三月三日、高知城の西、井口村の永福寺門前で、ある事件が起きる。桃の節句で酒に酔った、上士の山田広衛《ひろえ》と益永繁斉《しげなり》が、郷士《ごうし》の中平忠次郎と宇賀喜久馬と、すれちがいざま〝肩が触れた〟〝触れぬ〟で口論の末、山田が、中平を斬ってしまったのだ。これを知った中平の兄、池田虎之進は、現場に駆けつけるや、永福寺前の小川で刀を洗っていた山田と益永を斬殺した。（井口村刃傷事件）。上士と下士の対立が一気に表面化する騒ぎとなった。藩は、池田と宇賀に切腹させて一件落着したかに見えたが、この事件をきっかけに郷士たちの結束が固まり、半年後に「土佐勤王党」が結成される下地となった。

もうひとつ、土佐勤王党結成の要因となったのが、藩主山内豊信（容堂）の処罰だった。山内容堂（１８２７～１８７２）は、一橋派の重鎮だったが、「日米修好通商条約」調印後、井伊大老《いいたいろう》の行った「安政の大獄」によって隠居の身となり、新たに豊範《とよのり》（１８４６～１８８６）が藩主に就任、更に容堂は、謹慎処分となった。万

延元年（一八六〇）に井伊大老が暗殺され、容堂の謹慎は解かれたものの、江戸から土佐に戻ることを許されず。土佐国内には、幕府への不信感が募《つの》っていた。

一日も早く、前藩主容堂の身を自由にすることを幕府に求めるという目的もあった。「土佐勤王党」を結成したのは、吹井村の郷士武市半右衛門の長男、武市半平太《たけちはんぺいた》（1829〜1865）だった。龍馬とは遠い親戚関係にあたる、武市は、若い頃から剣で知られ、江戸の桃井春蔵の鏡新明智流「士学館」に入り、やがて塾頭になったほどの人物。事件（井口村刃傷事件）が起こったこの年、江戸で「土佐勤王党」を結成し、長州の久坂玄瑞《くさかげんずい》（1840〜1864）、薩摩の樺山三円《かばやまさんえん》（?〜?）らと共に、挙兵上京を計画、西南雄藩尊攘派の申し合せにより王政復古を目指した。公武合体路線にある土佐藩主山内豊範はじめ、上士の意識を、勤王一色に変えようとするところに特色があった。

文久元年（一八六一）九月二十五日、武市が江戸から帰国すると、龍馬は訪ねて行き、九番目に血判して土佐勤王党に加わる。冬頃までに百九十二人が加盟した。龍馬の甥で、のち海援隊士になり、龍馬の死後に坂本の家を継ぐ〝高松太郎〟も、〝中岡慎太郎〟もその中にいた。中岡は十三番目の血判だった。

翌文久二年一月、武市の使者として武市の書簡を携えた龍馬は、長州萩へ旅して久坂玄瑞に会う。剣術詮議を理由に国暇を乞い、丸亀の剣客矢野市之丞を訪ね、国暇延期を願出した後、安芸国経由で長州に入った。龍馬は久坂と数度会い、今度は久坂の書簡を持って高知に戻るのだが、その時に龍馬には、「脱藩」の二文字があったようだ。

この後、武市は、藩に対して西南雄藩の動向を説き、薩長との共同歩調を勧告するが聞き入れられないため、土佐藩参政で開国公武合体派の吉田東洋《とうよう》暗殺を指令し、東洋派重臣を要職から追放、新たに要職についた守旧派を傀儡《かいらい》として藩政の実権を掌握し、藩主豊範を奉じて上洛していくことになる。上洛後は、他藩応接役として、他藩の志士たちと関わる一方で、幕府に対して攘夷実行を命じる勅使を、江戸に派遣するための朝廷工作に奔走する。

龍馬の後を追うように、一人の男が高知から長州へ向かった。吉村寅太郎《とらたろう》(1837〜1863)だ。吉村は、長州で久坂と会った後、九州へめぐり、西南雄藩有志挙兵計画を知って帰国。武市に報告して決断をうながすが、土佐一藩が結束しなければ成果は上らないと退けられ、三月六日、同志宮地宜蔵《みやじぎぞう》(1838〜1863)・沢村惣之丞(関雄之助)(1843〜1868)と三人、梼原《ゆすはら》から国境を越えて、伊予から長州へ脱走する。「土佐勤王党」からの脱藩第一号となった。

龍馬が、戻って来た、潮江村地下浪人・沢村惣之丞の手引きで脱藩するのは、その十八日後の事だった。

37 土佐は、薩長畑の〝ごやし〟になった

長州再征の空気を敏感に察し、時流に乗ろうとしたのが土佐藩。坂本龍馬や中岡慎太郎が、薩摩と長州を結婚させる大切な仲人さんとして一生懸命とび廻っている時、土佐藩では土佐勤王党の総大将・武市半平太以下を殺した。すでに文久三年(一八六三)八月、尊攘派が京都から追い落とされた時、武市もその仲間たちも牢に放りこまれた。「禁門の変」で、さらに弾圧は激化し、再征の空気は一挙に、土佐勤王党そのものの根を断つ、厳しさをみせた。しかし迎合しようとした弾圧も断罪も、皮肉なことに裏目に出た。息詰るような世襲制と公武合体という藩からとび出し、命がけで活躍していた坂本や中岡こそが、実は、その時流と一緒に動いていた。二人は、脱藩者の数少ない生き残りであった。その他は、徳富蘇峰(1863〜1957)は云う。

「土佐の人は時としては薩摩の芋畑を肥し、時としては長州の蜜柑畑を肥やしてゐるのでございます。時としては天誅組とか、高野山の義挙とか、其他凡有る方面に活動してゐます。要するに土佐の働きを帳面の上だけで見るならばそれは狭いので御座います。時としては土佐の働きは長州の働きに化け、時としては薩摩の働きに化け、其他各方面の働きに化けてゐるのであります。若し公平に土佐の働きを申しますならば、それ等を合せ申さねばならぬと思ふのであります。それをすっかり合算するならば、土佐の勤王は、薩摩や長州の働きに決して劣らぬと確信するのであります」。

「天誅組」、「池田屋事件」、「禁門の変」、長州の奇兵隊高杉の「功山寺の挙兵」さえ、参加していた。土佐は冷たい藩だったのである。特に坂本や中岡、そして死んでいった志士たちの血と涙の土台石の上に、またまた乗ろうとする。後藤象二郎という男が、そのお役である。一方、脱藩せず、なんとか土佐全藩を尊王攘夷藩にと、最後まで努力したのが武市瑞山（半平太）である。平井収二郎、間崎哲馬も大きい人物だった。脱藩者では坂本、中岡の他、吉村虎太郎、松山深蔵、那須信吾など有名な人たちが多くいる。斬首され〝晒し首〟になった岡田以蔵は、その中でも異色の存在である。彼は署名こそしていないが、やはり土佐勤王党のメンバーの一人であったと『維新土佐勤王史』には、温かく書かれている。勤王党のメンバーで、明治まで生き残り、長く活躍したのは、土方楠左衛門久元（1833～1918）、高松太郎（坂本直《なお》）（1842～1898）。生き残った異色の人は、宮内《くない》大臣までなった田中光顕《みつあき》（1843～1939）であろう。

38 龍馬の脱藩に、「あだたぬ奴」だと云った、半平太の三文字切腹

武市半平太（瑞山）「月様、雨が……」「春雨じゃ、濡れて参ろう」で有名な人で、戦前、映画の世界で「つと有名」な人である。この別の顔は、岡田以蔵（1838～1865）という部下に〝人斬り〟をやらせる冷酷な人物というのが、テレビの半平太像となっているが、実際には、言論活動こそが徹底している。豪傑の殿様の山内容堂に、何回も何回も面と向かって「尊王攘夷こそが本当でございますぞ、殿の〝公武合体〟というお考えは、もう古い」と諫言する。

中川宮（青蓮院宮）が公武合体に傾きそうだといえば、これまた面会して、やはり真正面から諫言する。陰で〝こそこそ〟する奴は多いが、なかなか、面と向かっては出来ないものである。藩論が一変した時、「藩内にいては生命が危ない、脱藩したら」と勧められるが、「ノー」。出来るのにしない、あくまで、土佐藩の「全藩勤王」を主張。大将の大きな器だから、〝ばたばた〟騒がない。けれど、同志の脱藩は、止めない人であった。

文久二年（一八六二）三月二十四日の龍馬の脱藩に、「土佐ではあだたぬ奴だ」と言ったのは、有名である。〝あだたぬ〟とは「押さえきれぬ」という意味である。寡言沈黙型、〝げらげら〟笑ったり、湯気を立てて怒ったりはしない人。武者修行に出ても、けっして勝たないが、負けながら「武市先生は、偉い」という評判が立ったほどである。しかし〝剣の腕〟は、江戸の有名な桃井春蔵の道場の塾頭をやった人であった。

京都より土佐に戻り、入獄一年九ヶ月、慶応元年（一八六五）閏五月十一日切腹して果てた。「吉田東洋暗殺」は、証拠が無くて主謀者にはできず、主君山内容堂への諫言が不敬で、公家への意見も越権行為だとして、罪状に仕立てあげられた。

「割腹は、一文字が普通だが、他に十文字と三文字がある。拙者が、もし、三文字に斬った時〝半平太狂えり〟

と思われるのは残念だ」。念のため、その通りに曳、曳、曳、三段に切り、血刀を四方上に置き、介錯を待った。切腹に武士の魂を込めた、凄い人であった。土佐勤王党の総大将〝あんごさん（顎骨が出ていた）〟瑞山の三十七才の最期であった。

辞世の歌は、「ふたゝひと　返らぬ歳を　はかなくも　今は惜しまぬ　身となりにけり」。（ふたたび返ることのない歳月を、はかないと思ったこともあったが（いまから死ぬのだから）もう過去のことなど惜しまない身の上になってしまった）。

維新後、山内容堂は、武市を殺してしまったことを何度も悔いていたという。

坂竜《ばんりょう》飛騰《ひとう》と武市瑞山

龍馬の姿が忽然と消えた。文久元年（一八六一）十月十一日のことである。この日の土佐勤王党の幡多地方の首領・樋口真吉（1815～1870）の日記『遣倦録　愚庵筆記』には「坂竜飛騰」と記される。龍馬は、讃岐丸亀の矢野市之丞（市之進）道場に至る。一ヶ月間、滞在したという。さらに、宇和島城下に入り、瀬戸内海を渡り、安芸坊ノ砂に向かう、そして大坂へと。どこへ潜んだかは、詳細は分からないが、中国筋更に京都、大坂と情報交換の役目を担って、とび廻っていたのであろうと思われる。

武市半平太（瑞山《ずいさん》）（1829～1865）の命を受けた龍馬は、翌年一月十四日、ようやく、長州藩萩城下に入る。武市の書簡を持ち、使者として長州藩における尊皇攘夷派の中心人物・久坂玄瑞《くさかげんずい》（1840～1864）を訪ねた。

ここで、武市瑞山を考えて見ることにしょう。「安政の大獄」の大弾圧がある。水戸志士による、この報復は、それから一年半後、安政七年（一八六〇）三月三日に行われた、桜田門における、「井伊直弼暗殺」である。

この時の山内容堂（1827〜1872）の「はしゃぎぶり」「買いかぶり」は、大名の常軌を逸する程のものであった。時代が大きく「羽ばたき」はじめた。土佐でいえば、吉田東洋（1816〜1862）に学び、安積艮斎《あさかごんさい》（1791〜1861）に学んだ間崎滄浪《まざきそうろう》（1834〜1863）でさえ、時勢の中で、すっかり勤王派の志士化していた。龍馬もこの時「諸君何ぞ徒らに慷慨するや、是れ臣子の分を尽せるのみ、我輩他日事に当る亦此の如きを期せんと。」と云い、初めて同志の〝喝采〟を浴びた。志士の嫌いなはずの容堂も、一緒になって井伊暗殺を喜んでいるところがおかしい。それを契機として、志士たちの動きが観念的から具体的な行動に移っていくようになる。

ここで武市瑞山（半平太）が登場してくる。万延元年（一八六〇）七月、瑞山は門人三人を連れて、九州を遊歴し、長州の情勢を調べに行く。帰ってくると、土佐東西の人材を教育しつつ、次第に志士の頭目として貫録をつけてくる。

吉田東洋への批判も、この頃から始まる。瑞山は容堂公に対してはどこまでも、臣・瑞山の形を崩さないが、東洋に対しては、殿を誤《あやま》る者として批判する。また、東洋は内政家として、藩財政を豊かにし各種事業を行うため、農産業に対する統制策をとったのが、農民たちの〝恨み〟を買うようになっていたのである。加うるに、東洋自身は自分の「贅沢」は許しているという矛盾が生じていた。瑞山の二度目の江戸行きは、文久元年（一八六一）四月であった。名目は剣術修行だが、各地の志士たちとの交流と情報交換である。そして、同年七月十五日、長州人の久坂玄瑞（1840〜1864）、桂小五郎（1833〜1877）、薩摩の樺山三円《かばやまさんえん》（?〜?）らと交流し結びついた。藩を越えたところで、志士たちの薩長土盟約が作られていく。これは井伊暗殺以前には見られなかったことであった。

かくして文久元年八月、江戸で「土佐勤王党」の盟約、つまり綱領が出来上がった。同年九月、瑞山は「土佐勤王党」と綱領を持って江戸を発つ時、いずれ帰ったら東洋と対決するであろうことを予期していた。その時にはまだ、暗殺までは考えていなかったのである。土佐に帰ったら、まずは東洋支配の土佐の藩論をくつがえすことが使命である。

老公容堂は、やはり絶対的存在である。その昔、老公が言ったという「錦旗翻る日」の言葉が、今も彼の耳にこびり付いていた。彼は容堂を信じて疑わなかったのである。東洋の政策も容堂から出ているということは〝知らずか〟ともかく、瑞山はそう思った。かくして彼は、久坂らと、文久二年には藩を動かし薩長土で京へ進行し、再会しようと約束して意気揚々に帰国したのである。江戸での志士たちの名前が並んだ勤王党の名簿へ、土佐では最初（第九番目に血判）に、龍馬が署名した。その後へ、郷士の若者が次々と加わっていった。その本部は、新町田淵（高知市桜井町）の武市道場であった。

武市瑞山（半平太）

この噂は、すぐに吉田東洋の耳に入った。武市は呼び出されたが、憶する色もなく東洋の前で、江戸での薩長土の志士の計画を大然として述べた。即ち、幕府の朝廷取込策として行われんとしている「皇女和宮降下行列を襲うこと」と、その元凶である「老中安藤信正暗殺計画」であると。彼は言った、「ともかく私はそれを止めて帰ってきたが、三藩志士は、幕府の陰謀を阻止するために互に協力して行くのだ」と。

驚いたのは東洋はじめ要人たちである。東洋は、一瞬恐怖をおぼえた。志士をこのまゝにしておけないと。武市にしてみれば、むしろ東洋への覚悟を迫ったつもりであった。この点、彼は非常に単純であると思わざるを得ない。その時東洋は、「そんなことができるわけがないではないか。よくよく考えてみよ」という言葉で嗜《たしな》めたが、これをはじめとして二人は、益々対立して行くことになった。そして武市は、東洋から完全に退《しりぞ》けられることになった。こんな折から、龍馬が忽然と消えた。

39 龍馬の紹介で、勝海舟の用心棒をつとめた岡田以蔵

京都には「富士の高嶺にふる雪も京都先斗町にふる雪も」の歌で有名な、花街〃先斗町《ぽんとちょう》〃がある。この十八番露地という路地にある京町家に、今も〃刀傷〃が残されている。あの「人斬り以蔵」こと岡田以蔵（1838〜1865）、薩摩の田中新兵衛（1832〜1863）らが、本間精一郎（1834〜1862）を襲った際に、その戸口の格子《こうし》に刀傷を残している。本間の暗殺は、文久二年閏八月二十日の事件である。

小生が、平成十年（一九九八）、京都市の町作り事業として、幕末京都の史跡歴史ウォークを市民に呼びかけて行っていた時は、よく、その戸口にて説明していると、中からお婆さんが出て来られて「これは新選組の「刀傷」ですせぇ！」と……。よくもよくも、この二十年近くも通ったものだが、今は入口に戸が付けられていて分かりにくいが、その一軒北の町家の表に「本間精一郎遭難地」の石碑が残り、説明の駒札もある。

こゝで本間は絶命した。清河八郎らと共に尊攘運動をした越後の郷士で、惜しい人物であった。この暗殺の状況は、小生の『幕末おもしろばなし百話』（2015刊）をお読みいただきたい。テレビでは、〃ショーケン〃（萩原健一氏）演ずるところの岡田以蔵。土佐藩の郷士岡田儀平の倅《せがれ》である。実際の以蔵も、やっぱり人斬りで鳴らしていた。しかし、その末路は悲惨だっだ。これは、薩摩の田中新兵衛、肥後の河上彦斉《げんさい》（1834〜

1872）も同じであった。この三人は「幕末京都」の〝人斬り三人組〟として、その名を残した。この岡田以蔵は、武市瑞山在京時の文久三年（一八六三）一月に脱藩、その後、江戸の長州藩邸で高杉晋作の厄介になり、次に坂本龍馬の紹介で勝海舟の用心棒をしていた。同年三月八日には、勝義邦（海舟）は、京都東町奉行・永井尚志《なおゆき》の役宅を訪れ旅宿へ帰る途中、寺町通で浪士らに襲撃されるも、岡田以蔵に救われている。

彼の暗殺の初参加は、文久二年八月二日、大坂戎橋で土佐の吉田東洋の部下、井上左一郎殺しが手はじめだった。まず酔った井上の首をしめて、それから刺し殺した。『土佐勤王史』によると「当初剣客であった本分も忘れ」女に溺れ、酒にひたり乱行の数々、元治元年（一八六四）四月頃、京都所司代の手の者に捕まり「無宿者鉄蔵」として〝入れ墨〟された。彼の洛外追放のニュースを聞いた土佐の京都藩邸は、岡田も勤王党のメンバーだ、なにか聞き出せると所司代と打ちあわせて身柄を受けとった。土佐の勤王党につながっているとして土佐に送られ投獄、お決まりの拷問。同年八月、以蔵の自白などが元に、久松喜代馬、森田金三郎、村田忠三郎、岡本次郎が逮捕される。結果〝入れ墨者以蔵〟として打ち首、獄門。武市半平太と同日であった。

田中新兵衛は、御所で起った姉小路公知《あねがこうじきんとも》（くろまめさん）襲撃事件の犯人として踏みこまれ、元治元年（一八六四）四月、何故か自決して果てた。

佐久間象山（1811〜1864）を斬った一人といわれる河上彦斉は、象山斬りの感想を残している。「私は、人を斬るのは人形を斬るようなもので、全然なんともなかった。しかし象山だけは人を斬ったという感じだった。髪の毛が逆立ちました。あの人が類い希なる人だったせいでしょう。これでは私の命も先が短いのではないかと強く感じました。象山を最後に、心を入れかえますたい」。

明治四年の十二月、罪状不確定のまま斬罪となった。彼は、開国政策を納得しなかったためかも知れない。

40 龍馬の智恵で逃げ、神父となった山本琢磨

武市瑞山（半平太）（1829～1865）は、龍馬の父・坂本八平（直足《なおたり》）（1797～1856）の出身、山本家とは親戚の出で、彼龍馬の江戸再出立より少し早く、安政三年（一八五六）八月七日、高知を出足《しゅっそく》し、江戸は浅蜊《あさり》河岸の鏡新明智流、桃井春蔵《もものいしゅんぞう》の〝士学館〟に入り、後には塾頭を務めていた。同塾には、龍馬や武市と親戚つづきの、山本琢磨《たくま》（1834～1913）が、剣道修行に励んでいた。

事件が起きたのは、安政四年（一八五七）八月四日の夜であった。琢磨は、塾生田那村作八《たなむらさくはち》と連れ立って外出。酒ぐせの悪い田那村は大酔して、往来で一商人に突き当たった。田那村が凄みを利《き》かせたので、その商人は、持っていた風呂敷包みを投げ出して逃げた。その包みの小箱を拾って、塾へ引き揚げ開けて見ると、高価な外国時計が入っていた。

二人は、これを売って酒代にしようとして浅草の古道具屋に出かけた。道具屋は時計を見て、代金は当方から持参し、品物と引き替えに伺うと、住所、氏名を尋ねた。琢磨は正直に、「土州藩士、桃井塾内弟子」と「姓名」を名乗った。

この時、被害者佐川屋金八から同業者へ手配してあったので、道具屋から知らせを受けると、早速、鍛冶橋土佐藩邸へ訴え出て、時計の返還を求めた。時計はロシア渡りの珍品で、既に盗難届が江戸町奉行へ出されてあったので、藩吏《はんり》は、この事を重視した。半平太はこの事件を聞き憂慮して、琢磨を呼んで真否を尋ねた。「格馬」とあったので人違いを期待したが、事実だった。

「盗賊同様の振る舞いだが、腹を切らすしかあるまい」と、途方にくれ乍《なが》ら、桃井塾にいた大石弥太郎や千葉道場の龍馬を呼んで相談。そして八月十三日、半平太と龍馬は、例の時計を携えて佐川屋金八を訪ねる。不

在だったので、翌日再訪して品物を返還し、事の内済を相談した。藩当局は、琢磨の身柄を当分、仲間の郷士に預ける事を指示してきた。

十六日、その夜のこと、「山本琢磨」は江戸を逐電《ちくでん》した。龍馬の才覚で、逃亡させたというのが、真相である。幕末の江戸の片隅で起きた小事件乍ら、前途ある若者の生命を救い、このお蔭で、明治の世にこの男は、隠れた貢献を残した。その後の琢磨の人生は、江戸から東北の地に逃れ、前島密《ひそか》（1835～1919）と知り合い、彼にすすめられ北海道へ。函館神明社神官、沢辺家の入婿となり、のち、函館領事館の焼き討ちを計画、これは失敗に終り下獄した。また、〝沢辺琢磨〟は、ロシア正教修道司祭ニコライ神父を刺さんとして、却って説得されて、彼に帰依し、同師に従って布教活動に入った。そして、日本におけるハリスト教会設立に尽力した。

山本琢磨

明治八年（一八七五）、二十年ぶりに故郷土佐へ帰国、高知、九反田にて布教。のち、ウラジオストックに行き、神父を任じられ、明治十七年（一八八四）三月、東京神田に「ニコライ聖堂」建設着手を手伝い、日本正教会発展に大きな貢献をした。大司教として大正二年（一九一三）八十才で昇天した。龍馬と同年の天保六年（一八三五）生れの従兄弟であった。中野文枝氏『坂本龍馬の後裔たち』（新人物往来社　1986）に詳しい。

「数奇《すうき》を、きわめた琢磨の生涯が、駿河台にそびえるニコライ聖堂を見るたびに偲ばれ、それにつながる武市瑞山や坂本龍馬が思いおこされる」。平尾道雄氏『龍馬のすべて』（久保書店　１９６６）とある。

同志社設立の父、新島襄《にいじまじょう》（１８４３～１８９０）を米国への密航をサポートしたのも、この山本琢磨であった。

41 龍馬の友、望月亀弥太の謎

京都東山霊山墓地、長州藩の墓の集まる一郭の最上部に、池田屋殉難者の吉田稔麿《としまろ》の墓、その左側に、ひとつ置いて「松尾甲之進信之《のぶゆき》の墓」がある。この松尾の墓は、土佐脱藩の龍馬の同志、望月亀弥太《かめやた》の墓とされてきた。何故なら、望月の変名は松尾甲之進で、諸書でもそうなっている。しかし、この墓の裏には、文久三年癸亥年八月廿日没と刻まれている。「池田屋事件」は元治であり明らかに相違していて、この墓は長州奇兵隊の人であった事が分かった。文久三年（一八六三）七月に、攘夷に非協力な小倉藩征討許可を、朝廷に求めに十名で上洛し、京都で、この松尾は病死したのだ。その人の墓である。

しかし何故、望月は、変名を松尾甲之進としたのか？

望月亀弥太（１８３８～１８６４）とは、家は土佐藩の新留守居組で、慷慨気節《こうがいきせつ》の士。文久二年十一月、山内容堂《やまのうちようどう》護衛の為、「五十人組」の一人として上洛。後、藩主山内豊範《とよのり》に従い江戸へ。文久三年正月、藩命で、勝海舟《かつかいしゅう》に弟子入り、測量航海術を学ぶ。後、日本各地を航行し、大坂に至る度に上洛し動静を偵察した。同志と討幕の計を進めたが、元治元年（一八六四）六月五日、池田屋で闘死、二十七才であった。

彼の書簡の中で不思議がある。亀弥太をはじめ新宮馬之助、千屋寅之助（菅野覚兵衛）、高松太郎（のちの坂本直）ら多くの志士を、勝の門下に引き入れの記事があるが、龍馬の名は全く無い。最も接触のある龍馬が出てこないのは故意に触れずか、逆に、龍馬の書簡も、亀弥太に触れていない。龍馬と亀弥太は、生家は近くで、亀弥太の兄清平《せいへい》（？〜？）は、龍馬の無二の親友であるにも関わらず、お互いに書簡の中で、その存在を無視し合っていたのは、訳ありだ。この両者の手紙を読み比べて、先ず両者の性格が全く違う事だ。亀弥太は直情径行《ちょくじょうけいこう》、目先の事しか頭に入ってこない性格。文久三年（一八六三）五月の下関での外国船に対する攘夷に喝采を送り、「皇国《こうこく》」という言葉を使う。当時流行の、〝勤王の志士〟を自称する様な若者であった。その手紙には、「皇国」の為なら親をも捨てると言っている。

これに比べ龍馬の手紙は、ユーモア溢れ、文体も〝ひょうひょう〟としている。この頃の龍馬は、開明的な勝海舟の影響を受け、東洋一の海軍を作る事や、浪人を北海道開拓に仕向けるとの計画を、乙女に手紙に書いている。結局、亀弥太は、神戸の神戸海軍操練所を脱走（藩より帰国命令が出されたため脱藩して長州藩邸に潜伏ともいう）し、過激派浪士の群れに身を投じ、池田屋で重傷を負い自刃《じじん》した。

変名について見ると、長州の松尾甲之進と土佐の望月亀弥太は、尊王攘夷論者という点の共通点がある。当時の記録にも、亀弥太自身の変名のサインもない

ここに〝お龍〟の回顧録『反魂香《はんごんこう》』（雑誌「文庫」連載　明治三十二年（一八九九）安岡秀峰聞書）の中に、幾人かの志士がその変名と共に列記されている部分で、松尾甲之進（望月亀弥太）とある。

『維新土佐勤王史』（大正元年（一九一二））には、亀弥太とは別に、松尾甲之進が池田屋で闘死したとされている。仮定をして見れば、文久三年七月、上洛した長州の松尾が、望月亀弥太と接触していたとすると、望月もこの時期大坂に居たので、京都に出て来ていた。二人は思想や行動が同意していて意気投合。特に亀弥太は、勝門下の仲間とは一味違う会話で共感する。しかし、松尾は一月《ひとつき》足らずで病没。その死を惜しんだ望月が、自ら

の変名を「松尾甲之進」としたのではないか？
「松尾の死の実体」と「望月の関係」、お龍の全くの記憶違いとも思われない。龍馬を巡る一つの謎なのである。

42 龍馬の理想、北海道開拓を目指していた北添佶磨

「蒲田行進曲」、新選組池田屋事件で「銀ちゃん」が階段落ちに志願出演、必死の演技の名作映画だ。これで、新選組ファンが一挙に増えたという。

この事件で、最初に近藤勇に突然切られた志士が、北添佶磨《きたぞえきつま》（1835～1864）である。彼は龍馬（1836～1867）より一才上で、土佐高岡郡岩目地の庄屋の出で、子供の時は「神童」とされ、十七才で総領代として庄屋職を継ぎ、「間崎滄浪塾《まさきそうろうじゅく》」で、中岡慎太郎（1838～1867）や吉村虎太郎（1837～1863）と同門。その後、江戸に出て大橋訥庵《とつあん》につき、漢詩を激賞された。剣は真心陰流の達人で、扇を投げ上げて抜き打ちし、落下の前に、刀は鞘に収まっていたという。その時、近藤勇と正式に対決していたら、近藤も〝ピンチ〟であったと思う。

北添佶磨は、文久三年（一八六三）頃は、京都大仏の「藩陣屋」に席を置いていて、神戸海軍操練所の龍馬と交渉していた。同年四月に、佶磨らが、北海道蝦夷地探査の旅に出立した。龍馬に影響されての事である。同志は、土佐人能勢達太郎、小松小太郎（熊市）、安岡斧太郎（直行）と計四人。越前の敦賀港《つるがこう》より便船で、日本海を北海道に直航した。

能勢は、安芸郡東浜の庄屋の出で「禁門の変」で忠勇隊に参加、「天王山で十七士」と共に自決、二十二才。

北添佶摩

小松小太郎は、香美郡片地舟谷の落武者平重盛の子孫。この時、船中で病気にかかり、下船を拒否し箱館に着いて死去、二十二才。

安岡は、中岡の隣村、安田村庄屋の出で、藩命で勝門に入り海軍術を学んでいたが、この時、無届けで北海道探査に同行。帰洛したが脱藩人となり、「天誅組」に参加し捕えられ「六角獄舎」で斬られた、二十六才。

北添はこの時、朝鮮への渡海も考えていた。彼は、その後七月、江戸に着き千葉道場に逗留。ここで千葉重太郎（1824〜1885）の引き合わせで、勝海舟と会い、北海道の事情を語り、海舟の世話で幕艦に便乗して大坂に上陸し京都に入った。そして、京都と神戸を往復していた龍馬に会って〝北辺視察の生々しいニュース〟を伝え、開拓防衛の必要を告げた。

この年は、「八月十八日の京都政変」から、九月の「大和天誅組敗走」があり、既にこの頃有志は、東西に離散していた。そこへ元治元年（一八六四）六月五日の「池田屋事件」の突然であった。海軍塾生望月亀弥太二十七才、石川潤次郎二十九才、藤崎八郎二十二才、野老山《ところやま》吾吉郎《あきちろう》十九才ら、「土佐勤王党」や藩上士の青年たちが、池田屋等にて、非命の最後を迎えたのである。

43 異色の海援隊士山本龍二郎

海援隊士は、航海術に些少なりとも関わり、中には専門技術を修得した者がいた点で、他の〃烏合の衆〃とは違い、正に「隊」に値した。

この隊に、越前藩脱藩の山本龍二郎、別名関龍二、後に関義臣《せきよしおみ》(1839〜1918)がいた。明治三十年(一八九七)貴族院議員、明治四十年(一九〇七)男爵。彼ほど〃開国論者〃として、維新の変革期に働いた人物はいないのでは。彼は天保十年(一八三九)福井武生《たけふ》の生れ。福井の親戚に養われ、こゝで漢籍を学んだ。十三才から田宮流の槍術、十四才日置流の弓術、自由斎流の鉄砲、大坪流の馬術等、武士として一通りの教育は受けた。福井の藩校で頭角を表し、橋本左内にも認められ、その後由利公正と同じく来藩中であった横井小楠の革新的な思想にも触れていた。だからか、〃流行の攘夷論〃に染まらなかった。

「私は攘夷の説を聞くたびに、奇怪でたまらなかった。なにも、外国が、我が国を蚕食《さんしょく》し、侵略しようという訳ではない、通商貿易を求めているのである。誠に結構な事だ。世界の大勢を通観するに、到底、我が国のみ鎖国の状態でいる訳には往かない。攘夷々というのは、つまるところ、世界の大勢に通じぬ論で〃井底《せいてい》の蛙〃たるを免れまい」。関は、欧米列強の日本渡航を「元寇《げんこう》とは趣が違う」と言っている。海舟塾に学んだ影響と思われる。帰藩し、四方八方に論を展開するが、彼は、公武合体論を唱える藩に愛想を尽かす。「開国の国是を定むるは、主権者が幕府ではいかん。主権者は朝廷でなくてはならぬ」と考えていた。我々、志を同じくする者は坂本龍馬に馳せ参じるのだと、長文の意見書を懐に長崎へ走った。龍馬は「北国の奇男子、我と徹頭徹尾同意見なり」と言ったという。亀山社中を経て海援隊の一員となったのは、慶応二年(一八六六)冬のことである。「坂本は、単に志士論客をもって見るべき人物ではない。又、頗る経済的手腕に富み、百方《ひゃっぽう》金策に従事し、資本を募集して汽船、帆船を買い求め、航海術を実地に演習のかたわら、他の商人の荷物を運搬し、その資金によって、ほぼ同志の生活費を産出する事が出来た。まったく、龍馬は才物である」。関の目には、破産寸前の〝亀山社中〟も順風満帆に見えたのだ。

関の龍馬像を見ると「風采は躯幹五尺八寸に達し、〝でっぷり〟肥って筋肉たくましく、顔色は鉄の如く、額広く、始終、衣服の襟をだらりと開けて、胸を露《あらわ》していた。背中に〝うじゃうじゃ〟毛が生えていたので、どんな暑い日でも肌を脱いだ事がない。人と共に入浴もしない。顔に黒子《ほくろ》が多く、眼光炯々《けいけい》として人を射、随分、怖い顔付じゃった。平生は極めて無口じゃが、国事に関した議論になると、滔々《とうとう》たる雄弁をふるい、真に踔厲風発《たくれいふうはつ》（才気にすぐれ、弁舌が鋭いこと）の趣があった」。関の回想談を読むと、伝えられる「龍馬のイメージ」と重なるところのある反面、全く異なる所も少なくない。

龍馬は部下を統制するには厳しかったと。「同志中に人の妻を犯した者あれば、必ず割腹させる。水夫頭の三吉なる者が暴行を働いた時など、彼は直ぐに斬って捨てた」と。

その後、関龍二は、慶応三年（一八六七）七月、龍馬と後藤象二郎の許可を得て、英国船で出国。シンガポールを目指したが、途中、船が難破し北風に乗って清国の海岸に漂着、そして香港へ。香港には十日滞在したのち、仏国の便船で上海へ到着し、長崎に戻ったのは、九月十七日であった。

龍馬暗殺の時、関は、長崎にいて風邪をこじらせ寝ていたという。第一報は、渡辺剛八（?～?）（福井藩出身の「坂本が幕府の刺客の為にやられた」であった。関は号泣した。「嗚呼、天道は是乎悲乎《ぜかひか》、龍馬の如き絶代の英傑を、その志半ばに亡くすとは、如何にも無情ではないか」と号泣した、二十七才であった。

その後は、京都の越前藩屋敷に出仕するが、藩の中心人物らと上手く行かず、大坂などで新政府の官吏として活躍していたが、これは藩の正式な許可は得ていなかった。

明治元年（一八六八）には、大坂の舎密局《せいみきょく》で舎長を務めたが、新政府の中心人物らと福井藩の人物らとの間に軋轢が生じるようになると、新政府方で活躍していた関の存在は福井藩に疎ましく思われ始めた。身柄は福井藩士のままであった関は、福井藩に呼び戻されるも応じなかったため、福井藩により捕縛され、福井に強制帰還させられ、府中の兄の家に幽閉される。

そして、明治三年（一八七〇）の「武生《たけふ》騒動」に関与したとして捕縛され、藩は死刑を求刑するも、新政府はこれを認めず、後に釈放される。謹慎となったという。その後、新政府に任用され、大阪府権判事をはじめ、鳥取県権令や宮城控訴院検事長、大審院検事、徳島県知事、山形県知事等、歴任した。

44 吉井友実（幸輔）と、知られていない、吉井勇の龍馬哀悼歌

吉井勇《いさむ》の祖父・吉井友実《ともざね》（幸輔《こうすけ》）（1828～1891）は、龍馬と西郷の橋渡しや、寺田屋襲撃後の護衛も務めた。龍馬の新婚旅行では薩摩の自邸を提供し、短刀をいただいたという。

友実（幸輔）と龍馬の出会いは、文久三年（一八六三）の六月か七月頃という。龍馬が伏見の薩摩藩邸を訪ねるにあたって、越前藩士の村田巳三郎《みさぶろう》（1821～1899）に、吉井宛ての紹介状のようなものを書いてほしいと頼んでいる。だから、伏見で二人は会ったはずである。吉井は、西郷や小松よりも早く龍馬と知り合っていると思われる。二人の交流は、勝海舟を媒介にして活発になる。元治元年（一八六四）八月三日、吉井は龍馬を同道して、神戸から上京した。

そして、同月、龍馬は、勝義邦（海舟）の使者として京都で西郷吉之助に会い、幕府の長州征伐を阻止、薩

長が手を組むことを説く。西郷はのちに語る「天下に有志あり、余多く之と交わる。然れども度量の大、龍馬に如くもの未だ嘗て之を見ず。龍馬の度量や到底測るべからず」。龍馬は、西郷の印象を「少しくたたけば少しく響き、大きくたたけば大きく響く」と海舟に語った。

慶応二年（一八六六）一月二十四日、「寺田屋事件」が起こる。お龍は、伏見薩摩屋敷に急報する。傷の浅かった三吉慎蔵が伏見薩摩屋敷に龍馬の無事を伝える。留守居役・大山成美《しげよし》（通称は彦八）（大山巌実兄）が、藩の船印を立てた船の救出を受け、保護される。西郷吉之助の出番を押し留めた吉井友実（幸輔）が小隊で京都から駈け付け、京二本松薩摩屋敷に入る。西郷は医者を差し向けた。

しかし、其のまま京に居るのは危ないとして、西郷の計らいで、お龍を連れて薩摩に逃れる。此の時、吉井友実（幸輔）が「日本で最初の新婚旅行」とも言われる行程を警護・案内するのだが、霧島旅行に同行案内したのが、当時十才の吉井勇の父・吉井幸蔵《こうぞう》（１８５６〜１９２７）だったという。

歌人吉井勇（１８８６〜１９６０）も、間接的ながら父・吉井幸蔵から坂本龍馬の話を聞いており、父と龍馬の思い出話を『或日の龍馬』（雑誌キング　昭和四年三月号）として残した。

わが龍馬　終焉の地と　しるしたる　この石かしこ　手を触るなゆめ
この石の　まえにたゝずみ　土佐男の子　龍馬思うは　すがしきはなし
蛸薬師　ちかき龍馬の　かくれ家の　さまにおもひぬ　京のわび居に
大土佐の　桂の浜の　瀬の音も　龍馬思えば　こゝに聴こゆる
龍馬の死　きいてとつかは　駆けつけし　祖父の涙　目にみゆるかも
龍馬の死　より百年は　過ぎにけり　いや疾きものか　時の流れは

龍馬なほ　死なずと思う　いまの世は　明治維新に　ましてゆゆしも

当時、戦争が起きている世を憂いている吉井勇。旧近江屋の前に、この勇の歌碑を建立してはと、思う筆者である。

45 伊藤博文がポルトガル人に化けたと、水を売って大儲けの話

長州の井上、伊藤ら五人が英国船に便乗、いち早く、未だ国禁の「ロンドン行き」をやったのは、文久三年（一八六三）五月。一行中の野村弥吉は、のちの井上勝（1843〜1910）初代鉄道大臣。東京丸ビル前にある銅像は、彼だ。下関の対外トラブルで、井上聞多（馨）（1836〜1915）と伊藤俊輔（博文）（1841〜1909）の二人が、元治元年（一八六四）六月に急遽帰国。文久三年、出国の時は〝隠密作戦〟で、光村弥兵衛（1827〜1891）という人物が動き助けた。弥兵衛は、長州の百姓だったが、「ペリー来航」の報を聞いて出郷、横浜に赴き外国艦船の売り込み商人になった。弥兵衛たち横浜商人に対して、幕府から密航者に対する探索、密告の指示が出た。長州の秘密留学生が、イギリス商人の支援を受けて横浜に潜伏して機会をうかがっていたのを、幕府側が察知した。弥兵衛は、彼らの存在を知ることになったが、敢えて見逃し、幕府には虚偽の報告をした。この結果、井上、伊藤等は無事留学を果たすことができた。

急遽帰国した伊藤らには、身を隠す宿が無い。イギリスの駐日公使館の通訳生・アーネスト・サトウ（1843〜1929）らに相談し、外国人に化けて外国人専用の居留地のホテルの泊る事になったが、顔が顔なので西欧人と言っても〝バレる〟恐れがある。そこで、比較的日本人に似ているポルトガル人に化けて、巧く誤魔

伊藤博文

井上馨

化した。その時の変名は、「デボナ」と。

〝水売り〟で大儲けしたのが、上記の弥兵衛。彼は、当時、ロシアの軍艦が横浜へ入港、〝給水〟を幕府の運上所に求めた。だが、応じられるだけ水が無い。これまでも〝水売り屋〟は、いたのだが、採算とれず店じまい。弥兵衛はそこに目をつけ、一晩で、〝おんぼろ船〟を「タンカー」に改造。翌日には、ロシア船に運んだ。「用達商人テスト」に、これでパス、後は、仕入売って〝利ざや〟を取る。慶応三年（一八六七）開港直前の神戸に移転。同郷の伊藤博文、井上馨の引き立てで官営事業を請け負い、明治二年（一八六九）、廻船問屋「長門屋」を設立、西日本の海運業界を支配して、東の岩崎弥太郎（１８３５～１８８５）とならび称された。そして彼は、神戸の繁栄の父となる。

龍馬も、こんな商売で運営費を作ったのだ。

■明治の初代宰相・伊藤博文、曰く「坂本龍馬は壮年有志の一個の傑出物であって、彼方《かなた》へ説き、此方《こなた》へ説きして、何処《どこ》へ行っても容れられる人間であった」（『維新風雲録』）。

46 龍馬の友達、高杉晋作の大芝居

元治元年（一八六四）八月、前年、下関海峡での外国船砲撃事件で大きい報復を受けたのに、攘夷姿勢を崩さない長州藩に対し、英、仏、蘭、米の四ヶ国連合艦隊は大規模な攻撃を行った。英艦を中心に軍艦十七隻、砲二百八十八門、兵員五千人以上という戦力の前に、長州藩の砲台は、二日間で全部破壊しつくされた（下関戦争）。

こうして、講和裁判が始まった。場所は連合艦隊の旗艦ユーリアス号、代表は総司令官で英国海軍中将のキューパー（1809～1885）と、長州藩の家老の養子との嘘の触れ込みで、奇兵隊の創設者、高杉晋《しん》作《さく》（1839～1867）。八月十四日、条約が結ばれ、結局、江戸幕府が多額の賠償金を払うが、英国の重要な要求は、実現しなかった。それは長州藩の彦島を租借地にする件であった。晋作は租借が話題になると、その危険性を見抜いていたので、日本の国の成立を「古事記」からの話にもっていった。やたら神の名が出るから、通訳のアーネスト・サトウ（1843～1929）も翻訳が出来ず、皆、〝うんざり〟して、この問題は〝うやむや〟になってしまった。

第一この時、旗艦に晋作が乗りこんだときも、サトウは「負けたくせに、魔王のように昂《こう》然《ぜん》と構えていた」と記す。晋作は、相当なものであった。

これを、もう一面から見ると、長州藩では交渉役の人選に困り果てていた。外国を見てきた者が良い、幸いに晋作は外遊（上海行）経験があった。そこで、謹慎がやっと解けた無役の晋作に決定した。通訳には、連合艦隊が長州を攻めるという〝ニュース〟が、英国留学していた五名の長州藩士にも伝わり、代表の井上聞多（馨）、伊藤俊輔（博文）は、ロンドンから超特急で戻ってきていた。

高杉晋作

この二人と共に晋作は、イギリスの軍艦に悠々と現われた。水兵どもはびっくり仰天、晋作の格好は、まるで〃殿中松の廊下〃の浅野内匠頭《たくみのかみ》のような格好だった。長州藩一番家老の婿さんという触れ込みである。

第一回の会議が終り、井上は残り、晋作と伊藤は報告に戻った。若殿様に報告をすませ、外へ出ると代官所の使いが待っていた。「お耳を」と言う。「なに、われら三人の暗殺じゃと、なんちゅうことか」。晋作と伊藤、つまり長州藩の講和全権は、〃やらしてたまるかい〃と姿を消してしまった。俗論党が台頭していたのである。

晋作と伊藤は、代官所が用意してくれた隠れ家で、ぼやいていた。「駄目だな。長州も、こんなに抑えがきかんではのおた！（のう、あなた）」。とっておきの全権に消えられた藩では大弱り、代わりを何とか出したが、外国側が聞かない。「全権がたちまち変わるという国際例は無い」ぷんぷんだ。「いや病が重くて……」。

三回目、藩政府に三人の生命の保障を厳しく求めた上で、高杉全権が再び出席。この時、晋作は「下関の先端にある彦島《ひこしま》を借りたい」と言われたが、晋作は上海の租界《そかい》（外国人居留地）を見てきているので、彼のパフォーマンスで、うやむやに。さすが！晋作の大芝居の成果だった。

四　龍馬の海

47 勝海軍塾時代―龍馬、洋船に乗り、海軍にとりつかれる

勝義邦（海舟）の幕府軍艦「順動丸」は、閣老小笠原長行《ながみち》を乗せて、文久二年（一八六二）十二月十七日、品川海岸から摂津海行の途に就いた。龍馬、近藤長次郎（昶次郎《ちょうじろう》）、それに千葉重太郎（1824～1885）も、勝海舟家来として乗り込んでいた。龍馬にしても長次郎にしても、かつて故郷にあって河田小龍と交わした盟約の第一歩を踏み出したのであった。しかしその船が幕府の船であったとは、彼らも予期しなかったことであった。これがもし、間崎滄浪《まざきそうろう》であったとしたら、ためらっただろう。現に、この就航の話を聞いて帰ったはずの門田為之助《もんだためのすけ》は、来ていなかった。

ところで、この時から長次郎は、ほぼ、龍馬と同じ思考上にいたのだった。幕府重職の海路上洛は、まず小笠原長行がトップとして摂津海警備巡視をすることになったわけだが、この航海も、勝海舟がやっきになって提唱したからである。つまり、陸上上洛は、出費と時間がかかるし、海上なら経済的にも時間的にも、はるかに有利である。事実、陸上を大名行列で行くことを考えると、海上が良いことは分かりきっているが、海軍奉行の勝としては、利便だけでなく、〝面子の問題〟があったのだろう。将軍上洛に限らず、今後、幕府高官の西下に船を利用することが、どれだけ有利かということを示すためにも、更に海防の重要性を解らせる必要もあった。

この「順動丸」も、十月十三日、幕府・勝が、十五万ドルを払って英国商から買入れ、松平春嶽が命名したもので、勝にとって、まさに長距離の試運転のチャンスであった。船の原名は「ジンギー」、船型は蒸気外車で1861年製造の英国製、幅長四間三尺と四十間、深さ二間四尺、馬力三百六十トン、排水量四百五十トンというから、長さでいえば、勝海舟がアメリカへ行った咸臨丸の倍の大きさの鉄船である。因《ちな》みに、勝が奉行をやった二年間に、なんと十一隻の洋船を買い入れた。勝ならではの仕事である。

順動丸の乗り組みを『海舟日記』は次のように記す。

「外国奉行菊池伊予、同組頭永持《ながもち》亨《こう》次郎《じろう》、下役三人、監察松平勘太郎、徒目平岡庄七ほか二人、小目三人、閣老従者七十余人、頭取荒井郁之助ほか八人、柴誠一、島津又三郎、加藤多宮、河合陽平、小林平三郎、鈴木新之助、医師安井春潮、調役立川帆平、下役石井藤三郎、水夫小頭二人、水夫二十五人、火焚小頭二人、火焚二十人、大工一人、鍛治一人」。

『海舟日記』は、文久二年（一八六二）閏八月十七日の「於御前、御軍艦奉行並被迎付」に始まり、明治三十一年（一八九八）十二月二十六日の「叙爵仰せ付けられる。且、廿八日、御倍（陪）食仰せ付けられる。」までの、ほぼ四十年間にわたる克明な記録である。

小笠原長行

頭取荒井郁之助（1836～1909）は、去る十月に勝によって抜擢された者である。櫻井藤四郎組の一人で、未だ勉強中だが「海軍の業前格別上達の者」ということで、いきなり頭取にして三百石を与えた。勝は、誠に思い切ったことをやってのけた。龍馬らの名は出ていないが、もちろん乗り込んでいた。龍馬たちは勝家来ということである。十八、十九の両日は逆風で下田港に滞船し、二十日、遠江灘《とおとうみ》を過ぎた頃は、もう夜に入っていた。友ケ島辺りに来た時、暗黒の海を、商船が横から走ってきて、あっーという間に順動丸の胴体に当った。車輪のストラートエイトセル三本が折れ五本が曲ったが、直ぐ蒸気を止め、波を切って進んだ。二十一日九ッ過ぎ（正午過ぎ）兵庫港に入って錨を下ろした。

龍馬は、はじめて、洋船による実施航海をしたわけである。海舟塾に入って、まだ間もない彼だから、書物上の訓練は受けていただろうが、実際に蒸気船の内部操作を見、経験したのは初めてだった。順動丸は大砲を積んでいなかった、軍艦では無かったのである。この時を機に、彼は、海軍に取り憑かれていったのである。

二十二日は、天保山沖に投錨《とうびょう》、二十三日は、大坂湾内に運航して地勢を検視した。二十四日、天保山に積み荷を下ろし、小笠原公も上陸、二十五日は再度、兵庫に移って、神戸の商船修復場を見物する。二十七日雨、先に傷んだ車輪の修復にとりかかった。龍馬は神戸から京都に出かけ、二十九日に戻ってきて、勝に京の情報を伝えた。この日、小笠原公も兵庫に到着、夜になって勝はその宿所へ行き、京坂の情勢並びに摂津海の警護についての意見書を提出した。かくて、文久二年は、順動丸上に暮れていった。同年十二月二十九日、海舟を追いかけて上京した龍馬は、大坂出張中の千葉重太郎と共に、兵庫滞在中の勝義邦（海舟）を訪ね、京都の情勢を伝えるともいう。

文久三年の正月元旦、龍馬たちは大坂から京都へ潜入したのであった。

48 亀山社中は、どんな会社だったのか

小松帯刀

日本で始めての株式会社とされる「亀山社中」は、どんな仕組みで経営されていたか、龍馬たちは給料を〝ちゃんと〟貰っていたのか？

慶応元年（一八六五）五月十六日、汽船購入の為、長崎に向かう小松帯刀《たてわき》（１８３５〜１８７０）と一緒に、龍馬と仲間たちは、鹿児島を発った。仲間たちは〝ずーっと〟小松に同行したが、龍馬（１８３６〜１８６７）は、十九日、熊本沼山津《ぬやまづ》で蟄居中の横井小楠（１８０９〜１８６９）に会った。のちの二十四日、大宰府《だざいふ》で三条実美《さねとみ》（１８３７〜１８９１）らの五卿に拝謁、「薩長同盟」を話す。龍馬はこの後二十八日、「薩長同盟」の打ち合わせ、下準備の為、下関に向かった。

長崎で設立する商社については、指示を与えた上で、仲間の内の近藤長次郎（１８３８〜１８６６）と高松太郎（のちの坂本直《なお》）（１８４２〜１８９８）に任せていた。同盟そのものは、龍馬が動き、長州のために薩摩が買う武器調達は、仲間たちが、〝財布の小松帯刀〟と共に行った。

長崎に着いた小松や近藤長次郎、高松ら

の面倒を見たのは、小曽根家《こぞねけ》だった。亀山焼工場跡地を、宿舎として貸してくれた。のちに「海援隊」になってからも、本部は小曽根家に置かれた。結成されたのは、慶応元年（一八六五）閏五月頃という。龍馬が考えた商社は、正式には、仲間・結社を意味する「社中」と名付けられ、宿舎が亀山なので、「亀山社中」と呼ばれた。龍馬が、〝カンパニー〟を考えたのは、神戸海軍操練所時代だ。海舟から、欧米の話を聞いたのだ。〝メンバー〟は、海軍操練所の、帰る藩の無いメンバー、土佐出身者高松太郎、近藤長次郎、千屋寅之助《ちやとらのすけ》（菅野覚兵衛）、沢村惣之丞、新宮馬之助《しんぐうまのすけ》ら。他に紀州の陸奥陽之助（宗光）、鳥取の黒木小太郎、のちに土佐の池内蔵《いけくら》太《た》と石田英吉、越後長岡の白峰駿馬《しらみねしゅんま》も参加する。慶応元年九月九日の乙女・おやべ宛ての手紙には「此者ら廿人斗《ばかし》」と書いているが「亀山社中」の名簿は、残っていない。

給料は、小松帯刀のはからいで、「壱人当、三両弐分」で、一両は五万円として、十六万円位である。当時は、物価が安いので〝ＯＫ〟だった。そして龍馬から新米迄同じで、平等だった。若い陸奥は、「紀州藩では、留学生でも手当は八両から十両で、安すぎる」と。龍馬は、「不足なら自営の功を取れ、あとは自家営業だ」と答えた。三両弐分は基本給で、あとは自分で稼げと。この〝カンパニー〟の株主は、薩摩藩、小曽根家、越前藩が考えられるが、「大浦慶」も出資していただろう。「海援隊」になってからは、土佐藩が大株主になり、伊予大洲藩とか、株主も増えたはずだ。

49 亀山社中に起った二つの悲劇―饅頭屋の切腹

龍馬（１８３６〜１８６７）は、下関で桂小五郎（のちの木戸孝允《たかよし》）（１８３３〜１８７７）を説得して、西郷吉之助（隆盛）（1827～1877）との面会を、なんとか承諾させた。下関に向かう「胡蝶丸」は、慶応元年（一八六五）閏五月十八日、佐賀関（大分県）に寄港したが、西郷は大久保一蔵（利通《としみち》）（1830～1878）の要請もあって、ここから上京してしまった。「胡蝶丸」同乗の中岡慎太郎（1838～1867）は、漁船を雇い、一人で下関に来たが、桂ら長州側は、薩摩の違約に激怒した。龍馬と中岡は、懸命に桂を説得し、条件を提示して怒りを鎮めた。西郷が急いで上京したのは、長州再征の先鋒総督が任命され、時局急を告げた為、対策を考える為に上京の必要もあった。これは長州藩の為であるが、この時は、長州側には分からなかった。一方、龍馬は、長州藩が艦船や洋式の兵器購入の必要に迫られていて、幕府の妨害で購入が出来ないのを見て、薩摩藩の名義で、長州の為に艦船、武器を購入する案を提示し、長州の怒りを解いたのであった。

近藤長次郎

　こうして、近藤長次郎（1838～1866）の活躍が始まる。龍馬は、長州藩の武器購入の仕事を「亀山社中」に託し、閏五月二十九日、西郷に会う為、京に向かう。

　亀山社中では、龍馬の指示によって、近藤長次郎がこの役に当る事になった。彼は高知城下、水通町の饅頭屋の家に生れた。頭が良く、河田小《しょう》龍《りょう》（1824～1898）に学び、こゝで龍馬とも同志的関係となって行った。江戸では、安積《あさか》艮斎《ごんさい》らに学んだ。その才能を山内容堂にも認められて文久三年（一八六三）に名字帯刀を許された上で、神戸海軍操練所に入り、勝海舟に入門し、航海術を学んだ。『高知藩勤王諸家伝』には、長次郎について「天稟温和《てんぴんおんわ》、人に接するに、柔順不問を恥じず、読書に励み」と記してある。非常に努力家で、神戸海軍操練所の時、大坂の会所主、大和屋弥七の娘「お徳」と結婚し、のちに「百太郎」が生れた。神戸走水《はやみず》に居を作ったが、長くは続かず、龍馬らと鹿児島に。大坂を出発する時、「うき雲の　たちおほふなる　うきよなり　きへなハこれを　可たみともみよ」（憂き雲が立ち覆うている、今のこの時勢である。いつどうなるか命のほどもわからない。もし私が一朝の露と消えたら、この歌をもって形見としてくれ）と記した歌を、身重のお徳の実家、大和屋弥七に送った。これが、妻子への遺詠となった。

武器調達の為に井上聞多（馨）と伊藤俊輔（博文）が、慶応元年七月二十一日に、大宰府から長崎に到着。長崎に来ていた上杉宗次郎（近藤長次郎）は、薩摩藩家老・小松帯刀（1835～1870）に、二人を紹介した。二人は、薩摩藩士と称して長崎薩摩屋敷に匿われ、滞在した。同年七月二十八日、井上と長次郎は、小松に同道して鹿児島に至り、汽船購入で薩摩の名義を借りるべく努力したが、容易に結論は出なかった。止む無く二人は、長崎へ引き返したが、伊藤は高松太郎（のちの坂本直《なお》）（1842～1898）の周旋で、新式の小銃四千三百挺を入手した。長次郎は帰国する伊藤、井上に同行し、長州藩主毛利公に謁見し、藩主の謝礼を受け、汽船購入を依頼された。長次郎は、再び鹿児島に赴き、熱心に名義借用の事を説き、ついに許可を得る事が出来た。長次郎は、直ちに長崎に帰り、英国人商人グラバー（1838～1911）より汽船「ユニオン号」を購入した。同年十月十八日である。代価の三万七千七百両は、長州藩が払う訳だが、長次郎は井上聞多と密約を結んでいた。その「櫻島丸条約」は、名義は薩摩藩とし「櫻島丸」と名付ける。島津の旗印をつけ、亀山社中の者が乗って、通商航海に従事する事など六ヶ条の内容から成っていた。長州藩では「ユニオン号」が購入されると「乙丑丸《いっちゅうまる》」と命名し、海運局総監・中島四郎（1837～1889）を船長に内定していた。それが、船名も乗組員も当て外れになり、長州藩の自由にならないので、海軍局は猛反対した。船籍問題が、こじれてしまった。この頃龍馬は、京都を出て下関にいた。長次郎は、反対する長州藩海軍局と抗して、船舶代未払いを盾にとって、長崎へ回航する事を主張した。双方とも譲らなかったが、同年十二月十四日、龍馬の調停によって条約改定が行われ、船は長州藩の所有となり、長州藩の管理権を強化された。亀山社中にとっては期待外れのものとなったが、龍馬の斡旋でもあるし、一同承認せざるを得なかった。何れにせよ、「櫻島丸」は、一応長崎に回航される事になった

長次郎は、長州藩海運局と対立したとはいえ、長州藩としては彼のお蔭で船舶を手中に納める事が出来たので大いに〝徳〟としたが、井上、伊藤も、しきりに彼の功に対して報いるべきだと藩に申し入れ、彼は莫大な謝礼金を貰って長崎へ帰ったが、この金で前から考えていた「英国への留学」を実現しょうとして、グラバーに依頼した。グラバーは、承諾し便宜を計ってくれる事になっていたが、彼は社中の同志に金を貰った事も、「英国留学」の事も、秘密にしていた。社中のルール違反である。彼にとって不幸だったのは、乗船の出帆が延期された事で、その間に彼の計画は露見し同志に詰問され、社中の本部となっていた小曽根家の離れで切腹して果てた。慶応二年（一八六六）一月十四日、二十九才であった。二十三日、二十四日ともいう。

その時不幸にも、龍馬は長崎にいなかった。龍馬は、薩長同盟締結の為、長府《ちょうふ》藩士・三吉慎蔵《みよししんぞう》（１８３１～１９０１）と共に上洛する途中の出来事であった。

「近藤の訃報」に接した彼は、「己《おのれ》が居ったら、殺しはせぬのぢゃった」と悼み、後に長次郎の事を、「術数有り余って至誠足らず。上杉氏身を亡ぼす所以なり」（『坂本龍馬手帖摘要』）と嘆いたという。葬儀は、社中の者であげた。墓は皓台寺《こうたいじ》墓地内の高島秋帆《しゅうはん》（幕末期砲術家）の墓の裏手に建てられていたが、現在では「大浦お慶」と共に、志士たちを援助した小曽根家の墓地内に移設されている。墓碑には、小曽根邸の離れの屋敷

名をとって「梅花書屋氏墓」と記されている。筆跡は、龍馬のものという。

彼は、外遊が成功していれば、維新後には日本に戻り、名を残す人物になっていたと思われる。

50 亀山社中に起った二つの悲劇―ワイルウェフ号遭難

慶応二年(一八六六)三月二十日、薩摩藩は、藩名義で、英国商人グラバーから帆船「ワイルウェフ号」(木造・百五十九トン)を六千三百両で購入、亀山社中に貸与した。亀山社中で始めて〝持ち船〟となった「洋式帆船ワイルウェフ号」が、〝饅頭屋〟の死から三ヶ月後の同年四月二十八日、荒鉄や銅地金、大砲、小銃等の積荷を搭載し、「汽船ユニオン号」に曳航され、鹿児島に向けて長崎を出航したところ、五月二日未明、暴風雨に遭う。危険を感じた「ユニオン号」は、曳き綱を切断した。船は漂流を始め、五島列島の中通島《なかどおりじま》潮合沖で暗礁に乗り上げ、船将だった黒木小太郎(?～１８６６)そして士官だった池内蔵太《いけくらた》(１８４１～１８６６)ら、合わせて十二名が殉難死した。生存者は、浦田運次郎(佐柳高次)、村上八郎、そして水夫二名の僅かに四名だった。この事件が、当時亀山社中の窮乏に拍車を掛けることになる。佐柳高次(１８３５～１８９１)は、長崎海軍伝習所に水夫として採用され、長崎で勝義邦(海舟)と知りあい、勝らと「咸臨丸」へ乗り込み、日本初の太平洋横断に成功している。

池内蔵太

龍馬は、このわずか四ヶ月足らずの間に、十三人の同志を失う悲劇に見舞われたのだった。

そして自身も、同年一月二十四日、伏見で「寺田屋事件」で、危ないところを、彼女の〝お龍〟に救われる危難に遭った。龍馬は、慶応二年（一八六六）十二月四日、兄権平（1814～1871）と一同に宛てた「寺田屋事件の手紙」を出し、この手紙のあとに、「こゝにあはれなるハ池蔵太ニ而候。九度之戦場ニ出ていつも人数を引て戦ひしに、一度も弾丸に中《あた》らず仕合せよかりしが、一度私共之求しユニヲンと申西洋形の船に乗り、難に逢、五嶋の志ハざきにて乱板し五月二日之暁天に死たり。人間一生実ニ猶夢の如しと疑ふ。杉山えも此事御咄し被成度、元より其死たる罔にハ印あり。右之内生残る者四人と云。」と書いた。

51 万国法と海援隊設立、そして、いろは丸大事件

慶応三年（一八六七）の正月、龍馬（1836～1867）は、下関の豪商・伊藤助太夫（九三）（1830～1872）の家で迎えた。ここでは、龍馬専用の部屋を借りて、「自然堂」と名付けた。海峡の見えるこの部屋で龍馬は、何を考えていたのだろうか。きっと新しい日本のことを考えていたのだろう。正月十一日、土佐藩の溝渕広之丞（1828～1909）と共に、下関から長崎に到着。溝渕は、江戸の千葉道場での朋友であった。彼は、藩命で九州の情勢を探りに来たのだった。

土佐藩の空気が変わってきていることを、彼は龍馬に伝えていた。その異才を殺し、後ろ向きの藩政をとっていた土佐藩も、その後、大きく動く国内情勢の流れに乗ろうとして、革新的に変化し出しているらしい事が分かった。

慶応二年（一八六六）二月五日、土佐藩参政・後藤象二郎（１８３８〜１８９７）、富国強兵や殖産興業に力を注ぐべく、前土佐藩主山内容堂の許可を得、「開成館」を発足させ、開成館総裁を務める。産物を藩の専売品として長崎や大坂で売り出し、それを資金に新技術の導入や人材育成を図ろうとする。後藤象二郎娘婿・岩崎弥太郎、開成館貨殖局下役を命ぜられるも、意見が合わず、翌月辞任。

同年七月二十四日、後藤象二郎・中浜（ジョン）万次郎、開成館貨殖局長崎出張所（土佐商会）開設と艦船購入等のため、長崎に赴任。土佐藩は、樟脳《しょうのう》・鯨油など土佐の産物を国内外に輸出し、一方で艦船や武器などの購入を、より増進させようとした。象二郎は上海にも足を伸ばし、土佐藩が諸藩と比べ文明的にも立ち遅れている事、そして慢性的な財政難などから、長崎で「亀山社中」を運営していた坂本龍馬に注目する。

「後藤さんが、坂本さんに会いたいというちょるがどうかね」。その後藤は、土佐勤王党が暗殺した吉田東洋の甥にあたる、上級武士である。その事もあって厳しく勤王党の同志を弾圧したのが、この後藤だったから、龍馬からすれば、憎い相手だ。

「後藤がわしに、何の用ぜよ」「土佐が坂本さんや中岡さんに、なんぞ、力を借りたいということぜよ」「今さら、何を言いちょるか！」龍馬は顔をしかめながら、この際、この土佐藩を利用するのも面白いと思いはじめていた。何事にも拘らず素早く物事を決める、龍馬の独特のやり方が、「薩長同盟」にも結実していったのだ。「よし、後藤に会ってやろう」龍馬は笑いながら言った。

翌慶応三年三月十日、土佐藩大監察・福岡藤次《とうじ》（孝弟《たかちか》）（１８３５〜１９１９）は、坂本龍馬・中岡慎太郎の脱藩罪赦免を伝える等のため、長崎出張を命じられ、土佐藩船となった「空蝉丸《うつせみまる》（原名胡蝶丸）」で土佐を出立。門田為之助、同行。長崎の「土佐商会」赴任を命ぜられた岩崎弥太郎も、同乗。同月十四日、「空蝉丸」長崎入港。岩崎弥太郎（１８３５〜１８８５）は、開成館貨殖局長崎出張所（土佐商会）の所長・後藤象二郎に登用されて着任したのだ。後藤象二郎が大政奉還運動で上洛のため、やがて主任となる。グラバーは、弥太郎を早速、グラバー邸に招き、商談に取りかかったという。当時すでに莫大な赤字を抱えていた土佐商会、しかも商会の中でも弥太郎の身分が低いため部下も言うことも聞かない、一方下請け会社ともいえる海援隊の荒くれどもからは「ソロバン侍」とののしられ、すっかり頑固になったという。しかし、めげずに業績を上げ、翌年に商会閉鎖後も同地に滞在、藩の長崎貿易を中心に、武器・弾薬・艦船などを買い入れ、土佐産品を輸出。その功績を認められ、上士階級の新留守居組に昇進した。

前に会談した後藤の報告によって、「亀山社中」の龍馬に対する、土佐藩の態度は、がらりと変わった。まず、龍馬に脱藩の免罪が決まった事を、福岡は伝えた。そして、同年四月、「土佐海援隊」の隊長を命ずる辞令を龍馬に伝えた。同志の中岡慎太郎も、同じく脱藩の免罪が決まり、「土佐陸援隊」の隊長に就任した。これで龍馬と中岡は、海と陸に別れて、新しい活躍の場を獲得したのだった。そして、長崎にて作った結社の「亀山社中」の名を変えたようなものだったが、土佐藩の〝後ろ盾〟があるので、どこからでも船を借りる事が出来るようになった。仕事があれば、二隻でも三隻でも船を借り動かせる事が出来るので、この商社は、だんだんスケールが大きくなった。人員も増えて五十人規模の会社となった。

龍馬は、この会社が藩に縛られず自由に活動していきたい、しかし今は、この土佐藩を

後藤象二郎

利用していくのも、一つの手だと思っていた。

「海援隊」の中心は、神戸海軍操練所から亀山社中と、お互いに苦労を積んできた、高松太郎、新宮馬之助、安岡金馬、長岡謙吉、陸奥陽之助（宗光）といったメンバーである。ワイルウエフ号の沈没で死んだ黒木小太郎、池内蔵太の二人が、ここにいないのが何としても残念であった。そして、子供の時からの盟友、秀才の〝饅頭屋長次郎〟こと近藤長次郎も、そこにはいなかった。長次郎は、「ミニエー銃の買い付け」でのお礼として長州藩から礼金を受け取ったが、それを仲間に隠して「ヨーロッパ」に留学する費用にあて、乗船の交渉も行っていたことが、亀山社中に知られてしまった。その時不幸にして、龍馬は長崎を不在にしていた。亀山社中のルールを破った事が責めの原因となり、長次郎は切腹して、あらた、その俊才は消えてしまった。龍馬は後でこの事実を知り、その「ルール」を作っておかなかった事を悔いた。そして、新しい海援隊のルールを作った。

「海援隊には、脱藩したもの、海外に乗り出して活躍する志のある者が入隊できる。隊の任務は、海運業によって利益を上げること、また、土佐藩のためにも働く事。損をした場合、藩の援助を受ける事があるので、一応、長崎の土佐藩参政の配下となる。しかし、海援隊は、土佐藩の組織とは別のものである」。

こうしてみると、藩に縛りつけられない、海援隊の自由な原則がよく見える。

そして、海援隊の初仕事は、伊予の大洲藩《おおずはん》から、一航海五百両で、「いろは丸」という船を借りる事から始まった。慶応三年（一八六七）四月八日、亀山社中が借り入れた大洲藩船「いろは丸」が長崎に入港。これに武器や商品を積み込んで、諸藩に売りつけるつもりであった。しかし、慶応三年四月二十三日、航海中、瀬戸内海で紀州藩の「明光丸」に衝突されて沈没した。「いろは丸事件」である。日本最初の「蒸気船同士の衝突事故」という。この時龍馬は、徳川御三家の一つ、大藩である紀州藩を相手に、損害賠償を請求して、一歩も引かなかった。自分たちの誤りを認めようとしない紀州藩を「万国公法」によって屈服させて、八万三千両の賠償金を取り上げた、「海援隊」の名は、広く世間に轟きわたった。

そして、海援隊の中に学問所を開いて、政治、法律、兵器、航海、機械、語学などを教え、『和英通韻以呂波便覧』（慶応四年戊辰三月）という英語の入門書（辞書）などを出版した。「万国公法」の出版も計画したが、これは実現しなかった。この「万国公法」というのは、今の「国際法」である。龍馬は、これを印刷して多くの人に読ませたいと思っていたが、不幸にも、この年、「大政奉還」の大事業の大の立役者として完成し、京都で新しい体制作りに励んでいる時、十一月十五日、暗殺者の手にかかり、若き天才は、天に昇ったのであった。

この犯人は、「いろは丸事件」での怨みを持つ紀州藩だとか、新選組とか噂され、紀州藩への報復に、陸奥陽之助（宗光）を隊長として起こった、有名な「天満屋事件」につながった。

このいろは丸の調査が、近年始まりだした。「龍馬ゆかり」のこの沈船を調査している「鞆《とも》を愛する会」と「水中考古学研究所」それに「財団法人京都市埋蔵文化財研究所」は、平成十八年（二〇〇六）、第四次の調査を終えた。調査結果は、船全体は水深二十七メートルの海底に、ほぼ水平の状態で水没しており、残存するのは船底らしい。調査はまず、ボイラー室らしい部分から着手し、船首とみられるマスト跡や滑車を確認した。そして、大量の石炭も見つかった事から、蒸気と帆で動く船であることも分かった。

後部船室から、長さ六十三センチ、幅十二センチの木製品に墨書した「ハメル△」「改メアリ」などのもので、龍馬の主張した積荷、ミニエー銃四百挺は、見つからなかった。「いろは丸事件」の裏に隠された真実であった。

調査の概要（四次調査）については、財団法人京都市埋蔵文化財研究所・京都市考古資料館からリーフレットが発行されており、出土遺物は、「いろは丸展示館」（広島県福山市鞆町）に展示されている。

52 龍馬暗殺了見にもつながる、「いろは丸沈没事件」とは

慶応三年四月十九日、海援隊の初仕事、処女航海が長崎を出航、「今日ヲ始メト乗リ出ス船ハ、ケイ古初メノ「いろは丸」。大洲藩から、一航海、十五日間、五百両で契約、チャーター。この船には武器、商品を満載し大坂へ向かった。同月二十三日夜、瀬戸内海鞆の津沖、北木島附近航行中、おりから立ちこめていた濃霧の中から、突然現れた巨船に衝突され「いろは丸」は沈没、龍馬他三十四名の人命に損傷は無かったが、船と船貨を失った」。相手は紀州藩「明光丸」である。

この海難人災に、龍馬は如何に対処したか。相手は御三家紀州藩、こちらは数十人の浪人組であった。しかし龍馬は機敏慎重、大胆不敵に対応した。巧妙適切な策略、一ヶ月後には多額の賠償をものにした。

「然《しか》ル二此度、土州イロハ丸カリ受候テ、大坂マデ急ニ送リ申候所、不斗《はからず》モ四月廿三日夜十一時頃、備後鞆ノ浦ノ近方箱ノ岬ト申所ニテ紀州ノ船、真横ヨリ乗リカケラレ、吾船ハ沈没致シ又是ヨリ長崎へ帰リ申候。何レ血ヲ見ズバナルマイト存居《ぞんじおり》候。其後ノ応接書ハ西郷マデ送リシナレバ早々御覧可被成候、航海日誌写書送リ申候間、御覧可被成候。此航海日記ト長崎ニテ議論スミ候マデハ、他人ニハ見セヌ方ガ宜《よし》ト存ジ候。西郷ニ送リシ応接書ハ早々天下ノ耳ニ入候得バ、自然一戦争致候時、他人以テ我モ尤《もっとも》ト存グレ候、惣ジテ紀州人ハ我々共及便船人ヲシテ、荷物モ何ニモ失シタモノヲ、唯、鞆ノ港ニナゲアゲ、主用アリ、急グトテ長崎ニ出候、鞆ノ港ニ居合セヨト申事ナラン、実ニ怨ミ報ゼザルベカラズ。早々頓首　才谷竜

四月二十八日菅野覚兵衛様、多賀松太郎様

この手紙は、紀州との交渉後、大坂に待機していた海援隊士二人に宛てている。手紙の追伸には、明光丸から奪取した航海日誌や応接記録を、西郷や小松に送るつもりだが、これに先立って隊中一同にも閲覧を命じ「実

ハ一戦仕リ候ト存ジ候間、天下ノ人ニ、ヨク知ラセ置キタク」と認めている。

明光丸船長・高柳楠之助は、大藩意識を笠に着て浪人結社の借船沈没事件が何事であろうと、押しまくり、片付けようとしてきた。龍馬は決死の覚悟を示し、真相を公開して有力者と世論の支持を得て、交渉を有利に勝利に持って行こうと判断した。事故発生直後、双方は鞆の港に上陸、数日交渉に及んだが「唯、鞆の港になげあけ、主用あり急ぐ」と言って去ろうとしたので、怒った隊士が、明光丸に斬り込みをかけようとした。龍馬は言下にこれを押さえて「成算があるから、君たちの生命は、しばらく隊長に預けてくれ」と制した。談判に、決死の覚悟で龍馬は臨んだ。

「一、此度ノ出崎ハ非常ノ事件在之候ニ付、留守ニ於モ相慎可申然レバ信友ノモノトイエドモ自然堂マデ不参ヨク、御玄閣番衆マデ御通達被遣度候事。一、私シ留守ニテ、他所ヨリ尋来リ候モノ、或ハ信友トイエドモ一飯一宿、其事一切存不申事」。

五月七日、下関の伊藤助太夫にあて、翌日は長府の三吉慎蔵に「万一の御報知」の際の処置として「お龍」のことを次のように書き、朱印まで認めている。「此度出崎仕候上ハ、御存の事件ニ候間、万一の御報知仕候時ハ、愚妻儀本国ニ送り返し可申、然レバ国本より家僕及老婆壱人、御家まで参上仕候。其間愚妻おして尊家に御養置可被遣候よふ、万〻御頼申上候」。龍馬の決死の姿がよく分かる。

「万国公法」も活用した。龍馬は五月〝板木師〟に、この本を印刷出版させ、一般に普及させようと企画、世論の支持を広く受けて談判を有利に展開する。当時国際法を使って斗う「龍馬のアイデア」であった。

土佐の後藤象二郎をはじめ五代友厚《ごだいともあつ》を交渉談判の場で前面に働かせ、広範な人脈の中で采配をふるった。

この事件の〝戯れ唄〟も作った。「船を沈めたその償いは金を取らずに国を取る」と大層な脅迫と〝からかい節〟である。丸山の廓中で三味線に乗って流行し「桂小五郎も宴席でこれを芸妓に歌わせた」という。長崎の世論は、海援隊に同情が湧いた。「龍馬進んで気脈を桂に通じ、其声援を求め俗謡を丸山の妓楼に唄はしむ」。こうして龍馬は世間を味方につけ「万国公法」を正面に、ねばり強く紀州を追いつめて行った。

龍馬から紀州責任者高柳楠之助に宛てた交渉記録に「慶応丁卯四月廿三日紀伊公之蒸気船ト衝突ス我船沈没ス、其証、衝突、一際我士官等彼甲板ニ登リシ時、一介ノ士官有ヲ見ズ、是一箇条衝突ノ後彼自船ヲ退事凡五十間計、再前進シ来テ我船ノ右艦《うろ》ヲ尖《つ》ク、是二条（中略）此上ハ世界ノ公論ヲ以テ此一条ノ処置可致候」とあって、龍馬の交渉力が発揮され、紀州は全面的に非を認めざるを得なかった。

更に五月二十七日には「船の争論ハ私思よふ相はこび、長崎ニ出候。土佐人だけハ、皆兄弟の如く必死ニて候間、誠におもしろき事たとふるにものなし」と、下関の伊藤助太夫に宛てている。五月二十八日には伊藤家に滞在させている、お龍に宛て手紙を送り、事件の快進捗ぶりを伝え安心させている。

五月二十九日、長崎の崇徳寺にて五代の調停で、「賠償金八万三千両支払い」を獲得。しかし実際は、同年十月十九日、龍馬代理の中島作太郎（信行）が、再交渉のため長崎へ出張している。七万両に減額妥協して龍馬の死後、十一月七日に、これを受領したという説がある。暮れ十二月三十一日には、「いろは丸事件」の賠償金が、海援隊に分配され、隊士たちは当面を凌《しの》いだという。土佐商会には四万両が渡り、岩崎弥太郎の資金になったともいう。船の持ち主、大洲藩にも、賠償金は渡っていたのかも?

この事件は、現在の調査では龍馬側にも原因ありといわれ、高柳楠之助（1834～1895）は、明治期、この敗北談判を口惜しがり〝講話〟を残したという。高柳は、航海術・蘭学を修め、英文の素養もあって自ら翻訳した今回の事故のレポートを持って、長崎駐留・英国艦長らのアドバイスも受けていたという。

後に龍馬暗殺犯人が紀州と目され、陸奥陽之助（宗光）らによる「天満屋事件」が起こっている。この当時は、龍馬暗殺は「紀州と新選組」の犯行と広く世間では思われ信じられていたのであった。

五 龍馬を巡る女たち

53 お龍、寺田屋お登勢、お徳、お元など

龍馬（1836～1867）は、男前でも二枚目でもない、が、何か魅力のある人物で、特に女性には何か魅かれる大きさを持った人であった様だ。〝ゲバラ〟や〝カストロ〟のように革命家であるが、明るく大衆的な姿を、想像する。

一、お龍

「まことにおもしろき女」と、慶応元年（一八六五）九月九日付、龍馬の乙女（1832～1879）への手紙にある。

お龍《りょう》（1841～1906）の容姿について、「年まさに、二十八才の女盛りだった。どちらかといえば小柄の身体に、渋好みの衣服が〝ぴったり〟似合って、細面の瓜実顔は、色あくまで白く、全く典型的京美人」であった。（『中城仲子回想妙録』）。中城仲子は、お龍妹・君江の夫、菅野覚兵衛の姪。

お龍は、自分については、「私の父は楢崎将作（千里駒に将監とあるは誤也）と云ふのです。青蓮院様の侍医でしたが漢学は貫名海岸先生に習つたのであの梁川星巌《やながわせいがん》や其妻の紅蘭《こうらん》も同門でした。また頼三樹（三郎）さんや池内大角（学）（吉田松陰らと倶に斬らる）などゝも親密で私が幼少ちいさい時分には能う往来きして居

ました」。（高知県の漢学者、川田瑞穂《みずほ》による楢崎龍女史の坂本龍馬回想録（明治32年）より）。

この将作は、「安政の大獄」で投獄死している。

お龍についての正確な話は、西尾氏（京都史家）が詳しい。「お龍は、西陣有職織物匠井筒屋の娘で、少女時代楢崎家へ行儀見習中、その才気を認められて養女となった。お龍と従姉妹であった井筒屋の娘〝高城タネ〟は、昭和二十一年（一九四六）、九十一才まで生きた」

西尾氏は、孫の和田美代さんから、お話を聞かれた。「一、祖母高城タネは、龍馬と面識あり。その印象は粗野で衣服ヨレヨレで、恐ろしい人との感を受けた。お龍と二人で、時々井筒屋に来た。一、タネの父・井筒屋喜代門は所司代に呼び出され、龍馬の件につき度々尋問され、迷惑した。一、お龍は、ピストルを帯の太鼓に隠し、取り出しては、タネに見せて驚かせた由。一、龍馬の下僕が、彼の死を同家に伝えた由。一、明治初年、お龍のため京都円山に庵室を建立するも、彼女は出入りの青年と不純交際したために、義絶となり京を去った。一、お龍は、零落後は高城家に姿は見せず、いつの頃か、四国より草履履きの貧しい老女、来訪するも、金包を与えて追い返した。お龍ゆかりの者か他の者か、不明」。

お龍の性格行動については、妹を売られたのを取返した話や、寺田屋で全裸に近い姿で、危急を知らした話は、つと有名。龍馬は、「伏見寺田屋事件」がきっかけで、お龍を終生の妻と決心し、西郷吉之助、小松帯刀らに祝福され結婚、〝日本第一号の新婚旅行〟に出かけ、そして現在ブームの〝登山〟も行った。「坂本は、ハキハキしたことが好きで、私がどんなことをしたって、決して叱るやうなことはなかったです」。

左手に洋書を持ち、腰にピストルを挿したお龍の姿が特徴的な挿絵がある。明治元年（一八六八）〜二年、お龍が高知を訪ねた際、多くの目撃証言を基に、明治十六年（一八八三）に、土陽新聞の挿絵画家、藤原信一氏により描かれたものである。京博の宮川禎一さんは、「龍馬はお龍に〝ひまな時は本を読め〟と手紙に書いた。

龍馬の死後もその言いつけを守ったのでは」、また、「千葉佐那は家柄も良く、文武両道だった。お龍は対抗意識から読めない洋書を持ち歩いたり、ピストルを持ったのでは」と、語っていらっしゃる。

お龍は、高杉の女「おうの（梅処尼）」（１８４３～１９０９）の様に、庵室「東行庵」に閉じ込められる、古き女では無かった。桂小五郎の妻「幾松《いくまつ》」（松子）（１８４３～１８８６）は、明治十年（一八七七）五月、木戸孝允が京都で没後、出家し「翠香院」と号し、養子・木戸忠太郎（１８７１～１９５９）と共に、東京から京都へ転居、上京31組上木樵町18番地（現・京都市中京区木屋町通御池付近、料亭幾松付近）の寄留所に暮らし、女として毎日を楽しんでいたといわれる。

お龍は、第二の夫、西村氏と横須賀に住んだ。京都から出た後、彼女は何をしていたか分からない。

今回、西尾秋風氏の研究資料を調べている中で、変わった話が、彼により調査され記されていた。坂本関連の家の文書の中に、明治初期に西陣の侠客の女で「いろはのお龍」が居たという。井筒屋の親切な庵の生活から自由を求めて飛び出し、ひょっとすると、生まれ育った西陣に戻り、侠客と一緒になり活躍して「いろはのお龍」と、呼ばれていたのではないかと筆者は思う。お龍といわれる芸奴の写真は……。

お龍については、Ｐ１３２、Ｐ２３１等も参照。

二、寺田屋お登勢

龍馬は、妙な男である。「人懐っこい」というか、「図々しい」というのか、ちょっと普通の人では、真似出来ない。人を惹きつけ取込む、何か不思議な魅力に溢れていた。

居心地のよい巣を天才的に見付け、そこに住んだ。江戸では桶町の千葉家、長崎では小曽根家、そして京では伏見の寺田屋を、我家のように使っている。「ちょうど私が、お国にて、高松順蔵さんの家におるような〝こころもち〟にており候事にて候。又、あちらよりも、おおいに可愛がりくれ候」「是は学問ある女、しかも人物也」と、乙女宛てに手紙に書いている。お登勢に、大きい讃辞を呈している。お登勢と気心が大きく合ったのに違いない。

彼女の数少ない手紙を見たが、達筆で美しい。こんな女主人に、一目で惚れられたのだ。このお登勢《とせ》（1829〜1877）に、お龍（1841〜1906）を頼んだ龍馬（1836〜1867）。仁狭心で養女として一年半引取り、「寺田屋事件」に〝おかあ振り〟を見せる。

昭和五十五年（一九八〇）に西尾氏は、井口宅を訪問。ナミ夫人が、「手文庫にこんな手紙がありました。この〝おとも様〟は「お龍さん」と違いますか」。「鞆子《ともこ》」というのは、お龍が龍馬と結婚してから名乗った名前。寺田屋では「お春」で、横須賀での再婚後は「西村ツル」になった。

何と、これは、当時で百十三年、眠っていたお龍宛の登勢の手紙であった。

三、お徳

次はお徳《とく》（1843〜1939）。元々の名を「岩本徳」と言い、高知県四万十市の旧中村城下横町に生まれた。この人は「美人のお徳」（中村小町）と評判のある、医者の娘で、当時、高知城下の若侍らがよく押し掛けたそう。この中に、若き日の龍馬が居て、嫁にと執心したが、その父・岩本里人は、「龍馬は土佐に居付くような人でないから」と断ったという。

司馬遼太郎氏の著書では、龍馬が童貞喪失した相手が、お徳だった旨描かれているが……。ただ、生誕地の中村では、龍馬とお徳は男女の仲になったことがあると伝わっているという。

お徳は、その後、父・里人に連れられて京都見物に行った時、大坂の豪商・鴻池《こうのいけ》善右衛門《ぜんえもん》に見初められ、妾となり、更に元水戸藩士の野村宣之の妻になり、やがて宣之は高知市に警官として赴任し、お徳も共に高知に帰る。昭和十四年（一九三九）、九十七才で、生れ故郷の高知幡多郡中村で、その生を閉じた。

四、お元など

海援隊士山本龍二郎（関龍二）は、龍馬は、隊士を率いて長崎丸山の「玉川」「花月」といった料亭に行っており、馴染みの芸妓のいた事を語っている。「名は忘れたが、何でも二十二、三の丸顔の美人で、坂本は何時もこの妓を招いて酒の相手をさせた」。関が同席した時に、次のやり取りがあったという。馴染みの芸妓が龍馬に、「貴郎、今夜はまだお得意が出ませんね。さあ一つお願いします」と水を向けると、龍馬は、機嫌よく盃を重ね、ついには左の膝を立て、手で拍子をとりながら、馴染みの三味線に合わせて唄ったという。龍馬は、顔に似合わぬ、朗々玉を転がすような可愛い声をしていたとも。

実は龍馬は、丸山の「花月楼」には入り浸っていた。こゝで「お元《もと》」（?～?）という芸妓と親密であった。お元は、「茂木枇杷《もてぎびわ》」で名高い長崎茂木生れ。かゆい所に手が届く、世話女房型の美人だったという。西郷に、「お元」「お龍」のどちらを女房にするつもりかと冷やかされた。また、龍馬は、長崎滞在時代に「錦路」という芸者とも深い関係になったといわれているが……。長崎では、さらにもう一人、女性がいた。花月の女性で「おさだ」、この人は、龍馬の児を生んだ。この話は別文（P227参照）で描いたが、対馬出身の女性で、花月の遊女頭であったと言われている。

■婚約者であったという「千葉佐那」は、P138、P237等参照。幼馴染、初恋の「平井加尾」は、P17、P24参照。さらに、龍馬が自分の妻だと言って、土佐勤王党の同志・大石弥太郎に紹介した「お蝶」

がいる。お蝶は京都で龍馬と知り合った、江戸の高家の侍女で、京都に所要で出かけているときに、龍馬から強烈なプロポーズを受けて、ついに陥落したという。龍馬は江戸に行く大石に会い、短冊一枚と金子百両という大金を手渡して、「いつか女房にする女じゃき、これを届けてくれ」と、江戸浅草蔵前通りに住んでいるお蝶の元にと依頼したという。龍馬は、京美人で公家の腰元をしていた「お蝶」という女性を、江戸へ連れて行き江戸浅草蔵前町に居を構えて現地妻としたともいう。

龍馬が短冊に書いた、お蝶への和歌。（初恋の加尾に贈った歌ともいう）。

「嵐山　夕べ淋しく鳴る鐘に　こぼれそめてし　木々のもみぢ葉」。

大石弥太郎の回顧録によると、龍馬が「わしの女房」と言うだけあって、気品のある美人で年の頃は、二十三、四だったという。

神戸花街には、「小吉」と馴染みだったという。

54 お慶の話

お慶に三百両の借金、担保は陸奥宗光だった

幕末の長崎に、大浦慶《おおうらけい》（1828～1884）という女性がいた。「おけいさん」と親しみを込めて呼ばれた、志士たちの〝パトロン〟で、「亀山社中」にも金を貸したという。夫である入婿を、手切金百両で追い出し、嘉永六年（一八五三）二十六才の時、阿蘭陀通詞《つうじ》の品川藤十郎と組み、出島のオランダ商人ラキストルに、嬉野茶《うれしのちゃ》の〝見本〟を頼み、およそ三年後、英商人オールトから十万斤の注文を受ける。緑茶でない釜煎りの黒茶を、一万斤、米国へ輸出した。米国は当時、南北戦争の真只中で、戦争が終ると輸出が増大し、大浦家は安政から慶応まで、全盛期であった。

明治四年（一八七一）六月、元熊本藩士・遠山一也が、オールトと煙草十五万斤の売買契約をした。この保証人となったところ、遠山は、手付金三千両をもって逃走。懇意にしていた通詞・品川藤十郎が絡んでいたために起きたものだ。大浦慶は、この保証の弁済の為に、死ぬまで借金を返し続けた。

龍馬（1836～1867）が、慶と知り合ったのは、グラバーを介してだった。当時、全盛期の慶は、長崎に来る志士たちの面倒を見る〝女傑〟として、知れ渡っていた。慶の屋敷は、亀山社中の秘密の拠点で、龍馬は慶から三百両借りたが、その時の担保は、若い陸奥陽之助（宗光）（1844～1897）、つまり情夫に差出したという。女盛、金盛の、〝お慶〟の姿を見る思いである。

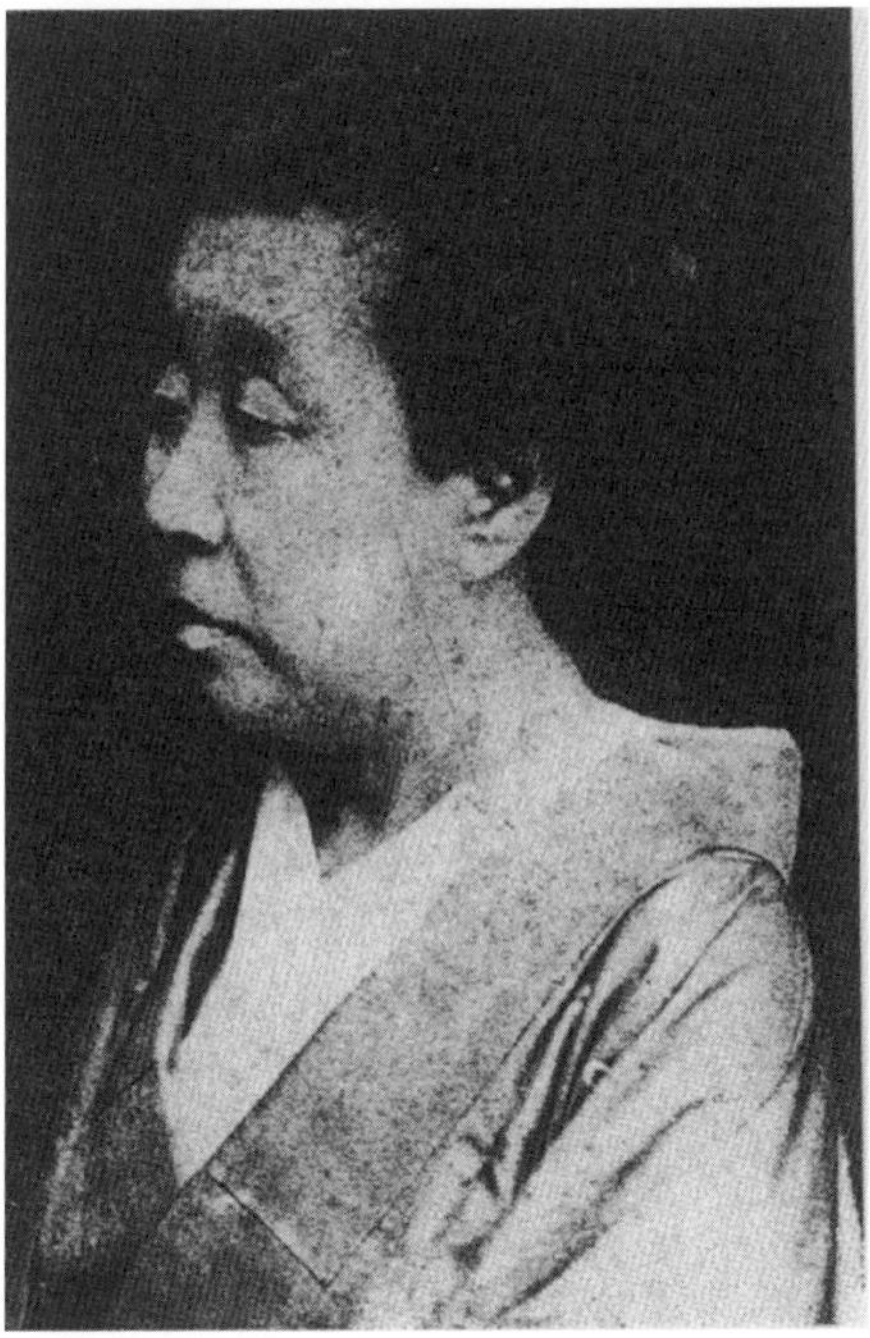

大浦慶

陸奥宗光

長崎の恋人お慶、海外貿易に夢をふくらました！

龍馬の長崎の取引先に、恋人のお慶がいる。

文政十二年、長崎の油屋町の大浦左平次の一人娘として生れてきた慶も、長ずるにおよんで情報の選択に迷う時代を迎えていた。大浦の家は代々の油屋であり、父親の左平次も長崎油商総代をつとめた事もある、人望の厚い人物であった。だが、人望と商売は別である。大浦家は慶の成長につれて次第に左前になっていく、当時、長崎周辺では捕鯨業が盛んであった。油屋は、主としてその鯨油を扱っていた。だが、この捕鯨業が幕末期に入ると大きく不振になる。乱獲によって鯨がいなくなっていた。これは概ね、北太平洋に於ける米捕鯨業の衰退と一致する。高知のジョン万次郎が、米国から日本への帰国を決意するのも、只の望郷の念ばかりではなく捕鯨船の仕事が無くなったからである。慶の家が傾くのも当然であった。菜種油が灯油として一般に普及しはじめるのは、もっと明治に近くなってからである。慶の第一回の情報判断期がやってきて、慶は家業を継ぐ事を決意すると、まず、はじめに行ったことは、早くから迎えていた夫を離別することであった。この夫は無能であったといわれているが、これはやや酷というものであろう。

江戸期の下級武士社会でも、商人の世界でも、家付きの娘が何かを決意すると、夫を追い出す例は多い。縦の関係を重視し、横につながることを嫌うのである。封建制特有の出来事であった。慶の「夫追い出し」も、その意味があったに違いないと思われる。夫の関係者に迷惑をかけたくないとする配慮もあった。ところが、これが後で妙な事に役立つ。

慶は、家業の建て直しに多角経営を考えたようだ。これは、今日の経営者も不況克服に多業種の採用を行うことを見ても、平凡な感覚にすぎない常識の発想である。鯨油にこだわっている限り、捕鯨業と共倒れは決定的であった。日本で初めてビールを造ったノルウェー出身のアメリカ人技師・ウィリアム・コープランド

（1834〜1902）も、北太平洋捕鯨の船員であったが失職し、横浜にきてビールを造った。

しかし慶は、嘉永六年（一八五三）、二十五才の時に、一つの情報をとらえて素晴らしい発想を行った。この年六月、米海軍総督ペリーが蒸気軍艦四隻を率いて浦賀に来ている。長崎から遠い地、慶自身、行ったこともない。だが慶は、ペリーが米大統領の国書を持ってきていると聞くと、直ちに判断した。「日本は国を開くことになる」。慶のこの発想は、どこから出てきたのか分からない。慶には、長崎油商総代の娘として相応の教養があったのだ。しかし、日本の開国と政治判断が出来る程の知識は無かったはずだ。只言えることは、長崎の風土と歴史であろう。長崎は徳川三百年の間、日本で唯一の外国との出入り口で、蘭（オランダ）一国を相手方としたが、それでも世界は、この長崎から開かれていた。長崎の市民は、接しようと努力をすれば、西洋文化に触れることは出来たのである。慶も努力しその感覚から、ペリー来航により開国と予見し、動いた。

慶はまず、日本茶の輸出を考えた。この時点では、日本の開国は決定していない。しかし慶は、鯨油の前途に早くも見切りをつけた。これは商家の娘として、先見眼を身につけていた。遅かれ早かれ、開国海外貿易の開始と読んだのである。これも、長崎のオランダ貿易を見て育ったためである。父親の左平次は、少量であったがオランダ船に鯨油を灯油として売っていたはずである。慶の世界を見る目には、商人的な広い視野があった。更に慶は、世界各国、いずれも〝茶〟を嗜む風習があるのを知っていた。ペリーの来航と共に、武具の買占めに狂奔した〝江戸商人〟、米の買い溜めの他、茫然《ぼうぜん》としていた〝浪速商人〟とは、明らかに違っていた。情報量が豊富であり、長崎には慶の活力を生み出す素地があった。しかし、慶の商売のやり方は幼稚で、慶は外国語も知らない。オランダ人に、どのように話を持っていくかも分からなかった。慶は肥前嬉野《ひぜんうれしの》でとれる茶、上、中、下を三斤ずつ、九袋を作り、長崎出島のオランダ人・テキストルに、佐賀の嬉野（当時の肥前国藤津郡嬉野）茶の見本を、世界にばらまくように依頼した。詳しくは説明しなくても、茶の品質は、味わって貰えば分かるのであり、これを注文したいのであれば、長崎の「大浦慶」と言えばいいのである。もちろん、袋には日本字で〟慶の姓名〟を書いておいた。こうすれば、清国か日本か、分かると判断した慶は、挑戦した。ここに、彼女の資質の大きさが見られる。彼女はテキストルに、「これを米、英、それに〟アラビア〟に送って下さい」。嘉永六年（一八五三）のことという。驚くべきは、慶は既に〟アラビア〟すなわちイスラム教支配圏の広大さと人口の多さを知っていたのだ。当時、日本人は、大方がアラブ地方を知らない。この時慶は、始めて、日本でイスラム教国と交渉を持ったのだ。日米修好通商条約など、誰も考えていない時、このような時期に、遠くアラビアに、未だ見たこともない英国、米国に、茶を売ろうとする、慶の度胸は、ちょっと考えられない〟スケールの大きさ〟だ。どこで、この情報を手に入れたのか、これから三十五ヶ月後ほどが、無為に過ぎた。安政三年（一八五六）八月になる。一人の英人が慶の前に立つ。英人ウィリアム・ジョン・オルト（１８４０〜１９０５）であった、彼は慶の茶の見本袋を手にしていた。「十万斤の茶を集めて欲しい」オルトは、こともなげに言った。

そんな中、幕府開明派官僚の懸命の努力で、安政六年（一八五九）六月、長崎、横浜、箱館の三港が開港、外国貿易が開始され、慶の見通しは的中した。同年十月二十七日、慶の茶が米国に向けて出航、慶の活躍が始まった。この時、慶三十一才、働き盛りである。慶はその時、家庭を持っていなかった。ラッキーである、オルトの要求の十万斤の茶を集め、巨万の富を得た大浦家は再興された。一方、慶は女盛りであった。

この時、国内情勢が、怪しくなりはじめていた。幕府の存亡がいわれ始め、内乱になれば茶の輸出どころではない。この頃は、尊攘派といっても、文久三年（一八六三）七月の薩英戦争以降、開国、尊王を幕府打倒の口実にしているような人々で、これらの志士が皆が皆、誠実であったわけではない。多くは脱藩者ですぐに金に困り、強請《きょうせい》（たかり）を平然と行っていた。対象は商人、しかし、この時商人たちも判断に迷った。はたして、討幕成功の可否は〝賭《かけ》〟である。情報を得るには不可能に近い。誤情報によって討幕派に金を投じ失敗したら、財産どころか生命さえ危うい。この時、長崎に来ていた英商人トーマス・ブレーク・グラバー（1838〜1911）は、薩藩に投じた財産と得た権益を守るため、長州藩に懸命になって薩摩との連合を呼びかけている。討幕に失敗したら、グラバーは無一文になるからである。〝グラバー〟にとっても賭けで、可否は予想がつかないでいた。だが、英の軍事力と外交力を背景に持つグラバーはいいが、慶のように女手ひとつで大金を得ていたような、弱い立場にいる商人の場合はどうすればよいか。

「これからの話は、事実と憶測で構成となる」

慶が大金を得たと分かった時点で、志士と称する人たちがやってきた。坂本龍馬、陸奥宗光《むつむねみつ》、大隈重信《おおくましげのぶ》、松方正義《まつかたまさよし》等である。慶は始め警戒した。長崎奉行所は健在だ、討幕を口走る志士を出入りさせ、奉行所から本来の業務「茶の輸出」を差し止められたら……。だが慶は、〝二股〟をかけた。奉行所への〝つけ届け〟も忘れずに、志士たちも出入りさせた。慶は、複数の志士たちに愛情を感じはじめていた。長く「孤閨《こけい》」を守ってきた、独身の女盛りであった。金を与え情報を要求し、更に深い情報を得る為に〝二人きり〟になれる場所に誘った。家庭を持たなかったことが、この時も幸いした。慶は、志士たちから「薩長」の後には、英がついている事を知る。また、九州に居ることの幸運も知る。討幕派に、大坂や江戸攻撃の計画があることも聞き出していた。長崎は安全なのである。慶の肉体が、メモになっていた。慶は長崎にいて、日本茶の独占輸出まで夢みる。志士が天下をとれば、その可能性は充分にあった。事実、明治以降グラバーは、新政府の背後で確たる政商に発展成長した。慶は、情報収集の結果そうなることを確信していた。だがこれは、慶の〝思い上がり〟を生んだのではないか。若い男にもてはやされた「中年女性」の落ち行くさまは、古今東西を問わず、みな同様であった。情報収集のとおり、日本は薩、長、土、肥の藩閥政府により支配され、慶は得意の絶頂に立った。

その明治四年（一八七一）六月、慶四十四才は、おそらくは〝おだてられた〟であろう、大量の煙草輸出の保証人となる。裏切られていた。営々と築き上げた財産は、すべて弁償金として消えた。

慶は細々と、その後、暮らした。明治十二年（一八七九）前米大統領グラントが長崎に来た時、〝パーティ〟に、女として只一人、艦上に招待されたのが、最後の栄誉となった。

志士たちは何もしてくれない。龍馬は死んだ。慶の臨終が近いと分かった明治十七年（一八八四）、伯爵・西郷従道（１８４３～１９０２）が、功労褒章の電報を送っただけであった。

そのドラマ的な人生を、明治から昭和にかけて活動した政治家・講談師伊藤痴遊《ちゆう》（１８６７～１９３８）が、晩年に刊行した『伊藤痴遊全集三十巻・政界表裏快談逸話』の中の文章から、伝説的な話として残された部分が多い。

この時代、女性が一人商売をすることは、やはり大変そうである。しかし、長崎は商人の力が強かったため、女性が女主人になることを容認するような、自由な雰囲気があったとも考えられている。大浦慶は、やはり長崎でなくては現れなかった女性かもしれない。

55 千葉さな子（佐那）との恋

龍馬と溝渕を迎えた、北辰一刀流桶町道場当主・千葉定吉には娘がいた。定吉の次女で、重太郎の妹「さな子」（佐那）（１８３８～１８９６）、この時十六才。彼女は、すでに十四才で、北辰一刀流小太刀免許皆伝だったという。長刀師範でもあり、美人だった。

龍馬は、文久三年（一八六三）八月十四日に、乙女（1832〜1879）あての手紙で、彼女のことを書いている。

「此人ハおさなというなり。本ハ乙女といゝしなり。今年廿六歳ニなり候。馬によくのり劔《つるぎ》も余程手づよく、長刀も出来、力ハなみ〳〵の男子よりつよく、先たとへバうちにむかしをり候ぎんという女（坂本家の女中）の、力料斗《りきりょうばかり》も御座候べし。かほかたち平井より少しよし。十三弦のことよくひき、十四歳の時皆傳いたし申候よし。そしてゑもかき申候。心ばへ大丈夫ニて男子などをよばず。夫ニいたりてしづかなる人なり。ものかずいはず、まあ〳〵今の平井〳〵」。

（馬によくのり、剣も余程手づよく、長刀も出来、力は〝なみなみ〟の男子よりつよく）（かほかたち、平井より少しよし。十三弦のこと（琴）よくひき、十四才の時、皆伝いたし申候よし。そして、ゑ（絵）もかき申候。心ばへ大丈夫にて男子などをよばず、夫にいたりても、しづかなる人なり）。

この文中に平井とは、土佐で龍馬の初恋である、平井収二郎の妹・加尾（1838〜1909）、「平井かほ」と書かれることもある。

千葉さな子は、土佐人のこの青年、龍馬に恋をする。婚約者だったとも、結婚していたともいわれる。このさな子が、のちに言い残している。「自分は、坂本龍馬の許婚者でした」と。

56 お龍との大恋愛

慶応元年（一八六五）九月九日、「乙女とおやべ」に宛てた手紙に彼女の出生、性状、家族歴などを詳記し

楢崎竜

ている。

「其頃其同志にてありし楢崎某と申医師、夫も近頃病死なりけるに、其妻とむすめ三人、男子二人、其男子太郎ハすこしさしきれ（少々足りぬという意味の土佐言葉）なり。次郎ハ五歳、むすめ惣領ハ二十三、次ハ十六歳、次ハ十二なりしが、本十分大家にてくらし候ものゆへ、花いけ、香をきゝ、茶の湯おしなどハ致し候得ども、一向かしぎぼふこふする事ハできず、いつたい医者いしやというものハ一代きりのものゆへ、おやがしんでハ、しんるいというものもなし。」

お龍《りょう》（1841～1906）を知ったのは、元治元年（一八六四）の夏、「池田屋事件」の前頃と思われる。

土佐三伯の一人の佐々木高行（1830～1910）は、「おりょう」さんの印象を、後に、「同人妻ハ有名ナル美人ノ事ナレドモ、賢婦人ヤ否ヤハ　知ラズ、善悪トモ為シ兼ヌル様ニ被思タリ」（『保古飛呂比　佐佐木高行日記』）と、評されていて、大変美人であったが、当時の女性の型からは、〝ハミ出し〟ていた気配だ。

お龍の回想録『千里駒後日譚』（明治三十二年、お龍さん宅に、漢学者川田雪山《せつざん》（瑞穂《みずほ》）が訪ね、お龍さん本人に取材した土陽新聞の連載記事）を読むと、「元治元年に京都で大仏騒動と云ふのが有りました。あの大和の天誅組の方々も大分居りましたが幕府の嫌疑を避ける為めに龍馬等と一処に大仏へ匿れて居ったのです。処が浪人斗《ばか》りの寄り合で、飯炊きから縫張りの事など何分手が行き届かぬから、一人気の利いた女を雇いたいと云ふので——こゝで色々の話しがあつて——私の母が行く事になりました。此時分に大仏の和尚の媒介《なかだち》で私と阪本と縁組をしたのですが、（千里駒には勢戸屋お登勢の媒介、龍馬伝には西郷の媒介とあり倶に誤れり）大仏で一処に居る訳には行きませむから私は七条の扇岩と云ふ宿屋へ手伝方々預けられて居りました。スルと六月一日（元治元年）の夕方龍馬が扇岩へ来て、己れも明日は江戸へ行かねばならぬから留守は、万事気を付けよと云ひますから、別れの盃をして其翌朝出立しました」。

京都六角獄舎の北側に「武信《たけのぶ》稲荷神社」という社に、樹齢八百年のエノキがある。龍馬が、捕えられている父を訪ねるお龍への伝言に「龍」の字をエノキに彫ったと伝えられ、多くの〝龍馬ファン〟が参拝に訪れる。

寺田屋の前にお龍が預けられていた「扇岩」は、「ひと・まち交流館 京都」（河原町正面）の東側辺りにあった。今は昔の〝七条新地〟も変わり、角倉氏の高瀬川が、静かに流れている。

新地の風情も、今も少しは残しているところである。

57 龍馬の幻の手紙、寺田屋登勢書簡

今は閉館されて静かになった伏見を眺めて建つ伏見城、こゝで昭和五十七年（一九八二）「京都千二百年絵巻展」が開催され「龍馬コーナー」が設けられ、西尾秋風（1922〜2003）氏が発見された〝寺田屋とせの手紙〟が展示された。「維新と新選組ひろばニュース」から、これを紹介しょう。

お登勢

「手紙新発見のいきさつ」。
西尾氏は昭和五十四年（一九七九）十一月、偶然にも、龍馬の幻の手紙を発見した。龍馬の手紙は約百四十通近く残っているそうであるが、その妻〝お龍〟に宛てたものは、あとにも先にもこれ一通きりであり、お龍自らが高知に居った時、何を思ったのか、全部、龍馬からの手紙を焼いたという。龍女の子孫、西村兵造氏の談話によると、お龍は、龍馬の手紙は読んだらすぐ焼いたと伝承されている。ともあれ幸いにも、つまり幻の手紙が残っていた。この一通がどうして近江屋新助方に残されていたのかは、興味のあるところであるが、お龍の回顧談によると明治元年（一八六八）五月、下関の寓居を出て長崎へ、妹君江と海援隊士菅野覚兵衛の挙式に出席、ついで京都に帰って近江屋に宿泊、龍馬墓参を果たして、七月に龍馬の実家のある高知へ向かっている。

お龍の第二の夫（西村松兵衛）の兄兵蔵の直系である西村兵造氏によると、その祖母ふさ刀自（明治五年生まれ）は兵蔵の二女で、お龍の養女となっていたという。

ところで、お龍は高知へ立つ前に、龍馬からの手紙と妹君江からの礼状と、そしてこの「寺田屋とせよりの手紙」の計三通を、なぜか、近江屋に置き残して行くのである。なお、この時、近江屋の土蔵に隠されていた龍馬の遺品（日記、扇子、掛軸三点）が、新助翁からお龍に手渡された可能性がある。明治四十年頃、龍馬書簡は新助翁の手により、他の海援隊士陸奥陽之助（宗光）、長岡謙吉、石田英吉らのもの十三通と共に、一本の巻物に表装され大切に保存されてきたのであるが、「おとせ書簡」の方は、そのまま、百十三年間、手文庫の底に眠り続けていたのである。昭和五十五年（一九八〇）二月十一日、向日市の井口新助宅を訪問したおり、当家のナミ夫人が、「西尾さん、手文庫にこんな手紙があるのを、今気づいたのです、この〝おとも様〟ってのは、お龍さんと、ちがひますか？」と差し出された古い手紙。百十三年ぶりに陽の目をみたのが、この「おとせ書簡」である。この手紙の内容は、夫の横死を聞いたお龍が、京都で暮らしている母と妹たちの行く末を案じ、寺田屋とせ女に差し送った急便に対する〝とせの返状〟である。だいたい、「おとせ書簡」は、彼女の三女きぬの夫、荒木英一氏へ送った、短い手紙一通のみが、直孫の相部静子夫人宅に保存されているだけであり、而も、本書簡は龍馬暗殺にも触れている、貴重な維新史料である。紙面の都合で詳説することが出来ないが、この書簡で筆者（西尾氏）が最も感激したのは、次のところである。

「母公の事、かならずしも、おあんじなさるまじく候。私事の母とおもひ、なるたけ御世話いたし候。あなたのかほや、旦那様（龍馬）の御かほのよごれるよふな事は、かへすがへすもいたさず候」と、いうくだりである。お龍は龍馬の紹介であるゆえ、養女格として待遇されたが、所詮女中である。その女中の母親を「私事の母と思い」できる限りお世話をするというのである。お龍の身柄を頼んだ龍馬本人は、既に死んでいる。それにも拘らず、一旦引き受けた限り、どこまでも、その信義を貫き通す心意気は、まさに、女丈夫の志操を見る思いである。

58 塩浸温泉で龍馬の愛情浸し―ハネムーン第一号

慶応二年（一八六六）一月二十一日、龍馬は、薩長連合の大仕事をやりとげ、翌々日の未明、伏見の寺田屋に投宿したところを、幕府の捕方に取り巻かれる。その時、恋人のお龍が入浴中、ふと窓外の捕方に気づき、裸のままとび出して龍馬に告げる。彼女の機転により、龍馬はすぐピストルで応戦し、危機一髪のところを脱出、傷つき乍らも薩摩藩邸に逃げ込むことができた。薩摩藩では、お龍を呼んで傷の手当てをさせた。お龍は喜び勇んで、必死で傷の手当、傷はたちまち回復。二人の愛情も、一段と深まったことはいうまでもない。

二月十二日、二人はついに、伏見薩摩藩邸で結婚を披露した。その薩摩藩邸で滞在中のことである。闊達で〃のんき〃な龍馬は、藩邸暮らしの〃平凡〃に飽き飽きし、お龍と一緒によく散歩に出た。こんな時、武士と女性では道の両側を歩くものだが、二人は公然と手を取り合って、伏見城下のメインストリートをぶらついた。龍馬はすでに蘭書を読み、西洋事情にも詳しい進歩派であった。夫婦が別々の衣桁《いこう》（衣紋掛け）を使い、風呂桶まで替える馬鹿らしさにあきれていたので、これに対して反動的にべったり寄り添って歩いたのだ。通行人は〃当られ〃悲鳴を上げたが、もっと驚いたのは薩摩藩の侍たちであった。町々には、幕府の捕方が手ぐすね引いて龍馬を探している。そんな無茶は止めてくれと頼んだが、龍馬は笑って応じてくれなかった。

龍馬夫妻が薩摩藩を動かし、藩船「三邦丸《みくにまる》」で、大坂から、日本で初の新婚旅行に出かけたのは、同年三月五日のことである。船が鏡のような瀬戸内海を行けば、左右に緑の島々があらわれては消え、素晴らしい絶景が目の前に展開した。夫妻はその絶景を見乍ら、新婚旅行に幸せ一杯だった。

三月十日、船は鹿児島に入港。いったん小松帯刀《こまつたてわき》邸に入るが、間もなく二人は霧島山のふもとにある塩浸《しおひたし》温泉へ、文字どおりのハネムーンにでかける。東西奔走の志士坂本龍馬にとって、この旅行はすばらしく、無上のものであった。龍馬は谷川で魚を獲り、ピストルで山鳥を撃って、無心に遊び楽しんだ。これが日本の新婚旅行の事初、しかも、温泉行き第一号である。

春くれて　五月まつまの　ほととぎす　初音をしのべ　深山辺のさと

三月十六日、日当山温泉に向かい、四月十二日、鹿児島に帰る。その後、小松帯刀原良別邸（鹿児島市原良町）で、約五十日間、過ごすという。鹿児島市五十七日間　日当山《ひなたやま》温泉四日間　浜之市一日間　塩浸温泉十八日間　霧島温泉二日間　全日程八十二日間のハネムーンだった。

59 龍馬のハネムーンの手紙

幕末のハネムーン第一号の「絵入り紀行文」で、他に類例がない。これを読んで見ると、龍馬という人が〝霧島山〟の様に大きく神秘的で、吹き上がる熱気を持った〝大人物〟に見える。

龍馬の手紙は、現在百三十九通が残されているといわれるが、最もユニークなのは「イラスト入り」の、この手紙であろう。慶応二年（一八六六）十二月四日、長崎の小曽根家にてお龍（1841～1906）を伴い〝霧島山登山〃の長文を、乙女（1832～1879）に出している。

「又温泉ニともにあそバんとて、吉井がさそいにて又両《ふた》りづれにて霧島山の方へ行道にて日当山《ひなたやま》の温泉ニ止（泊）マリ、又しおひたしと云温泉に行。此所ハもお大隅《おおすみ》の国ニて和気清麻呂がいおり（庵）おむすびし所、蔭見の滝其滝の布ハ五十間も落て、中程にハ少しもさわりなし。実此世の外かとおもわれ候ほどのめづらしき所ナリ。・此所に十日計も止りあそび、谷川の流にてうおゝつり、短筒をもちて鳥をうちなど、まことにおもしろかりし。是より又山深く入りてきりしまの温泉に行、此所より又山上ニのぼり、あまのさかほ（天の逆鉾）を見んとて、妻と両人づれニてはる〴〵のぼりしニ、立花（橘南谿）氏の西遊記ほどニハなけれども、どふも道ひどく、女の足ニハむつかしかりけれども、とふ〳〵馬のせこへまでよぢのぼり、此所にひとやすみして、又はる〴〵とのぼり、ついにいたゞきにのぼり、かの天《あま》のさかほこを見たり。其形ハ是ハたしかに天狗の面ナリ。両方共ニ其顔がつくり付てある。からかね也。（イラストの画）まむきに見た所也。（イラストの画）

やれ〳〵とこしおたゝいて、はるバるのぼりしニ、かよふなるおもいもよらぬ天狗の面があり（げにおかしきかおつきにて）、大ニ二人りが笑たり。此所に来れバ実ニ高山なれバ目のとゞくだけハ見へ渡り、おもしろかりけれども何分四月でハまださむく、風ハ吹ものから、そろ〳〵とくだりしなり。なる程きり島つゝじが一面にはへて実つくり立し如くきれいなり。其山の大形《おおかた》ハ、（霧島山を大きく描き、歩いたコースを朱墨でイ、ロ、ハ、ニと書き説明文が添えてある）……」

この二人は、三月五日大坂出航。下関、長崎をへて十日、鹿児島に到着。十七日より四月十二日迄の一ヶ月半を、誰にも気がねなく新婚の旅をした。

この二人の、夢の様な最高の旅であったのだ。

60 下関自然堂と伊藤家。龍馬、お龍のスイートホーム

亡命者、脱藩人、素浪人であった龍馬（1836〜1867）が、他国で活躍出来たのは、その土地の人々に愛されていたからで、龍馬は他人の褌《ふんどし》で仕事をしたと言われるが、この褌（資金援助する人）が次々と現れたのは、彼には何か「無私の徳望」が具《そな》わっていたための様で、彼に、人々は力を貸した。

江戸では「千葉定吉の家」を、京都では「伏見寺田屋」や「近江屋の井口家」を、長崎では「小曽根家」を、我家の如く泊り宿としている。

「自然堂」伊藤助太夫家は、長州下関における〝お龍〟と共に暮らした〝アジト〟であった。この伊藤家に慶応二年終り頃から同三年春にかけて新婚旅行の後、お龍と二人で身を寄せて、「自然堂」と庵号を付け、〝才谷梅太郎〟と変名して、梅の印判を使い和歌を詠んで、閑雅な一時期を過ごした。龍馬一生の中で、心許した一番〝幸福〟な時期だったと思われる。

この本陣伊藤家は二千坪あって、男部屋と女部屋に別れていたが、その女部屋の〝奥三畳の板の間〟に龍馬は居たという。二人の愛の部屋は、脇門に近く、後方は蘇鉄や松の繁った庭を隔てゝ山に続き、もし万一、刺客に襲われても逃げられる様な位置だった。長州の書家の描いた「額」が自然堂に残っていたが、昭和二十年（一九四五）の「下関空襲」で、邸宅全て共に焼けてしまった。

慶応三年二月十日に、お龍（1841〜1906）を長崎から呼んで、こゝで同棲するが、お龍は、龍馬の〝死の知らせ〟が届いた頃から〝大酒のみ〟となり、家族がその事で困らされたと伝えられている。慶応三年（一八六七）十二月二日、長崎から海援隊士浦田運次郎（佐柳高次）によって下関に悲報が伝わり、お龍は長府藩士三吉慎蔵から聞く。これに先立ち、慶応三年（一八六七）十一月十五日、龍馬暗殺の夜、血みどろの

龍馬がお龍の枕元に立ったという。のち、石田英吉（伊吹周吉）、中島作太郎（信行）、山本復輔（洪輔、洪堂）らは、お龍を一旦長崎へと下らせる。この時、長府侯毛利元敏《もととし》（１８４９～１９０８）は、彼女の身を憐れみ〝扶持〟を給して、三吉慎蔵に扶助させた。同年十二月十五日、三吉慎蔵は、お龍と妹・君江を預かる。その後お龍については、協議の末、翌年三月、土佐の坂本家に送られた。これについて三吉に、中島作太郎（信行）（１８４６～１８９９）から謝礼として〝正宗の短刀〟が贈られ、後藤象二郎（１８３８～１８９７）も〝国産の紙〟を贈って厚誼に報《むく》いている。

明治元年十二月頃、菅野覚兵衛（千屋寅之助）（１８４２～１８９３）（妻・君江は、お龍の妹）は、お龍を土佐郡和喰村の実家千屋《ちや》家に引取る。

明治二年（一八六九）六月頃、お龍は、千屋家を出る。

そして、明治五年（一八七二）九月、東京に移住する。

侯爵・佐々木高行が評したように、お龍は、勝ち気な女で温淑《おんしゅく》なところが無かったようあるが、筆者は、当時の女性より一歩進んだ、近代女性であったと、見るべきであると思う。

六 龍馬と事件

61 龍馬は、薩長同盟にどう関わったのか

龍馬が木戸の後を追って、慶応二年（一八六六）一月二十日に京都入りした時、既に「薩長同盟」が締結されていた？

この「新説」が依拠した史料は、京都の薩摩藩邸にいた同藩家老の『桂久武日記』であった。正月十八日の日記には、西郷吉之助（隆盛）・大久保一蔵（利通）と木戸小五郎（孝允《たかよし》）が長時間におよぶ「国事」の話し合いをしたことが記されている。二十日には大久保の帰国が命じられ、木戸についても送別会が開かれたという。それゆえ「新説」は、薩長同盟の締結が、正月十八日だったと論じた。それまでの正月二十一日説を否定。そして龍馬が、伏見寺田屋から京都に入った正月二十日は、すでに同盟が成立した後であったという。したがって龍馬は肝心の会議に同席せず、後日に木戸が同盟を明文化した書状に裏書しただけであるというのが「新説」の結論であった。

では龍馬は、締結時に何の役割も果たさなかったかというとそうでもない。「龍馬の日記」二十二日の条に、次の様な簡単なメモを残している。「桂（木戸）小（小松）西（西郷）三氏会」。この僅《わず》かな記述によって、二十二日か二十三日に同盟締結がなされたのだというのが古くからあり、それは数多くの〝龍馬伝記〟に記されている。例えば千頭清臣《ちかみきよおみ》『坂本竜馬』では「二十三日、西郷、終に小松、大久保と共に、桂、龍馬を其の邸

へ迎え、談笑の間に盟を結び、将来、大に国家に尽くすべきを約す」となっている。

大久保が、未だ京都に留まっているというのは、伝記著者のミスである。従来、言われている様に、龍馬の働きによって、一気に局面を打開し、同盟が結ばれたのなら、家老桂久武《かつらひさたけ》（1830～1877）が列席していない事が、まず不自然である。

桂久武は、偶々《たまたま》、京に在った訳では無い。同盟締結の為、はるばる薩摩から上京して来たのだ。『桂久武日記』の二十二日の条は「不快の為、終日在宿した」とある程度だし、続く二十三日の条を見ても「勘兵衛同伴にて三条通り見物、それより知恩院に参り、夕暮時分帰宿也。この晩、誰も来客これ無く候間、書見共致し候て、四ツ時時分に相成り相休み候也」という調子だ。もしこの間に、桂久武を除いて同盟が締結されたとするなら、桂久武は、部下の西郷どころか、浪人龍馬迄もから無視されてしまった事になる。そんな事は在り得ない。

桂（木戸）は帰国の途に就き、二十三日の内に大坂まで退く。そしてここで、有名な〝龍馬への裏書き〟を求める長文の手紙を認めるのである。桂（木戸）は手紙の中で、この度、締結された〝薩長同盟〟について「誠に左の件々、相認め申し候」とし、六ヶ条に分けて記している。

長州藩と幕府との戦争が行われた場合、行われなかった場合等々、あらゆるケースを想定しその都度、薩摩藩がどのように動くかが取り決められた事が分かる。只し、締結時にお互いが文書にして取り交わしたような同盟では無かった。言わば、口約束の秘密の取り決めであった。木戸は、不安を感じたのだろう。龍馬に裏書きを依頼したのである。桂（木戸）から裏書きを求められた龍馬は、次の様な朱筆をふるった。「表に御記被成候六条ハ、小（小松）・西（西郷）両氏及老兄龍等も御同席ニて談論セし所ニて、毛《すこし》も相違無之候、後来といへとも決して変わり候事、無之ハ神明の知る所ニ御座候、丙寅二月五日　坂本龍」

桂（木戸）が何故、浪士である龍馬に、裏書きを依頼したかについては、疑問が少し残るが、第三者的立場にある者が居なかったからか、桂（木戸）が龍馬を高く評価していた証なのか。桂（木戸）は龍馬に手紙を書いた二日後の、一月二十五日大坂を出航、二十七日広島着。

一月二十二日、長州再征を主張する慶喜《よしのぶ》は、松平容保《かたもり》、定敬《さだあき》及び老中板倉勝静《かつきよ》、小笠原長行《ながみち》を従えて御所に参内し、長州藩処分案を奏聞《そうぶん》した。翌日、勅許された。処分案は、藩主毛利敬親《たかちか》父子の、朝敵を除き、十万石を削り、敬親の隠居、その子広封（元徳《もとのり》）を永蟄居に処すという内容であった。

桂（木戸）はこの情報を入手して、長州に持ち帰るべく、上方に留まっていた。

薩摩は、出兵拒否。幕府は、長州軍の徹底抗戦に敗れたのだった。

62 龍馬を尾《つ》ける、幕府スパイ網

龍馬が主宰していた結社・亀山社中の「櫻島丸」に、幕府のスパイが三人もいた。

政治の舞台裏を生々しく伝え残す史料は、その性質上、残存し難いのであるが、薩長同盟成立直後の龍馬の動向を詳しく探った報告書（手紙）が、二点出て来た。

大坂の町奉行与力の子孫の古文書《こもんじょ》から見ると、慶応二年（一八六六）二月二十四日付の報告で、発信人は「久三郎」「竹次郎」の二名、どうも密偵らしい。受信人の記載は無いが、大坂町奉行与力の中心的な家に伝承された物で、正確な史料である。

薩長同盟成立で、龍馬は輝いた。これに対し、幕府側のスパイ網も活発に動き、伏見奉行所（大坂奉行所傘下）林肥後守忠交《ただかた》（１８４５〜１８６７）配下の捕吏が襲撃、龍馬は伏見薩摩藩邸に逃げ込む。慶応二年一

桂小五郎

西郷隆盛

月二十四日の事である。

「城州伏見ノ一件、実ニ大変之由、坂本儀、伏見表ニ薩摩御屋敷有之全者逃ゲ込、当時疵、養生有之候由」と、薩摩、大坂蔵屋敷への探索も、抜かりがない。「薩摩御軍艦登、兵庫江入津之上バ、与三郎儀、同国ニ罷越」。与三郎は、密偵であり、遠く薩摩へも探索の手をのばすという。そして龍馬には「坂本儀商船ニ而下リ候義若御手入之儀恐右御軍艦着ヲ相侍、使船ヲ貰下筋へ下リ候ニモ相聞」という。〃商船〃とは小倉船という貨客船で、大坂と小倉を往復していた、四百石船である。この商船を使うか、薩摩の軍艦で脱出するのか、予測つきかねている。しかし、坂本をよく知っている人物からの情報が、期待出来る。「当時神戸村塾跡ニ、住居有之。中里慶蔵ト申仁、御役筋へ内通致候付」といい、その人物は龍馬が薩長同盟斡旋の為、京都へ向かった情報についても「坂本、登船、上京仕候儀モ相分リ候」と言う。しかし、龍馬の行動予測は二通り出来るが、どちらとも断定出来ないので、とりあえず現状報告している。「坂本、落口者、小倉早船ケ又右軍艦着之上、乗組質素ニ下筋へ帰リ候哉、相聞候付、此段一応御内意奉申上候以上」と結んでいる。

二通目の報告書を見てみよう。冒頭の「兼而御手入方奉蒙候」に続いて、情報収集者の名前が並んでいる。「播州八部郡、二ツ茶屋村、成尾屋与三郎、同居、塩飽嶋金右衛門、同州同郡神戸村、木屋清兵衛ニ立入道慶師市郎」の三人である。このうち道慶《どうけい》師《き》市郎《いちろう》は、元、神戸海軍操練所の塾生であった。道家師一と同一人物の様である。「二ツ茶屋村」は、現在の元町通り附近である。「右名前者共二月十五日夜、同村浜先豊前小倉早船仕候乗組同夜九ツ時之比、出帆仕下筋江罷下リ候」とあり、先の報告書の一日後の行動についての記述が注目される。「段手入候所、新宮、黒木、一統之者共同船之由、坂本良馬乗組無之」という。小倉渡海に乗船した三人からの偵察報告には、亀山社中のメンバーである新宮馬之助や黒木小太郎の姿は認められたが、龍馬の姿は見当たらない。しかし脱出先は不明だが、脱出方法は薩摩の軍艦らしいという事が、徐々に見えて来る。「落先治定不仕候得共、近日薩州様御軍艦兵庫入津仕候由ニ付、手段披行聞詰候得大体相分」とあり、史実でもそのように展開する。報告書はここで、話題を亀山社中が操船している櫻島丸に転ずる。「浪士乗組軍艦佐倉丸、当時長崎ニ滞船之由、右船年寄候哉ニ相聞、元御公儀様御軍艦黒竜丸水夫仕、塩飽出士「中略」久太夫ト申すもの、当時佐倉丸水夫、ボツア役相勤候」と、幕府密偵に買収されスパイを強要された佐倉丸の水夫頭にふれている。水夫長の事を〝ホーツマン〟というので、久太夫はその地位にあったのだろう。彼は以前、龍馬が乗船していた頃に密偵に買収されスパイになっていた。女の問題で弱みを握られ、スパイを強要された記述もあり「坂本、過日登船ノ折、金子請取リ、与三郎方取次候趣承リ候」と抜かりない。そして龍馬は、何れは、櫻島丸に姿を現すであろうと推測している。「坂本、此度之成行銘々身分恐落行候哉ニ取沙汰」と報告し、そうなった場合も、櫻島丸には乗組員の中に、更に二名のスパイを潜り込ませていると言うから驚かされる。「佐倉丸ニ者兼而、御手当中村新吾、見野幸之丞、此者ドモ乗組候由右之段承合候」と明記されている。報告の末尾が、興味深い。

報告の最後は「寅二月十七日夜」「兵庫久三郎、竹次郎」とある。史実では、龍馬は二月十九日伏見、淀川を夜船で下り、三月一日大坂着、三月四日に薩の軍艦「三邦丸」にお龍と乗船、五日朝出航、鹿児島に向かった。よくいわれる、新婚旅行の出帆であった。

63 二挺拳銃の龍馬

薩長の密約が京都の二本松薩摩藩邸で、薩摩は西郷、小松、長州は木戸（桂）、そして坂本龍馬が立会人となり、そして証人となった。これは慶応二年（一八六六）正月二十一日。龍馬が、お龍の待つ伏見に帰ったのは二十三日夜、長州の三吉慎蔵と二人で、「一杯やっか」と杯を傾けていた。伏見奉行所は、暗躍する龍馬の情報を入手して狙っていた。八ツ半（午前三時）頃、百人程の捕方で「寺田屋」を急攻した。この時、お龍さんが「捕方です」と〝裸〟でかけ上がり、二人を救った「名場面」が展開する。三吉は槍をふるって戦う。龍馬は高杉から貰ったという六発込めの〝ピストル〟で応戦する。龍馬が、この夜、ピストルを使ったのは確かなようだが、高杉晋作から四代目の当主高杉勝氏（故人）は、このように話した。「ピストルは慶応元年十月、馬関で坂本龍馬と会見した折、彼にギフトされたのだが、それは全くの「フィクション」で、晋作は、上海のピストルを自宅に大切に保管していた」という。この話は人物往来社の歴史読本、昭和四十二年（一九六七）五月号の「曽祖父、晋作のピストル」という話の一文である。

しかし、龍馬が、慶応二年十二月四日付で、兄権平ら家族一同宛に送った手紙には、「元より浅手なれバ其者に銃をさし向しに、手早く又障子の蔭にかけ入りたり。扨前の敵猶迫り来るが故に、又一発致セしに中《あた》りし哉不分、右銃ハ元より六丸込ミな礼ども、其時ハ五丸のミ込てあれば、実ニ跡一発限りとなり、是大事と前を見るに今の一戦にて敵少ししらみたり」。やがて無くなり、彼は「此間に銃の玉込ミせんと銃の〈回転式拳銃の弾倉の断面図〉此様なるもの取りはづし、二丸迄ハ込たれども先刻左右の指に手を負ひ、手先き思ふ様ならず、阿屋まりて右玉室を取り落したり。」と、描かれいる。

慶応二年（一八六六）一月、京都二本松薩摩藩邸での薩長同盟の成否を確認するため上京する龍馬が、晋作に書を求めた。晋作は漢詩を揮毫《きごう》（高杉晋作詩書扇面）し、その書に添えて護身用の短銃を贈った、晋作は、「識者は航海を謀り〜」と龍馬を識者と称え送り出したという話があるが、問題は、本当に高杉から貰ったものかどうか。貰ったとすれば、高杉が二挺拳銃の名手のように二挺買い「わしは、西洋人の真似はできん」と、坂本にその一挺をギフトしたのか。

きっと高杉は、二挺買ったのだろう。寺田屋では、勇敢な同心の剣に手を斬られ、そのピストルを捨て、あーと云う間に二階から裏へ飛び降り、濠川《ほりかわ》の材木小屋へ脱兎の如く駆け込んだ。

そして、慶応三年（一八六七）六月二十四日付で、姉乙女（1832〜1879）に出した手紙には、「短銃おこせとのこと御申、是ハ妻ニも一ツつかハしこれあり。長サ六寸計五発込懐ハツコミクハイ剣よりハちいさけれども、人おうつに五十間位へたゞりてハ打殺すことでき申候。其つれが今手もとにこれあり候得ども、さしあげ不申候。」お龍にも一挺、自分も一挺持っていると……。

高杉家のピストルは、「靖国神社遊就館」に預けたらしく、それは占領軍に接収されたらしい。

私も、伏見とは縁が深いので、このピストルを探しているが分からないし、この時、倒れた捕吏二人のお墓も、ようとして分からない。今年は、この捕吏二人の供養もと思っている。

64 お龍は、全裸で駆け上がってはいなかった

慶応二年（一八六六）一月二十三日、「伏見寺田屋事件」。最も正確な資料として、事件の十日程後、二月六日付で龍馬が、桂小五郎に送った手紙がある。龍馬自身が事件直後に書いたもの。「去月廿三日夜伏水ニ一宿仕候所、不斗も幕府より人数さし立、龍を打取るとて夜八ツ（午前三時）時頃二十人斗寝所ニ押込ミ、皆手ごとニ鎗とり持、口々ニ上意〳〵と申候ニ付、少〻論弁も致し候得ども、早も殺候勢相見へ候故、無是非彼高杉より被送候ピストールを以て打払、一人を打たをし候。何レ近間ニ候得バ、さらにあと射不仕候得ども、玉目少く候得バ、手をいながら引取候者四人御座候。此時初三発致し候時、ピストールを持し手を切られ候得ども浅手ニて候。其ひまニ隣家の家をたゝき破り、うしろの町ニ出候て、薩の伏水屋鋪ニ引取申候。唯今ハ其手きず養生中ニて、参上とゝのハず何卒、御仁免奉願候。」危機一髪の脱出劇だった。

さて、この時の主役は、お龍《りょう》（1841〜1906）の行動である。この時期、女将の登勢《とせ》の下で下働きの人の彼女は、捕手潜入時、入浴中だったという。そして異変を真っ先に知るや、全裸で裏梯子を駈け上がったという。この小説めいた話は、彼女の談話によるものと思われる。

明治三十二年（一八九九）のお龍の談話『千里駒後日譚』には、次の回顧談がある。「私は一寸と一杯と風呂に這入つて居りました。処がコツン〳〵と云ふ音が聞えるので変だと思つて居る間もなく風呂の外から私の肩先へ槍を突出しましたから、私は片手で槍を捕え、態《わざ》と二階へ聞える様な大声で、女が風呂へ入つて居るに槍で突くなんか誰れだ、誰れだと云ふと、静にせい騒ぐと殺すぞと云ふから、お前さん等に殺される私ぢやないと庭へ飛下りて濡れ肌に袷《あわせ》を一枚引つかけ、帯をする間もないから跣足《はだし》で駆け出すと、陣笠を被つて槍を持つた男が矢庭に私の胸倉を取て二階に客が有るに相違ない、名を云つてみよと云ひますから、薩摩の西郷小

次郎さんと一人は今方来たので名は知らぬと出鱈目《でたらめ》を云ひますと又、裏から二階へ上れるかと云ふから、表から御上りなさいと云へば、ウム能く教へたとか何とか云って表へバタ〳〵と行きました。私は裏の秘密梯子から馳け上つて、捕り手が来ました、御油断はなりませぬと云ふと、よし心得たと三吉さんは（底本では「三好さんは」）起き上つて手早く袴をつけ槍を取つて身構へ、龍馬は小松（帯刀）さんが呉れた六連発の短銃を握つて待ち構へましたが敵の奴等は二階梯子の処まで来て、何やらガヤ〳〵云ふ斗り進んでは来ないのです」。

しかしこの時間は、深夜の三時頃。龍馬が土佐の親族に送った手紙を見ると「三吉と酒宴を催し寝込もうとした、ところだった」。考えるとこんな時間に「一寸一杯」と風呂に入っているだろうか？　何よりも朝の早い舟宿、朝食準備の為、起床したばかりと見るのが、正しくはないか。慶応二年（一八六六）十二月四日、兄権平宛ての龍馬の手紙には、「おり柄兼而御間に入し婦人、名ハ龍今妻也。勝手より馳せ来り云様、御用心被成べし不謀敵のおそひ来りしなり。鎗持たる人数ハ梯の段を登りしなりと、……」。お龍は、勝手（台所）から二階へ馳け上って来たのだ。「湯文字一枚」等の記載が、この手紙には無い。お龍が早朝の勝手仕事に起き出した、その時、捕手の潜入を察知したのだ。状況はどうあれ、お龍の機転で一命を救われた。この時、龍馬の斗いぶりは、十二月四日の手紙には「右銃ハ元より六丸込ミな礼ども、其時ハ五丸のミ込てあれば」。六連発のピストルに五発しか装弾していなかった。このピストルは、捕手方に多大なダメージを与えた。どうして負傷したのか、彼は、ピストルで三発目を発射の直後に、捕手の一人の脇差によって、両手の親指と食指を傷つけられた。両手でピストルを構えていた所、障子の陰から斬られた。そして五発を全て撃ち尽くした後、予備の銃弾を込めようとしたところ、「二丸迄ハ込たれども先刻左右の指に手を負ひ、手先き思ふ様ならず、阿屋まりて右玉室を取り落したり」。結局、大事なピストルを放棄して、二階から裏の庭に飛び降り、その家を破り抜け、走りに走った。出血の為、途中の材木小舎に龍馬を残し、三吉は伏見薩藩邸に走る。

この傷により、左手の自在が効かなくなった事が、翌慶応三年十一月の近江屋でのウィークポイントになってしまったのかも知れない。

一方、幕府サイドは大ショック。多数の捕手を出し、その上二人の同心を殺され、みすみす逃した伏見奉行所は、大きい痛手を受けた。一月二十四日の午前、幕府は寺田屋内を大探索し、龍馬のピストルや三吉の手槍や多数の書状を押収し、〝薩長同盟〟の事実を知ったのだった。伏見奉行所では、龍馬が伏見薩邸に潜伏した事も察知したが、治外法権の藩邸、手も足も出せなかった。

三吉慎蔵の龍馬評。「過激なることは毫も無し。かつ声高に事を論ずる様のこともなく、至極おとなしき人なり。容貌を一見すれば豪気に見受けらるるも万事温和に事を処する人なり。但し胆力は極めて大なり」（『毛利家文庫』三吉慎蔵談話ノ要）。

見廻組の今井信郎《のぶお》（1841～1918）は、龍馬暗殺の指令は、この寺田屋事件の犯人の坂本龍馬の手配書によるものだと自供している。奉行所としては、〝やっき〟になって龍馬を探していたのだ。慶応四年（一八六八）一月の「鳥羽・伏見の戦い」で、伏見奉行所は、薩軍の猛砲火により火の海と化した。龍馬のピストルも三吉の手槍も、その中で消えた……。

65 その時、龍馬は——龍馬の下関海峡戦

「下の関ハ又戦争と弟思ふに、どふぞ又やジ馬ハさしてく礼《れ》まいかと、……」。

慶応二年（一八六六）七月四日付の木戸貫治（桂小五郎）宛ての、龍馬の手紙である。

慶応二年六月、第二次長州戦争は、長州藩の南境大島口、東境芸州口、北境石州口、西境小倉口の四方面で展開された事から、「四境《しきょう》戦争」と呼ばれた。幕府は、長州藩内部が不穏として再征を命じ、「兵庫開発トラブル」とか「勅許下賜」が遅れたりで、「再征令」から戦闘開始まで、一年以上の月日を無為に浪費した。この時間によって長州は、戦闘準備がしっかりと完成した。「薩長連合の成立」、これにより薩摩の出兵拒否。高杉晋作（1839～1867）、龍馬たちの働きにより近代装備の「奇兵隊」が出現。大村益次郎（1824～1869）の近代戦法に、各地で連敗の幕軍。

六月十四日、龍馬は下関に到着し、長州藩海軍総督・谷潜蔵（高杉晋作）と面談。「櫻島丸」は、長州船乙《いっ》丑丸《ちゅうまる》」（ユニオン号）と名を改め、千屋寅之助（菅野覚兵衛）を船将に、石田英吉（伊吹周吉）ら亀山社中員と共に、高杉晋作の指揮下に入る。

高杉率いる小倉口の先頭が開始されたのは、六月十七日。亀山社中運用の「乙丑丸」は、長州藩軍艦「丙寅丸」など4隻と共に小倉藩領門司浦と田野浦を艦砲射撃、長州軍逆上陸作戦を支援する。龍馬は、「乙丑丸」に乗船し、幕府軍との海戦に参戦する。高杉晋作・村田新八らと十八日まで観戦し、溝渕広之丞と「下関海戦絵図」を作製している。

龍馬の説明は、「七月頃〈龍馬の勘違い〉、蒸気船（桜嶋といふふね）を以て薩州より長州江使者ニ行候時被頼候而、無拠長州の軍艦を引て戦争セしに、是ハ何之心配もなく誠ニ面白き事にてありし。（中略）人の拾人と死する程之無なれバ、余程手強き軍が出来る事に候」（慶応二年十二月四日付、兄権平等宛龍馬書簡）

近代的戦闘を始めて〃目の当り〃にした龍馬であったが、冷静に長州藩の戦闘ぶりを観察している。

七月三日、小倉口の長州軍は戦闘を再開。

龍馬はこれを聞くと、矢も盾もたまらず、木戸に手紙を「御別後お郡まで参り候所、下の関ハ又戦争と弟思ふに、どふぞ又やジ馬ハさしてく礼《れ》まいかと、早々道お急ぎ度、御さしその人ニ相談仕候所、随分よろしかるべしとて夜おかけて道お急ぎ申、四日朝関ニ参申候、何レ近日拝顔の時ニ残し申候。」

下関で〝やじ馬の行動〟に不明な点が多いが、七月には長崎に帰ったようだ。七月二十七日、龍馬は、木戸貫治（桂小五郎）に、長崎の第二次征長戦幕府軍の様子を伝える手紙を書いている。

八月一日には、幕府小倉口総督・小笠原長行《ながみち》（１８２２～１８９１）が、「富士山丸」で長崎へ脱出。小倉藩は城に火をかけ撤退。戦争の行方は長州側圧倒的勝利と決していた。長州藩の存亡をかけた「四境戦争」は、龍馬にとって一大事であった。

「亀山社中」の大活躍で、グラバーからの新兵器買入、軍艦の買入、薩長同盟による薩軍の出兵拒否、もし長州軍が劣勢となれば薩摩の参戦も可能であった。

幕府側は、第二次長州征伐の困難さを予想すべくであったのだ。

龍馬の下関海峡戦

慶応二年（一八六六）六月十四日、「乙丑丸（櫻島丸、ユニオン号）」が下関に入港した時、長幕の間で、既に火ぶたが切られ「防長四境」は砲煙に包まれていた。

征長先鋒総督・徳川茂承《もちつぐ》（紀州藩）の陣営は、軍を芸州広島に進め、六月七日に四国大島口の幕軍が、まず「周防大島郡」に侵入して長州守備兵と一戦を交え、続いて同十三日から芸州口、同十六日石州口から、それぞれ砲火が交えられた。又、九州小倉口では副総督小笠原長行自ら、小倉《こくら》、肥後《ひご》、久留米《くるめ》など諸藩兵を指揮して「富士山丸」「翔鶴丸」「順動丸」「回天丸」などの幕府艦船の援護の下に、一挙に海峡を横断し、下関を衝く勢いを見せた。

これに対して長州は「奇兵隊」を主力として長府の報国隊、山内家の正名団《しょうめいだん》、砲隊など必勝を期して防備に当った。山内梅三郎（1849〜1879）が「奇兵隊総督」となり諸兵総指揮。高杉晋作（1839〜1867）が「参謀と海軍総督」として「丙寅丸《へいいんまる》」「癸亥丸《きがいまる》」「丙辰丸《こうしんまる》」「庚申丸《こうしんまる》」の諸船を指揮し待機。

この時、龍馬（1836〜1867）が「乙丑丸（櫻島丸）」に乗って来援した為、高杉は満面に喜びをたたえて歓迎した。「兵を行《や》る事迅早《じんそく》、神の如し」というのが高杉の特技であった。彼は龍馬を迎えると同時に、すぐ敵の機先を制して、翌十七日を期し下関海峡突破を企てた。六月十七日、味爽《まいそう》配置完了の長州軍は、まず海軍が行動を起こし、「丙寅丸」は「癸亥丸」、「丙辰丸」両船を率いて対岸の田ノ浦に向かい、「乙丑丸（櫻島丸）」は「庚申丸」をひいて門司に向かう。「乙丑丸（櫻島丸）」には、龍馬配下の千屋《ちや》寅之助（菅野覚兵衛）が船将として、石田英吉（1839〜1901）が砲手長、その他〝亀山社中〟の志士たちが部署につき「庚申丸」と共に、門司守衛の小倉の将、渋田見新《けんしん》の陣営めがけて、砲撃を加えた。これに合わせて、長州側「壇ノ浦」隠蔽砲台からも援護して、盛んに発砲した。これを迎えて、門司の幕軍の砲台からも応射があり、轟々《ごうごう》たる砲声が、たちまち下関海峡を〝響《どよ》もし〟渡った。

「丙寅丸」の率いる長州艦隊も、小倉の将・島村志津摩《しづま》が守備する「田ノ浦砲台」を激しく攻撃し、この間に乗じて「奇兵隊」「報国隊」「正名団」の諸隊が、軽舸《けいか》（小舟）を連ねて渡海を強行し、弾丸をくぐって田ノ浦、門司、早鞆《はやとも》、楠原《くすばる》の各砲台を、一日の内に占領したのである。

しかし、高杉晋作らは、勝利におごらずに幕府軍の陣営に放火し、海岸に停泊中の船を焼いて、徐々に全軍を下関に引きあげさせた。

この〝下関海峡戦〟について、後日、龍馬は、その「信書」の中で「一、惣而咄しと実ハ相違すれ共、軍ハ

溝渕広之丞

別而然り。是紙筆ニ指上ゲ候而も、実と不被成かも不知、一度やって見たる人なれば咄しが出来る。」。（総じて話は実と相違すれど、軍は別し、然るもの也。これを筆にし差し上げても、実となされずやも知れて一度やって見たる人なれば話が出来る）と、簡単に片付けている。

又、これには、溝渕広之丞（1828～1909）と共同作図と伝う「下関戦絵図」が添えられている。この海峡戦では「丙寅丸」の活躍が最も華やかで、「乙丑丸（櫻島丸）」は、早目に戦線を退いている。しかし「櫻島丸（ユニオン号）」の参加は、長州軍の士気を高めた点では並々ならぬものがあった。龍馬もこれについて、後に人に向かって「これで少しは長州へ恩返しが出来た」と語ったそうである。馬関口（下関口）と同様に、石州、芸州、大島の各方面でも、ことごとく長州側の形勢が有利に展開し、一時両軍共に自重、休戦状態が続いた。

だが七月三日に、再び長州軍は下関口から攻撃を開始。この時の海戦はかなり激戦だったが、当日、龍馬は、小郡《おごおり》に出張して居合わせず、翌四日に下関へ、馳せつけた。その後に戦況は、長州軍優勢のうちに進み、同年八月一日には小倉が落城したのをきっかけに、その方面の統制が乱れ、「小笠原壱岐守原長行」は逃亡するなど、諸方面共、長州軍の優勢で、ついに「第二次征長戦」は、休戦するに至った。

この長幕戦で、龍馬が最も恐れていたのは、幕府が勝海舟を起用し、彼の指揮によって幕府海軍をもって下関海峡を封鎖するのではないかという事であった。

去る五月二十八日、幕府軍艦奉行に再任された勝（海舟）（1823〜1899）は、ある時、一橋慶喜に向かって「もし真実、長州征伐の必要があるなら諸侯は頼むに足らず、私に軍艦四、五隻お貸し下されば、馬関は暫時の内に乗り取って御覧に入れましょう」と言上すると、慶喜は「また、勝の大言か」と笑ったという。

龍馬の心配は、決して根拠の無いものではなかったのである。

66 龍馬は、土佐藩を効果的に活用

各藩主、藩士、脱藩士らの動きも、活発化してきた。龍馬と中岡慎太郎の〃口きき〃で、まず土佐藩士乾退助（板垣退助）、谷干城《たにたてき》が、薩摩の西郷吉之助、小松帯刀と会合、反幕運動に加わった。再度の上京を約束、同志を募るために高知へ戻ったが、前藩主山内容堂（1827〜1872）には、時勢が見えていない。挙兵討幕なんて、とんでもないという感覚だった。平和手段での時局打開を検討中で、その秘蔵っ子が、後藤象二郎（1838〜1897）だ。彼は、長崎に行き、「亀山社中」創設の坂本龍馬と会い、交際がはじまる。慶応三年（一八六七）一月のことである。しかし、はじめは、龍馬の部下は、後藤を斬ろうとした。部下には「土佐勤王党」の流れが多い。後藤は、武市半平太はじめ勤王党員を、厳しく弾圧した検察長官だったからだ。龍馬はそれを押え、彼を通じて土佐藩を動かそうとしていた。龍馬は後藤に、「大政奉還策」を吹き込む。〃薩土〃の武力討幕はダメでも、これなら容堂は動く。

事実、山内容堂は動いた。龍馬が敷いた、この路線の上を土佐藩は走った。これが後藤から容堂へ、次いで容堂が、今度は後藤を幕閣に派遣、「この手こそが、徳川を救う道ですぞ」と説かせた。「政権奉還の名は美しいが、空論です。力です」。乾（板垣）が意見するが「黙れ、汝のは暴論じゃ」と、たちまち免職。容堂は、武市の時分から少しも変わっていない。西郷と乾（板垣）の武力討幕の約束は、空中分解になってしまった。

一方、後藤は、帰藩前に、雄藩の協力を得る根廻しをした。前宇和島藩主、伊達宗城《だてむねなり》の紹介で、同年六月二十二日、後藤、福岡らは西郷や大久保、小松らと会見、坂本、中岡も陪席、「大政奉還」を説いて、賛同を求めた。「新薩土盟約」の成立である。大政奉還と公議政体の樹立を目的としており、「王政復古」は、論なし。「将軍が職について政権をとるのは、〝イカン〟。一大名となり、朝廷を輔《たす》けるべし」が、要点であった。「力で幕府をやっつけよう」は、長州と薩摩の約束である。その一方で、「平和のうちに、政権を返上させよう」という〝薩土の約束〟もある。変な気がする。しかし、口では力といっても、何しろ相手は二百五十余年の伝統の重みがある。「腐っても鯛だ」、フランスもバックにいる。兵制改革も、慶喜なりに〝ドシドシ〟進めている。そう二藩や三藩で、倒せるものではない。色々な意味で団結が必要だったのだ。

それに土佐の「大政奉還論」は、よくできていた。ところが実をいうと、この骨子は、坂本龍馬が、長崎から後藤と上京途中の船中で書きあげた「船中八策」である。

一、天下ノ政権ヲ朝廷ニ奉還セシメ、政令宜シク朝廷ヨリ出ヅベキ事。
一、上下議政局ヲ設ケ、議員ヲ置キテ万機ヲ参賛セシメ、万機宜シク公議ニ決スベキ事。
一、有材ノ公卿諸侯及ビ天下ノ人材ヲ顧問ニ備へ官爵ヲ賜ヒ、宜シク従来有名無実ノ官ヲ除クベキ事。
一、外国ノ交際広ク公議ヲ採リ、新ニ至当ノ規約ヲ立ツベキ事。
一、古来ノ律令ヲ折衷シ、新ニ無窮ノ大典ヲ撰定スベキ事。
一、海軍宜シク拡張スベキ事。

一、御親兵ヲ置キ、帝都ヲ守衛セシムベキ事。
一、金銀物貨宜シク外国ト平均ノ法ヲ設クベキ事。
以上八策ハ方今天下ノ形勢ヲ察シ、之ヲ宇内万国ニ徴スルニ、之ヲ捨テ他ニ済時ノ急務アルナシ。苟モ此数策ヲ断行セバ、皇運ヲ挽回シ、国勢ヲ拡張シ、万国ト並行スルモ、亦敢テ難シトセズ。伏テ願クハ公明正大ノ道理ニ基キ、一大英断ヲ以テ天下ト更始一新セン。

要点を現代風に直すと、
一、政権は朝廷をお返しし、政令はすべて朝廷から出す。
一、上下の議会を設け議員を置き、すべて公論に基づいて政治を行うこと
一、公卿・大名のほか世のすぐれた人材の中から顧問を選び、無駄な役所、役人は除くこと
一、外国と新たに平等な条約を結び直すこと
一、新しく国家の基本になる法律（憲法）を定めること
一、海軍を拡張すること
一、親兵を設けて都を守ること
一、金銀の比率や物の値段を外国と同じにするよう努めること。

後藤は、芸州藩の辻将曹《つじしょうそう》（維岳《いがく》）からも大政奉還の賛成をとりつけ、藩論をまとめて大坂へ、辻と西郷に会見。辻は同じだが、西郷は京都で再議したいと、様子が変わってきた。後藤の高知滞在二ヶ月の間に、武力解決派の動きが進んでいた。薩長両藩士が交互に往来し、出来たのが挙兵約束。これは、薩長連合を更に一歩進めたものだ。芸州も参加、只、この方は、幕府がどうしても政権を返上しない場合という、但し書付きだったのである。

67 大政奉還直後の龍馬

慶応三年（一八六七）十月十七日、慶喜《よしのぶ》（1837～1913）は、〃だめ押し〃を朝廷に申し入れた。「徳川支配地」とは何か、「山城国」の事か、「御所」の領地のみの事か、それとも「徳川家支配地全部」かと。朝廷の返事は、「禁裡御所領ノ儀ニ候」。慶喜の詰問に恐怖してと、されている。

おまけに十月十六日、既に「密勅」なるものが、朝廷内に〃ばれた〃。岩倉具視《ともみ》（1825～1883）も恐怖して、「左印（左大臣近衛）に〃ばれた〃らしい。どうにか、誤魔化せるだろう」と大久保に書く始末である。十七日、大久保利通、西郷吉之助、小松帯刀らの薩摩の要人は、一斉に京都を去って帰国した。これまでの歴史では、武力討幕の準備の為、となっているが、実際は〃しまった〃として、京から逃げ出したのだ。長州の軍は、薩摩との打ち合わせの通り、瀬戸内海を東に向かっているが、未だ、ニュースは何も知らない。芸州の軍も、四百人程、京に向かっているが、この藩は、武力討幕の〃意思なし〃として討幕派ではない。

十月から十一月は、慶喜の思う壺であった。しかし大久保は逃げてしまった京で、龍馬は何をしたか。十月十六日は密勅がばれた日で、朝廷は慶喜に従来通り、〃所管は御所の内部だけ〃と震え上っている時、龍馬は既に、討幕派の新官制を討論し〃文書化〃していた。文書化したのは、戸田雅楽《うた》（尾崎三良《さぶろう》）（1842～1918）という公家侍である。

龍馬（1836～1867）は、「大政奉還」の中味に決して満足していなかったという事である。一年かかって大政奉還を説きに説いて、遂にこの年、六月中旬、土佐の後藤象二郎（1838～1897）を説き伏せ、後藤を通じて四ヶ月掛けて、それを遂に土佐藩の正式な意見として、更にそれを、幕府に建白させ、十月十四日、それを実現した彼なのだが、そこで新しい制度のプランを作り始めたとは、何を意味するか。「大政奉還」

がそれだけなら、何の意味もない事。場合によっては、幕府を強化する事にもなりかねない事を、龍馬は知っていた。

現実に十月十五日以後、一ヶ月は、慶喜の立場が強化されたかに見えたのである。つまり「武力」を背景に持たないで「大政奉還」されても、又、新制度も用意出来ずに権力を受取らんとしても、出来るはずがなかった。幕府には、二百年に及ぶ〃キャリヤ〃がある。「軍事的に十分な武力」について龍馬は、この年、全力を挙げて努力した。長崎の「海援隊」が商業結社だけでなく、軍事的な役割を持たされていた事は、龍馬が長崎にいた時、土佐の佐々木高行（１８３０〜１９１０）と、如何に長崎奉行所を占領するかと、相談していることで分かる。

徳川慶喜

又、長府の三吉慎蔵に手紙を書いている。「幕と戦争致し候時ハ、御本藩御藩薩州土佐の軍艦をあつめ一組と致し、海上の戦仕候ハずバ、幕府とハとても対戦ハ出来申すまじく、御うち合も仕度候得ども」。これが、慶応三年八月十四日である。

そして九月十四日、龍馬は、新式ライフル銃千三百挺を買い込んだ。代金一万八千両である。やっと士籍に復したばかりの彼に、そんな金がある訳はないが、その内、千挺を土佐に送りつける事によって武装を要求したのである。「武力討幕」と「大政奉還」という〃二股〃を賭けたのだ。

武力討幕の準備を、彼は、それなりに行った。薩摩の大久保や長州の奇兵隊出身者と違って龍馬には、武力の背景が「海援隊」ぐらいしかないのだ。海援隊が恐れられていた事は、この年十月初に、龍馬が秘かに京に潜入してきた時、彼が海援隊士を数百人連れて来て、反乱を企てているという噂になり、幕府が色めき立ったと伝えられている事で分かる。数百の武力は、当時極めて大きかった。芸州が十月中旬以後、入京させた兵が四百数十名だが、それでも幕府は機構全体として驚いた位である。だが悲しいかな、芸州の四百数十名の後には、芸州全体が控えている。龍馬の場合、「海援隊」が突出しても、それっきりである。

一度、不可能な事を〃姉乙女宛て〃に手紙で、〃ほら〃を吹くように語った。「私一人ニて五百人や七百人の人お引て、天下の御為するより廿四万石を引て、天下国家の御為致すが甚よろしく」（六月二十四日付）と。龍馬は大政奉還によって、いかに自分がその為暗殺されようとも、自分が確立した変革の歴史的論理原則を貫いた。そして完成を具体的に、十月十六日、十一月中旬とも考えていた。そこで暗殺されてしまったのである。

彼は、直ぐに底が割れて京から逃げ出さなければならぬ「密勅」といった方法はとらなかった。

大久保利通（一蔵）は、近代国家の基礎を築くことが出来た。しかし国家の原理を立て、現実化したのは坂本龍馬なのである。

68 龍馬暗殺諸説を検討する、①見廻組説、②薩摩藩説、③井口家文書、及び血染めの屏風が語る説

龍馬暗殺に関する疑問は、何しろ多くある。検討して見る事にする。

一「見廻組説への疑問」

龍馬を斬ったのは、幕府見廻組の隊長・佐々木只三郎《たださぶろう》以下七名というのが定説である。それは明治三年（一八七〇）の刑部省口書という一級資料があり、これには、元見廻組隊士で唯一の生き残り、今井信郎《のぶお》という人物が、自分を含めて七名の者が、龍馬を討ち留めたと、申し述べているからである。しかし、この口書には、幾多の疑点がありとされながら、新選組説に代わって「見廻組説が定説」となった。大体、かかる供述書の閲覧公開は、堅く禁止されていたが、大正五年（一九一六）十一月、維新史料編纂官、岩崎英重氏の講演記録の中で、始めて公表されたものである。

この間、明治三十三年（一九〇〇）夏、今井信郎の回顧談が発表されたが、これを見た土佐出身の有名な谷《たに》干城《かんじょう》将軍が、「今井は売名の徒である」と、痛烈な反論をしている。〃デタラメ〃が多い事を、物語る。今井は明治二年、函館五稜郭《ごりょうかく》から戦犯として、東京の伝馬町の獄舎に送られたが、西郷吉之助等に助けられ、明

治五年（一八七二）の大赦により自由の身となったが、「龍馬殺し」については、何のお咎めもなかった。今井の口書の初めには、「私儀、同僚ノ者ハ姓名モ一々不存候程ニ有之処」と述べた後で直ぐ、「私並ニ見廻組渡辺吉太郎、高橋安次郎、桂隼之助、土肥仲蔵、櫻井大三郎、六人罷越候処、只三郎申聞候ニハ、土州坂本龍馬不審之筋有之……」

西尾秋風氏は、この矛盾に気付き、この事から、この口書そのものが、新政府の或る配慮のもとに作られ、この六人の姓名は、今井自らの供述ではなく、何処からか持ちこまれたと推定するに至ったのである。

京都市伏見区に「御香宮《ごこうのみや》」というお宮がある。こゝでは明治元年（一八六八）正月の「鳥羽・伏見の戦い」には、薩軍の陣地となった処だが、元来徳川家ゆかりの神社である。西尾氏は「戊辰東軍戦死者霊名簿」なるものが保存されていると知り訪問したが、御神体に準ずるものとして拝観禁止、代わりに「ペン書の写し」を拝見。今井を除く、六人の刺客の生死の確認するを得た。この霊名簿には「鳥羽・伏見の戦い」での幕軍二百八十三人の氏名が記載され、中で見廻組の項には隊長佐々木只三郎以下三十七名が列記され、その中で今井を除く六人の共犯者の名が〝ズラリ〟と並んでいた。見廻組は、全部で二百人程で、中、三十七名が霊名簿に載っており、今井の共犯者は全員が戦死している事は、単なる偶然か、それとも既に死んだ者ばかりの氏名をあげたと見るかが、重大な岐路である。この霊名簿は、榎本武揚《たけあき》の尽力で旧幕臣や遺族が調査に協力し、明治から大正年間にかけて、幾人もの目を通して作成された正確無比のものなのであるのに、高橋安太郎のみが正しく、他は全部誤字で、その上に渡辺は、別述の渡辺篤と取り違えられた人物であった。西尾氏は、更に三人程の墓を確認された。

二、「薩摩藩説」

昭和二十七年（一九五二）千代田書院発行の『維新正観』という書物に、次のような記載がある「前略、この日、龍馬暗殺の報を聞き、土州人中島信行《のぶゆき》は現場に駆けつけ、旅館の女中に向かい、その折の様子をたずねた。女中は、秘かに「暗殺人は逃げて行く際に、二、三度私語したが、確かに鹿児島弁の音調があった」と、答えていたといわれる」、と。

著者の蜷川新《になかわあらた》博士は、国際法の権威者で、その父、蜷川相模守は、徳川家茂《いえもち》の小姓頭であった由である。博士は、この事実は維新史料編纂係の植村澄三郎氏が、史料と見聞による調査の上で、一日私に秘かに話された事である述べている。更に言葉を続けて「坂本は公儀政治の主唱者であり、自己栄達本位の薩摩人と異なり、大局に立って、日本民族の未来を憂うる至人であった。その為、慶喜が自ら政権を放棄するや、その誠忠に深く感動し〝偉大なる哉将軍我その馬前に忠死するに躊躇せず〟と賞揚し、新政府の内大臣にすべしと公言した」と、伝えられている。「薩摩人がその豹変を憤り、坂本を憎悪したのは、権略のみを重んずる薩人としては当然の事であろう。坂本はその為に暗殺されたのである」と、断定している。

更に、薩摩説のもう一つの根拠は、刺客が発した「コナクソ」という掛け声である。この「コナクソ」は、高知をはじめ四国全体の方言である。最近、鹿児島出身の友人から、当地でもこの方言があると聞き、西尾氏は、M放送の記者に現地まで飛んでもらい、鹿児島大学国語学教室のT助教授に意見を聞いたところ、「コナクソ」は無いが、その代わり「コンクソメ」とか「コゲナクソ」とかを使う由、中岡の〝聞き違え〟とも考えられる。

また龍馬は、幕府側の要職にある勝海舟や、若年寄永井玄蕃《げんば》（尚志《なおゆき》）、大目付松平信敏、更に大久保一翁ら開明派の幕臣とも親交があり、薩長派から幕府側と通じていると思われる可能性も、十分に持っていた。

大阪市在住の万代修氏が、昭和五十五年（一九八〇）、「名古屋市蓬左《ほうさ》文庫」で発見した資料には、尾張藩は、御三家とはいえ比較的勤王派に親しく、また京都藩邸は陸援隊本部とさし向かい、常々接触があったと思われる。発見した資料は、『尾張藩雑記』で、龍馬を襲ったのは九人グループで、その中三人は、龍馬の土佐藩と佐土原藩（薩摩藩の支藩）の者が関係していると報告されている。また、或る史料編纂所の非公開資料には、刺客は土州人説となっていて、「鳥取藩記録」は、現代でも（当時）公開禁止となっている。

三、「井口家文書、及び血染めの屏風が語る説」

昭和五十四年（一九七九）、京都府向日市の井口新助宅から、龍馬暗殺を伝える生々しい史料が発見された。井口氏は近江屋の子孫で、その史料とは、二代新助父子が明治三十三年（一九〇〇）発行の『近畿評論』に、龍馬暗殺事件に関する記事が『今井信郎氏実歴談』として発見された折、それが余りにも実際と合致しないため黙止し難く、これを弁証する為に書かれた草稿で、未発表のままでいたもの。新助は、重傷の龍馬が「新助、医者を呼べ！」と絶叫したまま、「こと切れた」と言う近江屋の主人で、第一番に現場に駆けつけている。〃今井の言〃、従ってこれまでの通説とは異なっていて、下僕の藤吉についても、最初に階段の所で背後から斬られた事になっているが、事実は、勇敢に刺客に組ついている事が明るくなり、霊山墓所の藤吉碑には「闘死」と刻まれているのが、これの証明である。更に龍馬は、とどめに喉を二刺《ふたさし》刺れており、それを裏付ける「血染めの屏風」が、間もなく発見された。これは〃マギレ〃もなく、遭難時のもので、井口家から「京都国立博物館」に寄附され、転々として美術部にあったため久しく不明であった。その屏風の左下部に貼ってあった作者不明の〃猫と牡丹の絵〃を中心に、「血痕」は、高さ三十センチ、幅六十センチに、集中的に五十三点も飛び散り、保存状態が良かったためか、現在も血痕は「赤み」を帯びており、暗殺のすさまじさを語っている。倒れた龍馬が、とどめに刺された際の血と考えるより他無く、若し位置が少しでもはずれていたら、こうした貴重な資料も残っては居なかったのだ。なお、同じく著名な血染めの掛軸（淡海槐堂《おうみかいどう》筆）の事は、別に書いた。

また、後述の、今一人の下手人として名乗る渡辺篤の『履暦書摘書』の記述とも一致するが、当夜の近江屋二階には、小僧三人がいた事も判明した。二人は素早く逃れたが、一人は怯えて、うずくまっていたらしい。近江屋新助（1837～1910）は最後に、「是レヲ以テ察スルニ、或ル人ガ、殺害者ニテ其人ヨリ聞タル事位ナルモノト察ス」と述べ、『今井信郎氏実歴談』の誤りを指摘して「其当時ノ実地ト評論ノ実歴談トハ大イニ相違アルハ、其人ニアラザル証ナリ」と結び、「今井信郎説」を否定している。書類は、新助の長男新之助の筆で、「近江屋新助コト今は井口新助より聞きたるもの」と、なっている。

69 龍馬暗殺、アラカルト――「新選組説」「見廻組説」「薩摩人説」「黒幕朝廷説」「薩摩・見廻組説」「紀州藩黒幕説」「土佐藩黒幕説」

一、**「新選組説」**……中岡慎太郎の証言の他に、「近江屋」二階の現場には、いくつかの物的証拠が残っていた。これらが実行犯、新選組を示していた。

証拠①　「コナクソ」刺客が龍馬に斬りつけた時、「コナクソ」と叫んだ。これは、四国伊予の方言で「この野郎」という意味。そのため刺客は、伊予の人であるとされ、新選組の十番隊長の原田左之助が伊予松山の出であり、始めは原田とされた。（P192、P217参照）。

証拠②　菊屋峰吉（1851～1916）も見た、土間に残された一足の下駄。これには、先斗町《ぽんとちょう》「瓢亭《ひょうてい》」

の焼印が入っていたといわれている。峰吉が先斗町瓢亭に聞いたところ、この事件前夜、新選組と名乗る武士に下駄を貸したという。

証拠③　蝋鞘《ろざや》、現場に一本の鞘が残っていた。高台寺党の伊東甲子太郎（1835～1867）に、これを検証させた結果、紛れもなく、原田のものだと証言した。伊東は元新選組の参謀で、離隊した大幹部である。また、土佐の毛利恭助（吉盛《よしもり》）（1834～1877）と薩摩の中村半次郎（桐野利秋）（1838～1877）が、高台寺党を訪ねた時に、「原田のものだ」と言っていると、谷干城《たてき》（かんじょう）（1837～1911）が書き残している。

以上の三つの証拠から、犯人は原田左之助との〝噂〟が広まった。会津守護職の配下で、大政奉還には反対派で、京都では当然、犯行は〝新選組〟と認識されたのだ。西尾氏たちの努力で、『鳥取藩慶応丁卯筆記』の発見があり、遺留品の下駄は、祇園二軒茶屋「中村屋」と、下河原の「鱠々堂《かいかいどう》」との記載があり、実行犯も土佐、佐土原藩のメンバーが浮かび上がっているが、当時は、伊東甲子太郎の証言で新選組と思われ、土佐の谷干城はこれを堅く信じ込み、今井信郎の自白も否定し続けた。

二、**「見廻組説」**……「近江屋事件」は、思わぬところで急展開をとげた。戊辰戦争の後に、「見廻組」の今井信郎《のぶお》（1841～1918）が自首。箱館戦争の戦犯である、衝鋒隊副隊長の彼は、遊撃隊頭取として京都へ上洛後、見廻組に参加、戊辰戦争では箱館迄戦い抜いた。彼は東京兵部省で自供した。「十一月の中頃、佐々木只三郎、渡辺吉太郎、高橋安次郎、桂隼之助、土肥仲蔵、櫻井大三郎の七人で捕縛に行った。今度は取り逃がさないよう、手にあまれば討ち取ってもさしつかえがないと、佐々木、渡辺、高橋、桂の四名が二階に踏み込み、土肥、桜井、今井は見張り役だと証言した。

今井の家伝、妻の口伝では、今井本人が斬ったと書いてある。また、後年、見廻組の渡辺篤が、自分が実行犯だと遺言した。今井の証言では、六畳間に書生が三人いて、奥の間に龍馬と中岡が居たと。渡辺は、奥の間に斬り込んだ時、十三、四才の給仕が一人机の下に頭を突っ込んでいたが、そのまま見逃したと。今井の自供により見廻組が通説となったが、少し不思議な事がある。今井の罪は軽く、西郷吉之助（隆盛）の指示で解放されており、今井は、「西南の役」で西郷を助けるために従軍したと言っている。西郷をひどく信奉しているのだ。

三、「薩摩人説」……海援隊士中島信行が、事件当夜到着した時、女中に話を聞いたところ、刺客が引き揚げて行く時に私語を交わした。それが〝薩摩訛り〟だったという。これと、遺留品を併せて考えると、高台寺党の富山弥兵衛（１８４３～１８６８）である。薩のスパイとして新選組に入り、伍長になり、高台寺党に当時いた人物だ。もう一人、中村半次郎（桐野利秋）（１８３８～１８７７）、「人斬り半次郎」である。

四、「黒幕朝廷説」……元勲《げんくん》岩倉具視《ともみ》（１８２５～１８８３）が浮かんでくる。「大政奉還」勅許を下した岩倉には、大久保と西郷の二人の〝サポーター〟がいた。自分が権力を握る為には、龍馬は邪魔者だ。狡猾といわれた、この男は、「孝明帝毒殺犯」とも噂された男である。

五、「薩摩・見廻組説」……薩摩藩は、目の前の討幕のために長州と手を組んだが、自藩が上位でありたい。両藩共に、朝廷から「討幕の密勅」をもらっている。「非武力討幕」の龍馬とは、少し〝ズレ〟が起こってきていた。薩摩藩が、刺客を単独で送ったとも、岩倉からの指令で動いたとも考えられるのだ。西郷と大久保ラインが、「見廻組」に〃それとなく情報〃を流す。伊東甲子太郎が、「近江屋」に出掛けて龍馬と中岡に危険だと注意したとの話は、どうも本当らしいが、当時、〃薩摩の犬〃と言われた高台寺党の党首が、何故、近江屋に出掛けているのか？

六、「紀州藩黒幕説」……「天満屋事件」という大事件がある。この時、新選組隊士の宮川信吉《のぶきち》（近藤勇の甥）（１８４３～１８６８）が戦死した。慶応三年（一八六七）十二月七日の夜である。紀州藩家老・三浦休太郎（安《やすし》）（１８２９～１９１０）と藩士が、旅宿天満屋で宴席中、海援隊・陸奥陽之助（宗光）を隊長として海援隊士・陸援隊士らが斬り込んだ。これを予想して、新選組の斉藤一他が〃ガードマン〃として控えていた。トップ役の十津川郷士・中井庄五郎（１８４７～１８６８）が、斉藤に斬られて討死し、新選組の「三浦、討ち果たしたり」の大声で、全員引き揚げたのだった。紀州の龍馬への恨みは、「いろは丸沈没事件」、七万両の賠償金の交渉により、龍馬に負けた恨みであった。

七、「土佐藩黒幕説」……黒幕は岩倉ではなく、薩摩でも紀州でもなく、実は土佐の可能性もある。事件直前に登場する人物と、直後に登場する人物である。一人は土佐藩下目付〃岡本健三郎〃（１８４２～１８８５）。いったいどんな用事で、龍馬を訪ねてきたのか、〃軍鶏を一緒に食べよう〃と言われて断って、峰吉と共に外に出て難を逃れている。もし、土佐藩が黒幕とすれば、二人が近江屋にいる事を確認にきたのか、疑う人物では無いのだが。もう一人峰吉が、軍鶏を買い帰ってきた時、戸口に立っていた、土佐藩下横目の〃島田庄作〃もおかしい。「龍馬がやられた、賊はまだ二階にいる。下りてきたらここで斬るつもりだ」。これはおかしい。島田は、身分が低くて元足軽。少年の峰吉に先に上らせて、自分が疑われない様にするために峰吉と同時に、第一発見者になったとも。また、峰吉を陸援隊詰所の連絡させた〝誰かも〟、土佐藩関係のはずだから、その間に「名札」などの証拠物件を処理し、その替わりに新選組らしい証拠を残したのではないか。

■筆者も、長年この問題を眺めてきたが、各説から絞り込んでみると。
①自白者の今井信郎と西郷吉之助（隆盛）との不可解な関係。
②渡辺篤と海江田信義との不可解な関係。
③伊東甲子太郎が、近江屋に三日前に行き二人に会い、「危険である」と忠告したこと。
④「油小路事件」で龍馬暗殺の三日後に、伊東甲子太郎も命を落としたこと。
⑤渡辺篤だけが近江屋からの帰路、河原町から四条に出て、千本を下立売から智恵光院を北へ、「松林院」へ帰ったルートを語っていること。
⑥現場に鞘を忘れたのは、見廻組〝世良敏郎〟であり、渡辺篤は、この世良を肩にして、抜身の刀身を袴の中に縦に入れ、呼吸も乱れ歩くのも出来ない世良と二人で帰ったと、語っていること。
⑦見廻組は、龍馬の在宅を密偵〝増次郎〟という人物を使って、確認したこと。
等から〝薩摩藩黒幕・見廻組実行説〟に辿り着くのである。

70 龍馬の刺客を追って—近江屋の二階に長廊下があった

龍馬の暗殺事件を、一生涯にわたって追求研究した、西尾秋風氏の新しい発見に、近江屋の二階に長廊下があったということがある。

昭和五十八年（一九八三）六月二十三日、「週刊K」の記事を読んでみると、新事実が浮きあがってきた。

西尾秋風氏の「遭難現場の新証言」。

時、昭和五十八年六月九日、朝まだき、明治、大正、昭和の激動期に生きぬいた京女が一人、その九十二年の人生を閉じた。その人の名は「佐々浪ナミ」、京都でも当時、七十有余年を誇る名薬局「佐々浪ファーマシー」（明治三十九年創業）の御隠居様である。

西尾氏は、その三年前に、河原町の本宅で、この方から新しい事実を耳にした。

『竜月誌』（昭和五十五年六月号）に、伏見寺田屋の主人、十四代目伊助氏（自称）の「佐々浪家訪問記」が掲載されているが、その中でナミ夫人が、次の様な秘話を語っておられる。「私は十九才で現在の佐々浪家に嫁しましたが、それまで幼い時は、〃龍馬先生の暗殺された家〃で育ちましたので、その部屋も覚えています。私の実家は、私の祖母の時代に、近江屋から買い取りましたのです。近江屋は大きな屋敷でして、奥深く、長い廊下があちこちにあり、広い庭と奥に倉が二つありました。その裏が、墓地でした。龍馬の〃隠れ家〃として、始めは奥の倉が用意され、そこから危急の時は、裏の墓地へ逃げられるように、梯子も用意されていた」とか、「龍馬先生の暗殺された二階は、長い廊下のつきあたりで、洗濯物を干す時は、その部屋を通らないと〃物干場〃へ出られませんでした。又、板つきの「床の間」で違い棚があり、二階に上る階段は、引き出しの付いた階段でした。祖母〃たみ〃は、仏壇に龍馬先生の位牌を飾りまして、よくお勤めをしていました」。

この秘話は、龍馬の遭難場所「近江屋」の屋内構造を語った貴重な証言である。（近江屋五代目井口新助氏に質問したが、当屋敷の見取図は不明との事）。

昭和五十五年（一九八〇）九月二十三日、京都の実業家であり、龍馬研究家としても有名な、川本直水先生に同道して佐々浪家を訪問し、「近江屋の二階に長い廊下があった」との話に対し、筆者自身（西尾秋風氏）で其の事実を確認したかった。そこで『坂本龍馬関係文書』に記載された「近江屋二階見取図」のコピーをさし示し、ナミ夫人の目前で朱筆を入れ、同夫人の承認を得たのである。二階に長い廊下が有るのと無いでは、襲撃状況が〝がらり〟と変わる。定説から行くと、刺客は襖を三回開けぬと、龍馬の部屋へ到達出来ない。ところが、新証言に基づけば、刺客は階段を昇りきるなり、真っしぐらに奥八畳に殺到したと推定できる。（龍馬が、ここに在る事を事前察知）。

龍馬は、その只ならぬ足音に、自ら行灯《あんどん》を引っ提げ、襖を開けて廊下を照らそうとした一瞬、〝頭上目掛け、一刀斬り下げられた〟のである。（『井口新助・新之助遺稿』）。

また、関係文書に出てくる、屏風は、三つ折であるが、京都国立博物館にある「龍馬血染の貼交屏風」は、なんと二つ折だった。これも西尾氏が発見された〝新発見〟である。

犯人は、階段を上がり、一気に踏み込んだのではあるまいか。

71 幕末最大の謎、龍馬暗殺は何時から謎に

西尾秋風（本名西尾十四男）（１９２２〜２００３）氏は京都の人で、昭和五十年代から狂ったように龍馬

暗殺事件に生涯をかけた。また、大阪の人で万代修（1944～?）氏、この方も地味にコツコツと龍馬暗殺を追求した。この二人の功績は大きい。現在でこそ「幕末史上最大の謎」といわれる、異常なまでの関心を集めているこの事件が、これ程話題に上るようになったのは、近年のことだ。

事件当時、刺客は〝新選組〟と目された。しかし明治三年（一八七〇）、旧見廻組隊士・今井信郎《のぶお》（1841～1918）が刑部省に於て、龍馬暗殺を自白。真犯人は、佐々木只三郎以下数名の見廻組隊士であることが明らかにされた。

龍馬研究の古典、『海援隊始末記』（平尾道雄　大道書房　1941）でも、刺客は見廻組とし、事件を「謎」として捉えていない。ところが薩長嫌いで有名な蜷川新《にながわあらた》（1873～1959）が、「当日、坂本の暗殺されたるを聞き、直ちに現場に駆けつけたる土佐の中島信行は、其事件を窺える宿寓の一女中の言う所を訊《ただ》せるに、逃げ行く暗殺人、二、三の私語を其女中、聞ける所に依れば、その音調は関東弁にあらずして九州弁なりしとの事を中島信行に談《かた》ったことである」などと、述べたことから「薩摩陰謀説」が生れた。この説は、昭和三十年（一九五五）『六人の暗殺者』（日活）のタイトルで映画化され、更に広く世間に知られた。ところが、である。蜷川が「直ちに現場に駆けつけた」という海援隊士中島信行（1846～1899）は、事件の現場にはいないのである。実は当時、中島は長州で仕事をしていたのであった。蜷川も、この話を「実業家の某老人より聞いた」とするだけで、確かな資料がある訳では無い。

昭和四十四年（一九六九）には、作家三好徹氏が推理小説『龍馬暗殺異聞』（文藝春秋）を発表し、後藤象二郎（1838～1897）を事件の黒幕とした。無論これは氏の一流の「フィクション」であることは言うまでもない。

西尾秋風氏は、昭和五十四年（一九七九）九月、京都府向日市に近江屋の御子孫である井口家が健在であることを知り、足繁く井口家を訪問し、色々と新資料を発見された。また、お龍（1841〜1906）の子孫である西村兵造氏から、今迄厳秘とされていた〃お龍の秘話〃を聞き出された。京都市下京区に住む西村兵造氏は、お龍（西村ツル）の第二の夫（西村松兵衛）の兄兵蔵の直系で、その祖母ふさ（明治五年生まれ）は、兵蔵の二女で、お龍の養女となっていたという。

万代修氏は、「名古屋蓬左文庫」所蔵『雑記』と、「東京大学史料編纂所」所蔵『大日本維新史料稿本』の二資料で、中村屋と膾々堂《かいかいどう》両料理店の焼印入りの下駄を発見。「勤王派刺客説」が再浮上した。

72 京都の夜は真っ暗。闇の訪れと共に犯人も

江戸時代幕末の夜は、行灯《あんどん》、ロウソク。行灯の方は、灯火用の魚油で火を燃やすのが、一般的。石油は、『日本書紀』の天智天皇紀（六六〇）に、越の国（新潟）から、〃燃水〃が献納されたとある。随分古くから使っていたのだ。油水といった一般の魚油は、フカ、カマス、イワシ、クジラなど、だいたい、灯火用油は、とても高いものだった。米の三倍から四倍で、時々「売り止め」するので値上がりし、騒動を起こしかけたらしい。

「吉原」の様な夜の世界。繁盛な場所でも安物の女郎屋でも、魚油を使っているから、真黒な煙が〃どんどん〃上がっている。「やみの夜に吉原ばかり月夜かな」というと、美しい風情だが、魚油の灯りの黒煙〃モウモウ〃であったのだ。〃ロウソク〃が寺院の様な限られたところで使われたのは、高価であった為で、吉原もロウソクが無い訳ではないが、京も大坂も真っ暗であった。京の島原の角屋《すみや》の二階の広さ十七畳の高級座敷「青貝の間」を観ると、真黒な感じが、今でも残っている。

龍馬暗殺の時、襖を開き行灯をかざした瞬間に、頭上に一太刀目が舞いおりた。闇が訪れる時間に、犯人は「近江屋」にやってきたのだ。

73 板倉槐《かい》堂《どう》が出会った、脱藩浪士の謎

慶応三年（一八六七）十一月十五日夜、近江屋の潜り戸を抜けた板倉重涂《しげみち》（淡海槐堂《おうみかいどう》）（1823〜1879）は、外の寒さに思わず身震いし、河原町通りを南へ下った。ものの十歩も行かないところで、突然、後ろから声を掛けられた。「板倉先生ではありませんか」「や、○○君か」。声の主は、脱藩浪士の某であった。「近江屋から出て来られたようですが、坂本先生は御在宅でしたか」「うん、それから中岡君が来ておったよ」「他に誰方か?」「どうして?」「いや、いいんです。失礼しました。お気をつけてお帰り下さい」。某は、そそくさと夜の暗に消えた。「妙な奴だ」と呟《つぶや》き乍ら、槐堂は、しかし、それほど気にもとめずに、本町通五条下ルの自宅（薬種商桶屋）へ急いだ。その時、既に五つ（午後八時）を過ぎていた。

板倉槐堂（淡海槐堂）

槐堂が龍馬の横死を聞いたのは、翌日の午後であった。「まさか彼《き》奴《やつ》が?」と一瞬、昨夜出会った某の顔が浮んだ。だが槐堂は、自らを強く否定するように頭をふった。その時、自分自身が、床の間の掛軸を掛け、嬉しそうに眺めていた龍馬の横顔が、槐堂の脳裡に鮮やかによみがえり、思わず落涙《らくるい》した。

この板倉槐堂は、あの暗殺を眺めていた血染めの掛軸の提供者で作者である。あの掛軸に画かれている「白梅と寒椿の絵」は、書画に秀でた文人志士板倉重涂（槐堂）の真筆である。龍馬の事件夜に槐堂は、龍馬をその寓居、河原町蛸薬師の近江屋に訪ね、一幅の自画の梅軸を贈った。梅は龍馬の好んだ花である。龍馬は大層喜んで、之を床の間に掛けて眺めた。槐堂がその場を辞して間もなく刺客の乱入となったのだ。そして槐堂の贈った軸に数滴の血がとび、血痕を残した。これは長い間、井口家のものとされ、京都国立博物館に寄贈され保管されていた。

西尾秋風氏が偶然にその後、ご子孫の方に会われ、その家伝書を調べられたところ、以上の事実が浮き上がったのである。

板倉槐堂は、薬種商として富を得て、その財力によって尊攘派志士たちを援助した。醍醐家に侍大夫として仕え、その功績が認められ、板倉姓を賜り、筑前守に任ぜられる。あわせて従六位を叙された。勤王の志に篤く、脱藩浪士の為に、東山大仏に私費で「並修館」という文武道場を開き、勤王志士の大サポーターであったという。龍馬の恋人お龍やその家族も、三十三間堂南門付近に一時期、暮らしたので、龍馬も、槐堂とその辺りから関係が生れたのだ。

あの夜、槐堂が出会った人物は誰か？

74 龍馬暗殺の時の、あの〝名札〟は無かった。槐堂の不思議

近江屋の龍馬暗殺劇は、必ず犯人の名札から始まる。暗殺団の一刺客が差し出した名札、十津川郷士とか松

代藩士が問題になったり、又、とある歴史研究家は、龍馬が、その名札を行灯の明かりに照らして氏名を確認した、その一瞬、桂隼之助（早之助）（１８４１～１８６８）の小太刀が、彼の頭部を。そして血潮が、屏風に飛び散ったと。

研究家の西尾氏と万代氏が、近江屋事件の遺留品を詳しく検討されているが、この名札は何処へ行ったのか。西尾氏の研究資料の中にこんな記事を発見した。

「ところで、私は最近、近江屋新助の本家が、滋賀県草津に在ることを突き止め、維新後も度々、この本家へ新助翁が帰り、従兄弟の利八翁に洩らしていた秘話を、本家の老婦人から拝聴し得たのである。

あの夜、一人の侍が来訪「龍馬、居るか」と親しげに声をかけた。日頃から戒められている家人が、〃そんなお人は居まへん〃と言いながら〃チラッ〃と二階に目をやった。この一瞬〃居るな〃と叫んだ剣客は、一気に階段を掛け上った……」との事。「名札」は、元々無かったのだ。

毎年十一月十五日の龍馬の命日は、東山の霊山《りょうぜん》墓地は、龍馬愛好者で超満員となる。最近は、外国の人も見かけるようになった。昨年「お龍」の格好をした外国の女性一人に会い、驚いた。この墓参道入口の左手に「淡海槐堂先生旌褒碑《おうみかいどうせんせいせいほうひ》」と刻んだ石碑が建っている。わずか五十メートルの間を隔てて「龍馬の墓」。この両者の間には「暗殺事件」をめぐって、深い因縁がある事が最近分かったのである。淡海槐堂（１８２３～１８７９）、不思議な名前であるが、この人は暗殺現場にあった「血染掛軸」の作者である。あの掛軸の「白梅と寒椿」の絵は、文人志士・板倉筑前守重涂《しげみち》（淡海槐堂）の筆である。

京都女子大学の〃江馬務《えまつとむ》先生〃（１８８４～１９７９）は、このご子孫に当り、その研究の中で次の記述を発見された。「槐堂と龍馬は、常に親交していた様子で、龍馬の横死した夜も、槐堂は、龍馬をその河原町の寓居（近江屋）に尋ね、深夜まで時事を談じたが、この夜槐堂は、龍馬へ一幅の自画の梅軸を贈り、龍馬は喜んで之を床の間に掛けて鑑賞した」。槐堂がそこを辞して間もなく、刺客が乱入したことになる。

「槐堂」は、天誅組の吉村寅太郎（虎太郎）（１８３７〜１８６３）や、長州落ちの七卿らに武器金品を贈ったり、脱藩浪士を援助している。

事件当時、何故か槐堂は、この暗殺前の訪問の件を秘している。ひょっとすると真犯人を知っていたのでは？

75 龍馬の暗殺と遺留品、先斗町瓢亭の下駄ではなかった？

大阪に、大変地味な知られざる研究家がおられた。平成十六年（二〇〇四）ＮＨＫ大河ドラマ「新選組！」の始まる頃から音信不通となった。当時の人物往来社の大出さんに、福島白河で先年お会いした時にも「万代さんのご住所をご存知ありませんか？」と聞かれた。見廻組の研究者で、西尾秋風さんとお二人で、コツコツと「龍馬暗殺事件」を調べておられた。この方の記事から書いてみる事にする。

犯行現場に残された遺留品が、殺人捜査の過程で重要な手がかりとなるのは、今も昔も変わりがない。激変流動をとげる幕末動乱期、不穏な世相を反映して暗殺が多発した。一世紀以上経た今日でさえ、真犯人不明のまま放置された、いわゆる〝未解決事件〟が少なくない。その代表的なものの一つに、慶応三年十一月十五日夜、京都の中心街、河原町蛸薬師下ルで起こった「近江屋事件」がある。この事件で刺客の凶刃に散った者は、土佐藩の坂本龍馬、中岡慎太郎、それに下僕の藤吉の三名、犯行現場は、近江屋新助方の二階であった。

事件の翌日早朝、近江屋に到着した芸州藩士・林謙三（安保清康《あぼきよやす》）（１８４３〜１９０９）の証言によると、龍馬らが倒れた二階は、一面血の海であったという。鮮血にまみれた現場には、刺客たちの物と思われる、数点の遺留品が残されていた。蝋色《ろいろ》の刀の鞘一本と、先斗町瓢亭の貸下駄一足である。近江屋事件の犯人像として、最も多く記録上に書き留められているのは、〃新選組と京都見廻組〃である。犯行現場に残されてあったという前述の遺留品と、かみ合わせた記述は一見説得力があり、これが現在、通説となっている。

だがこゝに、前記の両説に異議を唱え、また巷間に伝えられる遺留品と若干異なる、次の様な新説が出現した。

「卯慶応三年十一月十七日夜、河原町土佐屋敷、近江屋新助方ニ止宿、罷在候、土州藩中ニ而浪士隊長、諸事何事モ承知名士由、齋（才）谷梅太郎、右方江何者共不分九人斗帯刀人這入、梅太郎及切害、其節残留居候品、刀身（鞘）壱本、下駄弐足、右下駄焼印有之、一足ハ二軒茶屋中村屋印、一足ハ下河原膾々堂《かいかいどう》印有之、段々承様候処、祇園町南側永楽屋方へ遊興ニ罷越候者三人之内、一人ハ土佐藩之由申立、二人ハ佐土原藩之由申立居候由ニ候へ共、全ハ当時白川ニ旅宿罷在候坂本龍馬ノ徒党ノ者ノ良相聞候へ共、聢《しか》ト佐（左）様へ未相分、猶探索之上、巨細可申上候、以上、十一月廿日（名古屋市遭左文庫所蔵「雑記、慶応三年ノ四」。）

この記録を初見の折、通説とあまり食い違う内容に、当初奇異と疑問を感じた。しかし最近、類似する次なる記録が見出されるに及んだ。さてこの記録とは何であろうか？

以上の文を検証して見ると、鞘壱本は同じ、下駄弐足が違う、一足は二軒茶屋と下河原膾々堂である。また色々聞いてみると、祇園町南側の永楽屋へ遊びにきていた、三人の内の一人。この人は土佐藩の人、二人は、佐土原藩の人とのことらしいと書かれている。となると犯人は、見廻組では無いのだ。ここに、この事件の不可解で、幅広い犯人像が浮かんでくるのである。

注意、佐土原藩とは薩摩の分藩である。となると、犯人は土佐一人と薩摩藩士二人という事になる。

76 龍馬暗殺は、伊東甲子太郎が臭い。近江屋訪問と油小路の変の謎

慶応三年（一八六七）十月十三日、龍馬（１８３６〜１８６７）が「酢屋」から「近江屋」に寓居を変えて移った。「龍馬暗殺の近江屋事件」十一月十五日の数日前に、伊東甲子太郎《いとうかしたろう》（１８３５〜１８６７）が藤堂平助（１８４４〜１８６７）と共に、何故か龍馬の所へ訪れたという説がある。又、十一月十八日、伊東は「油小路の変」で消された。

筆者は京都に「新選組記念館」を平成四年（一九九二）六月五日、池田屋事件記念日に開館し、宇治から毎日、京都駅、不動堂屯所跡、木津屋橋油小路、油小路七条と、事件現場を二十有余年毎日歩き、この関連性に気が付いた。

伊東甲子太郎

さて「油小路の変」、慶応三年十一月十八日に「伊東甲子太郎の暗殺」から始まる大事件である。伊東とは常陸志筑藩《しづくはん》の浪士鈴木大蔵。脱藩して水戸に出て水戸学を学び、江戸に出て〃北辰一刀流〃の達人伊東精一（伊東誠一郎とも）に入門の後、見込まれて養子となり、伊東大蔵と称した。そして元治元年（一八六四）甲子の年十月に上洛、「伊東甲子太郎」として新選組に加盟した。剣、学、歌共に優れ「新選組参謀」として人望を集めた勤王派の伊東だが、佐幕派の近藤勇、土方歳三と意見が合わ

ず分離した。一説には、薩摩との話し合いで、新選組の分裂を目的で入ったのだとも言われ、当初から薩摩と関係していたらしいのである。孝明帝が崩御され、孝明帝御陵を守る「御陵衛士《ごりょうえじ》」という名目の下に、近藤と話し合い、〃脱隊ではなく分離〃とし盟約を結んだ。お互いに情報交換を行うと、屯所は東山高台寺塔頭月真院に設け「高台寺党」と名乗った。薩摩の援助があった〃亀山社中〃の様に、薩摩から財政援助がされていた。

この伊東と藤堂が、三日前の十一月十三日「近江屋」を訪れ、龍馬と中岡に会い「新選組や見廻組にマークされているので注意されよ。坂本氏は土州藩邸に入られるよう」と注意したところ、中岡は素直にうなずいたが、龍馬は黙殺したので、〃伊東は気分を害した〃という話がある。

「新選組」は、武闘一本槍の集団だと思われているが、実は当時、〃幕府最強の情報部隊〃であった。〃薩長への密勅〃も、新選組がその情報をつかみ、近藤勇から永井尚志《なおゆき》（1816〜1891）に伝えられ、慶喜公の大政奉還への〃キックステップ〃になったといわれ、永井からは近藤へ、「龍馬を殺すな」と令が下っていた。それで暗殺の後、近藤は永井からお叱りを受けているし、永井を通じて後藤象二郎（1838〜1897）とも、近藤勇は接触していた。

伊東甲子太郎は、〃近江屋の状況〃を、薩摩の中村半次郎（桐野利秋）（1838〜1877）に、報告に行ったはずである。この事件は「黒幕薩摩、実行見廻組」と見えてくる。筆者は別章にも書いたが、当時は徳川幕府の密偵も相当に活動しているし、薩長側も相当〃スパイ〃を使い、両勢力は「大スパイ合戦」を行っていたと思われる。例えば、新選組に入り高台寺党に移った富山弥兵衛（1843〜1868）は、〃薩摩のスパイ〃として新選組に入っていたのは判然としている。長州では「鳥羽・伏見の戦い」の時、「幕府伝習隊」の佐久間近江守信久を、〃長州スパイ〃として伝習隊に入り込んでいた狙撃兵が、至近距離から狙撃。司令官を失った伝習隊は、勝機を失っている事実がある。彼、狙撃兵はその時、佐久間の「馬取り」の隊員。彼は長州のスパイであったが、佐久間の武士として立派さに魅かれ、その時、佐久間の遺髪を切り取って戦線から消えた。明治に入り、このスパイ隊員は、佐久間の遺族宅を訪れ、この事実が明白になった。

伊東は、薩摩側の情報を入手し、近藤に提供に行く、日取りは十五日に決まった。この情報を伊東に渡したのも、実は中村半次郎ではないだろうか？　伊東は近藤との盟約により、分離の後も数回情報を持ち、〃近藤妾宅〃を訪れていたはずである。

そして帰途は、堀川木津屋橋を渡って東へ、西洞院辺りに〃伊東の妾宅〃があったはずである。このルートを、土方歳三は調べていたのだ。十月に「大政奉還」し、徳川幕府は消えていた十一月は、伊東を、隊を脱する〃死罪〃とする一大チャンス、もう伊東からの情報も、不必要となっていた。十一月十五日は「龍馬暗殺の夜」は、この作戦会議を行っていたという。このアイデアは、誰が考えたか？　新選組と、仲間の〃所司代の密偵〃である。この事件はゲリラ事件で、最も武士らしくない大事件である。こうして伊東は消され、〃龍馬殺しの証人〃は、自然に消えた。伊東が近江屋を訪問し見て来た情報は、中村半次郎から、薩摩の放っている所司代の密偵に入れられ、これを、この密偵から見廻組の佐々木只三郎（１８３３～１８６８）に伝わり、見廻組の出動となって行ったのだ。

そして、佐々木、渡辺篤が斬り込む。今井信郎は、見張り役か？　下僕藤吉を斬ったのは、今井ではないだろうか？

①世良という隊士が、動揺して〃鞘〃を残した。

②斬り込みの最中に行灯《あんどん》が消え、同志討ちを恐れて予め〃合言葉〃を決めていたものの、思う様にならず、〃同志討ち〃を恐れたが、無事に仕遂げた事。

③現場に十三、四才位の給仕と思われる子供が一人、自分の机の下に頭を突っ込み平伏しており、子供である

のでそのまゝ見逃した事。
④龍馬の在宅を、増次郎（所司代の密偵）という人物を使って確認していた事。
⑤世良は、本は読むが武芸の余り無い男で、帰り路も呼吸が乱れ歩く事も出来ないので、拙者（渡辺篤）が世良の腕を肩に掛け、〝鞘の無い刀〟を拙者の袴の中に、縦に入れて保護して帰った。
⑥近江屋からの帰途も、自分（渡辺篤）と世良は河原町を四条へ、そして西へ、千本通を下立売から智恵光院へ、北へ入る寺院迄帰った。他の面々も皆、道を変えて戻り、一同祝杯を上げ、夜明けにそれぞれ帰宅した。
⑦この事は秘密の事であったので、父には話したが、他には一切話していない事。
⑧同月十九日頃、龍馬を討った功として〝十五人扶持〟づつ頂戴した事。

等々、内容について見ると、その場に居た迫真に満ちた部分と、今迄、誰も証言していない「刀の鞘」を残した小心者の世良隊員や、帰り路は二名ずつ〝木戸〟の無い大通りを、分散して帰った事。「ええじゃないか」の踊りが、四条通を通っていた事。この〝渡辺篤〟なる人物のみが証言する事は、真実性が大きく、筆者はこの人物が「本命」と見るのである。そして渡辺篤の死後、この真実が明らかになったので〝売名的〟でないと認定出来る。

渡辺篤（１８４４～１９１５）が、奈良県知事を勤めていた薩摩の海江田信義《かいえだのぶよし》（有村俊斎）（１８３２～１９０６）の招きにより、明治三年（一八七〇）十月二十七日に仕官しているが、これは武道を通じての知り合いで、薩摩が〝龍馬殺害〟に直接関係はしていない事を知るべきである。別説はＰ１９７参照。

しかし、今井信郎（１８４１～１９１８）と西郷吉之助（隆盛）（１８２８～１８７７）の関係は、これとは反対に非常に深いのである。

浜松の中村四郎兵衛なる人物から、講談師として名を馳せた伊藤痴遊（１８６７～１９３８）に宛てた、明治四十三年（一九一〇）十月二十二日付の手紙に、「浜松の板屋町に住む〝永田克忠〟が、差出人の中村と面会して語ったところによると、坂本暗殺は今井信郎、渡辺一郎（篤）と高木啓次郎の三人で、今井は功により加俸された」とあり、中村に語った永田は、見廻組の人で「鳥羽・伏見の戦い」後、今井と共に江戸に戻り、後、静岡中泉に住んだ「永田伊三郎」であり〝渡辺〟を特定している所が、注目点である。

■別説では、永田克忠（1843〜1911）は、新選組隊士で、明治元年（一八六八）十月、銚子で猪野忠敬（久米部正親）（1841〜1910）らと共に降伏した新遊撃隊隊士・永田亀蔵と同一人という説があり、久米部らは、新選組所属を隠し通したという。

77 龍馬暗殺は、高台寺党か？

その昔、夕刊京都に「龍馬暗殺は、渡辺篤」と報道され、歴史家はじめ一般読者から大きな反響があり、多数の問い合わせがあった。

龍馬研究家の西尾秋風（十四男）さんもその一人で、「龍馬暗殺は渡辺篤というのは、疑問がある」とする。西尾氏によると、渡辺篤の遺書『履暦書摘書』に「坂本ニ切リ付、龍馬後ロノ床ニアル刀ヲ取ラントセシモ、取リ得ズ」というのは、事実と違う。

大正十五年（一九二六）刊行、「坂本・中岡銅像建設會」編の『雋傑《しゅんけつ》坂本龍馬』によると、龍馬は刺客の第三太刀を床の刀で受け止めたとあり、傷のついた鞘まで残っていた。この鞘は、火災で焼けてしまったが、写真で残っている。又、渡辺篤は「十三、四才位の給仕が、自分の机の下に頭を入れ隠れていたが見逃した」としているが、西尾氏は、この子は峰吉という使用人で、その時は龍馬の言い付けで〃鳥しん〃へ「シャモ」を買いに行っており留守だったとされるが、この時近江屋にはもう一人の給仕がおり、事件のちょうどその時には、近江屋新助の階下には居なかったという話もあり、〃渡辺篤〃だけが、暗殺の部屋に「もう一人居た」と言っている点は、留意しなければいけないと思われる、と、言っている。

又、西尾氏は、「渡辺篤は、龍馬暗殺に何らかの関わりを持っていたと思うが、犯人であるとは断定できない」と、している。なお、同氏が最も有力だと推理しているのが、新選組参謀もつとめて、後に分離した伊東甲子太郎が率いた「高台寺党説」。暗殺現場に、新選組の原田左之助（1840～1868）のものとされる鞘や、先斗町の瓢亭の下駄が遺留され、瓢亭の女中が新選組と名乗る男に下駄を貸したとの証言も伝っている。こうした状況から、高台寺党なら〃新選組を騙《かた》る〃のも容易であり、伊東は薩摩藩とも通じており、薩摩の歓心を買う為、龍馬を殺した事も考えられるのである、と。しかし、故蜷川新博士の『維新正観』（千代田書院1952）によれば、刺客の言葉は薩摩弁だったと記されており、これに対しても諸説あるのである。

西尾さんは、「時の権力により歪められた歴史を、真実の姿に正す為に諸説が必要。決して興味本位で諸説が生れるものでない。九十九％確かでも、一％の疑問があれば、断定は下されない」と話されている。

78 龍馬暗殺の本命、渡辺篤と今井信郎を再確認する

〃人斬り鍬次郎〃こと新選組隊士・大石鍬次郎（1838～1870）が、明治三年（一八七〇）二月頃、

自供した。

「同年十月比土州藩坂本龍馬石川清之助両人を暗殺之義、私共の所業には無之。是ハ見廻組海野某高橋某今井信郎外壱人にて暗殺致候由、勇（近藤勇）より慥に承知仕候。先達、薩藩加納伊豆太郎（加納鷲雄）に被召捕候節、私共暗殺に及び候段申立候得共、是は全く彼の薩の拷問を逃れ候為にて実は前申上候通に御座候」。

これは兵部省の口書である。

箱館新選組隊長・相馬主計《かずえ》（１８３５／又は１８４３〜１８７５）も、「龍馬儀ハ、私ハ一向ニ存知不申候得共、隊中へ廻文ヲ以テ右ノ者暗殺致候、嫌疑相晴レ候趣全テ見廻組ニテ暗殺致候由之趣初而承知仕候」。

特に「下総国流山」で降伏した近藤勇（１８３４〜１８６８）には、拷問に近い取り調べが行われたが、「一切、存ぜぬ」と貫き通したという。

今井信郎

今井信郎《のぶお》（１８４１〜１９１８）は、幕府講武所の師範代で、〃小刀使い〃の名人で、見廻組に転勤したのは、一ヶ月前の十月であった。「鳥羽・伏見の戦い」では、佐々木只三郎（１８３３〜１８６８）の死を筆頭に、全滅に近い状態となったが、近藤らと江戸に戻り、幕臣の古屋佐久左衛門《ふるやさくざえもん》（１８３３〜１８６９）と共に「衝鉾隊」を編成し、東北から箱館へ、そこで榎本武揚《たけあき》（１８３６〜１９０８）らと共に降伏して入牢。

明治三年（一八七〇）二月に、兵部省と刑部省の調べに対し、今井はこの時には、「近江屋への参加者は、渡辺吉太郎、高橋安次郎、桂早之助が二階へ。自分と佐々木、土肥仲蔵、桜井大三郎の四人は見張り役」と供述。桂は下鳥羽で戦死、後二人（渡辺、高橋）は消息不明。戦死の三人を特定し、彼自身は下手人では無いとされ「禁固刑」となった。

明治五年（一八七二）一月、西郷隆盛の口添えにより特赦を受け放免される。今井は、旧幕府の転封先の静岡に移住し静岡城の敷地内の藩校を払い下げてもらい私学校を設立、英語や数学、農業を教えたが軍事教練も行った為に、静岡県庁に怪しまれた。今井は速やかに学校を県庁に無償で献納したので、県庁は感心して静岡県官吏として今井を雇い入れたという。明治九年四月、十等出仕の「伊豆七島巡視」として任官した。当時、戦犯は任官が不可能なのに何故か任官。明治十年（一八七七）「西南の役」が起こると退職し、警視局に討伐隊を建議。その隊長として九州に向う途中、西郷戦死にて帰京し、彼は言った、「討伐隊の名で一隊を率いて、西郷軍に加勢しようとしたのだ」と。これを機に、静岡牧ノ原の初倉村に入植し、キリスト教に入信。

明治三十三年（一九〇〇）に、親友の元見廻組から新選組に入った、剣士結城無二三《ゆうきむにぞう》（1845～1912）の息子、新聞記者・結城禮一郎《れいいちろう》（1878～1939）の取材に応じ、「今井が龍馬を斬った」と、「甲斐新聞」や雑誌「近畿評論」で世間に流した。その「実歴談」には、桑名の渡辺吉太郎と京都の与力桂早之助と、それにもう一人と四人で出掛けたと言い、四人の内の一人は、今持って生存している人なので、絶対に口外出来ないと断っている。それから六年後の明治三十九年に、谷干城が「今井売名奴」として、大演説がある。彼（今井）は、一切弁明せずに、大井川のそばの初倉村の山深い所で、大正七年六月に七十六才で没した。村議、村長も務め、篤農家となっていた。

79 渡辺篤（一郎）、履歴書摘書を確認する

この〝渡辺篤〟（1844～1915）は、龍馬暗殺の本命と見られている。何故ならば、彼の残した『渡辺家由来緒暦代系図履暦書摘書』の確実性である。明治四十四年（一九一一）九月十九日、行年六十九才で、妻の死を機に死を予感した篤が、書いた物である。

これを読むと「先祖の生国ハ三河デ、二条千本東入ル御城番屋敷北組ニ生ル。十二才、与力大野応之助ニ剣ヲ、十八才デ免許」。〝八月十八日政変〟や〝禁門の変〟の事や、家宝の〝名刀国路《くにみち》〟を保存せよとか書かれ、「慶応三年二月五日、見廻組御雇ヒ被仰付」。御扶持高七人扶持となった。四月には「組肝煎介」被仰付とあり。「同年十一月十五日、土州藩坂本龍馬、中岡慎太郎ナル者、潜ニ徳川将軍ヲ、クツガエサント謀リ其連累、四方ニ多々アル由ニ、見廻組頭取佐々木只三郎ノ命ニヨリ、自分始メ組ノ者、今井信郎外三名申合セ黄昏ヨリ、龍馬ノ旅宿ニ踏込」とある。

渡辺篤

そして、「頭取佐々木氏モ、トモドモ其場ニ臨ミ、相働キ候。向ノ屋敷ニハ、沢山藩士詰メ居ル事故、最中ノ音響ヲ聞て駆ケ来リシモ、難計《はかるがたし》ニ付、夜中ノ事ニ付、表入口戸ノ内ニ固メイタル者壱人置。又、二階上リ口ニ壱人置、備ヘヲ相立候事也、従僕ハ相僕力」。

こんな事も書かれている。「見廻組ノ総頭トシテ、信州飯田ノ藩主、堀石見守一万石ノ大名也。右堀ヨ

リ、被招罷出候処。会津ノ抱鍛冶、大和守秀国ノ打チシ一尺程ノ脇差身一振拝受ス。アラ打ノママ也」と書かれ、「鞘ヲ忘レ残シ帰リシハ世良」と、世良敏郎（1844〜?）の説明と帰途の状況を、詳細に書いている。何故この刀の事を書いたのか？　使用した刀の事だと考えられるが、世良は見廻組に何故居たのか？　こんな小心の隊員が何故居たのか？　何故この人が参加したのか？　記録係として、連れて行ったと見なければならない。

〃謀吏、増次郎〃というのが、大活躍。これがくせ者である。

次に〃新選組〃の話を書いている。この中に、大きな発見があった。この中に「右組ハ、葛野郡壬生村ニ屯所ヲ構ヘ、其後、稲荷総所近辺ニ相転候」とあり、これは「幻の屯所」として正当位置が判明せず、先年もリーガルロイヤルホテル京都の前に石碑が建ち、物議を地元の有志とかもしているが、「稲荷総所近辺」と書かれ、その位置は「現、お稲荷さんのお旅所のある堀川八条南西側」である。こゝは、渡辺が教えてくれた大発見である。

そして、近藤勇の事が書かれ、「首は三条の橋上にサラサシ候」と書かれ、三条河原では無く、橋の上としている。

そして、十六日に佐々木が出会った際、近藤勇が「夜前ハ、ヲテガラヤッタナト、微笑イタシ居候由、承リシ也」と。

そして、〃鳥羽・伏見の戦況〃を詳しく書いている。「佐々木組頭ハ橋下ニテ炮丸ヲ受ケ、ソノ炮丸〃ヘソ下ニ〃止リ、坂地ニ連帰リシ上、終ニ死去、紀伊国紀三井寺ニ相葬ル。戦死者オビタダシキ、中踵ヲ打タル歩行出来ズ故、終ニ敵ニ斬殺セラル、種々ノ有様実ニ如夢」と書いている。最後に「六拾九才に相成。生前モ短縮致居事ニ付」記すとしている。

筆者は〃薩摩黒幕・見廻組実行説〃、「伊東甲子太郎に状況偵察させ、確かな情報を薩摩スパイより、見廻組佐々木に流し、伊東は、近藤勇に非常に〃巧妙なスパイの手口〃で消されたのだとみる。

後の「赤報隊事件」も、薩摩の手口に裏切られた相楽相三《さがらそうぞう》(1839〜1868)たちであったのだ。

80 海江田信義と渡辺篤、刺客連合説

渡辺篤は生前、この摘書を、世に公表したり、他人に読ませる為に、記述したものでもないと言っている。篤の死後、娘の〝きみ〟が遺品の整理をしていたところ、この『履暦書摘書』を発見し、飯田常太郎氏(渡辺の弟子で、篤の告白を聞き、その遺言状を受け取った)と相談した結果、飯田氏の知人である、朝日新聞記者に公表した。これにより、〝渡辺篤〟が斬り込みのその人だったことが分かり、更に、暗殺者が新しく浮上して来ている。

渡辺は、「鳥羽・伏見の戦い」に参戦し、敗北のあと官軍の目を逃れて、どうして生き得たかと記したと見られる、明治初年の頃の重要な部分が脱落している。明治四十四年(一九一一)八月十九日の日付『渡辺家由来緒暦代系図履暦書摘書』の八枚目の後尾と、九枚目の先頭が、言葉としてうまく継がらない。次の様になっている。後尾には「落人の探索厳敷故、同国山辺村親戚藤本方江」とあって、次のページには「二月ニテ休場致シ創立ヨリ十五年間、日々盛ニ稽古致シ門人三百人余有之」となって意味が通じない。明らかに、数ページがとんでいる。

西尾氏は、この空白の資料を探していた処、洛北、修学院居住の瀬尾謙一氏(渡辺篤孫弟子)が、渡辺篤の遺書を所持していると聞き、その写真版を求めた。「摺リ上ゲ無銘ノ刀ハ、明治五年十一月奈良県知事海江田信義ト云人ヨリ、篤、被相招出頭ノ処、剣術教授、捕亡長監察方被相命勤務ノ処、此刀作リノ儘相給リ」とあ

海江田信義

る。維新後間もない明治初年に、かつて勤王派の大物と、それと戦った見廻組の生き残りが、どうして結びついたのか、興味は一層深まるのである。

　西尾氏は、この明治五年十一月という日付の真偽を確認する為、「奈良県立図書館」と「奈良県庁」をS放送記者と同道訪問。その甲斐ありて、「東京国立公文書館」に両人の辞令の原本を確認した。明治三年（一八七〇）十月十七日、準権少属兼逓部長に任命された、京都府士族・渡辺篤（通称一郎）（1844〜1915）と、明治三年八月二十日、奈良県知事に任命された鹿児島士族・海江田《かいえだ》信義《のぶよし》（1832〜1906）の辞令を、確認発見した事は貴重である。

　旧幕反乱軍の逃亡者が自由の身となり、新政府の官吏に登用されるのは、明治五年（一八七二）一月六日の大赦令以後であり、それ以前の任用は、特別の事情の無い限り、黙認か、何らかの裏作用があったと思われるのである。渡辺篤の『履歴書摘書』の、この明治初年の部分の脱落は、本当は本人が意識的に削除したものかも知れず、又、遺書に記された、明治五年十一月という年月は、本当は記憶違いではなく、わざと三年を五年とする事により、明治五年一月発令の大赦令以後に正当に任官した事にしておくという、配慮が働いたと推察しうるのである。

以上から「龍馬暗殺」の陰には薩摩人が関係している事を推定している西尾氏は、この渡辺篤の暗殺状況の記述は、実は篤が海江田信義と何らかの関係を持っていたのではないかと、推察されるのである。

南日本新聞社発行の『郷士人系』昭和四十四年（一九六九）によると、有村俊斎（海江田信義）は、「人斬り名人」と呼ばれ、狙った相手は必ず倒したと言われる。智あり、勇あり、弁舌ありの、三拍子揃った刺客団長には〝ピタリ〟の人物である。龍馬の暗殺前後は、慶喜が「大政奉還」の決意を表明しても、密勅を手にしてあくまでも武力討幕を強行しようとする一派と、平和的合体派と、そして幕府側の三者が、三ツ巴になって対立していた時である。討幕派にとっても、龍馬は、障害となってきていたのだ。もし岩倉や大久保や西郷らが武力討幕強行の為、平和主義者の龍馬を抹殺しようと計画するなら、正に、海江田こそ適材である。

有村俊斎（海江田信義）は、文久二年（一八六二）四月の「寺田屋騒動」では、同藩の過激派の弾圧にも参加し、同年八月の「生麦事件」でも行列を横切った英人を無礼討ちにし、止めを刺している。又、維新直後の明治二年（一八六九）九月、時の兵部大輔大村益次郎（1824〜1869）が、元長州藩士の団伸二郎、同じく神代直人《こうじろなおと》ら八名により暗殺されるが、〝その黒幕は海江田である〟と、木戸孝允《たかよし》（桂小五郎）（1833〜1877）が、京都府知事の槇村宛書簡に書いている。海江田は、当時、西京都詰の弾正台大忠という重職にあり、明治二年十二月十日、捕えた刺客、大村益次郎暗殺犯六名の死刑執行に際し、その寸前に独断で処刑を中止し、再び獄舎に連れ戻すという、前代未聞の〝ハプニング〟を起こしている。この「大村暗殺事件」と二年前の「龍馬暗殺事件」とは、その手口がよく似ている。これは、その指導者が同一人物であったの証でもある。

西尾氏は、余人の考えつかない「剣客連合軍説」を唱えている。氏も「渡辺、今井も下手人と思うが、それは見廻組隊士としてではなく、個人参加で〝龍馬は朝廷の御為にも徳川家の為にもならず、徒《いたず》らに、京を騒がす悪人である〟との流言に乗せられた」と推量する。

又、お龍（1841〜1906）の後日談によると、彼女は「飼い犬に手を噛まれた」と言って、龍馬の部下だった陸奥宗光（1844〜1897）を疑っている。彼の義兄、伊達五郎（1828〜1898）は、龍馬に「いろは丸沈没事件」で弁償金を払わされた紀州藩の家老筋である。この「明光丸」の副船長二人が、巨額の弁償金を支払わされた龍馬を恨み、龍馬の宿泊の宿に斬り込んだが、素早い龍馬に逃げられた事実もあり、この当時は「紀州藩と新選組連合説」が主流に京の街に流れ、花屋町の襲撃事件「天満屋事件」となったのである。

この時、十津川の郷士・中井庄五郎（1847〜1868）が〝トップ〟に斬り込み、新選組の斉藤一（1844〜1915）に斬り殺されたのは有名であるが、この主導者は陸奥陽之助（宗光）であり、彼は、ピストルを始めて実戦で使ったと言われている。お龍は当時、京都で主流となっていた「紀州藩・新選組暗殺説」を深く信じ込んでいたと思われるのである。

その中に京雀も、「一浪人の暗殺事件」との認識で、噂も消えたのである。そして龍馬は忘れ去られて行った。

81 龍馬を斬った男は、とんでもない誤解をしていた

「龍馬を斬った男」こと、佐々木只三郎《ただ さぶろう》（1833〜1868）は、慶応四年（一八六八）正月「鳥羽・伏見の戦い」で重傷を負い、紀州に逃れたが紀三井寺にて他界したといわれる。三十六才だった。

只三郎には、妻との間に「高」という男の子があったが、この子は若くして亡くなり、佐々木家は絶えた。

昭和五年（一九三〇）頃に、縁者が世話をして佐々木家は再興する。その際、「只三郎伝記編纂」の話が出て、

佐々木只三郎

昭和十三年（一九三八）に『佐々木只三郎伝』（史傳研究所　高橋一雄著）が刊行。この伝記中の龍馬暗殺部分に興味深い記事がある。

只三郎の兄、手代木《てしろぎ》直右衛門《すぐえもん》（1826～1904）が死の数日前、「龍馬を殺したのは実弟只三郎であり、それは某侯の命によった」と語ったという。彼は、会津藩の若年寄で藩主松平容保《かたもり》のブレイン。この某侯とは容保の事で、これは容保の意思では無く、手代木らの画策と思われる。

その頃、京の町では「龍馬が海援隊三百人を率いて入京した」と派手な噂が立ち、瓦版に迄出た。幕吏はお尋ね者として龍馬の足取りを追い、〝この誤伝〟に翻弄されて、河原町の土佐藩邸に押しかけているほど躍起になっており、慶応三年十月十七日には、薩摩藩士吉井幸輔（友実）より手紙で、近江屋から二本松の薩摩藩邸への宿替えを勧められている。龍馬は「討幕派」としてマークされ、大政奉還の立役者として知られるのは後年のこと。京都守護職として放置出来ない存在であり、龍馬の崇高な志と別の所にある「誤解」が原因であったのだ。

82 龍馬暗殺は紀州藩、紀州側からの「いろは丸沈没事件」

『南葵文庫、南紀徳川史』を読んで見ると、これは紀州藩犯行説にたどりつく。

「藩船衝突事件は、紀州藩勘定奉行・茂田《しげた》一次郎《かずじろう》が、土佐に言いくるめられて、賠償金八万五千両支払う約束の羽目になった。〝明光丸〟船長の高柳楠之助（1834〜1895）、器械方の岡本覚十郎、運転方の長尾元右衛門ら明光丸の士官達は、火を噴いて怒った。悪いのは〝いろは丸〟の方である。夜間航行の舷側灯は点けていない、右旋すべきを左に舵をとった、積み荷の砂糖を新式鉄砲と詐欺った。会議では才谷といふ妙な奴が出て来て、懐から分厚い本を取り出し〝ペラペラ〟めくり乍ら理屈にならぬ屁理屈をこねた、あの汚い妙な奴は何じゃと聞いたら、坂本龍馬といふ凶悪無頼で海援隊といふ凶徒の集まりの頭目じゃ。

龍馬も海援隊も、その時代の体制側から言えば、危険極まりない集団であった。長崎の第二次交渉で海援隊は、「船を沈めたその償いは、金をとらずに、国を取る」と「ザレ唄」を流行《はや》らせ、「明光丸を奪いとり、和可浦《わかのうら》に上陸、城下を占領する」と公言して、茂田に圧力をかける。〝ビビってしまった〟茂田は、賠償金を支払う約束をさせられてしまった。腹が立つのは糞生意気な坂本龍馬。〝いてもちやれ！〟、岡本は〝自分は和歌山に年老いた母がいる。母を頼む〟と云い残した。長尾は、名刀を贈って激励した。高柳と二人は、龍馬の旅館を襲撃した。が、不穏な空気を察した龍馬は、風を食《くら》って遁走、もぬけの空。でも、一度や二度の失敗で諦める程、紀州人は単純ではない」。このように書かれている。

犯人が叫んだ〝コナクソ〟は、紀州でここ一番の掛声に〝コリャクソッ〟がある。ここに考えるべきは、これはプロの犯行ではない、遺留品が鞘と下駄だ。これは素人の犯行ではないだろうか。

この紀州藩とのトラブルの発端、「いろは丸沈没事件」は、慶応三年（一八六七）四月二十三日の午後十一時頃で、長崎を出船した四日後の事、瀬戸内海の讃州《さんしゅう》箱の岬沖である(現在の香川県三崎半島の沖あたり)。「いろは丸」は、百六十トン、四十五馬力、「明光丸」は八百八十七トン、百五十馬力というから、いろは丸の約五倍の大きさである。事件は、双方の言い分がかなり掛け離れており、善悪を判断するのは難しいが、現在の法からみると、「いろは丸」が不利であったのは、間違いない事実である。「国際法」では、右側航行船に優先権があり、正面に向かいあった場合でも、互いに右側へ避けることになっている。そのため夜間航行では、右舷に青灯、左舷に赤灯を、点灯させる義務がある。

さて、「いろは丸」と「明光丸」のやりとりの一部を紹介する。

いろは丸側は、「右舷にかかりたる青色の点灯を見た」と主張。明光丸側は、航路方向からして、いろは丸から、青灯が見えるはずがない。

明光丸側「右舷シテ左舷ノ赤灯ヲ見セシメントス、而シテ貴船コノ赤灯ヲ認メズシテ妄《みだ》リニ進ミ来ル」とあり、長尾元右衛門も証言から「いろは丸は、青も赤も、まさか点けていなかったので、〃漁灯カ商船ナルカヲ弁ゼズ〃と、まさか蒸気船とは思わなった」とのこと。

これに対して「いろは丸」側は「我士官ハ勝房州公ニ従学シ外国ヘモ到リシ者ニテ航海ノ規則ハ略々知セル者ナリ。然ルニ、左右ノ舷灯点カセズシテ暗夜二船ヲ行ルベキノ理ナシ」と「海舟門下が〃しょうもないミス〃をするはずがない」と、妙な主張をしている。

状況が、いろは丸側に不利になると龍馬は、「今航路ノ事ヲ互ニ相弁論スルトモ、海上ニ証跡ナケレバ遂ニ決セザルベシ、暫ク、之ヲ置ケ」。明光丸側は「然り」と、〃やり取り〃はとても面白い。又「明光丸の甲板に人影が無かった」と、いろは丸側が言えば、「貴船の救助のため配置していたからだ」と反論。「二度も衝突したくせに」と言えば「潮流が激しく、約九十米も離れたから、人命救助が第一と考え、船を近付けた」と、それぞれの言い分である。

次に積荷の話、いろは丸側は、〝ミニエー銃四百丁、弾薬をはじめ高価なもの〟と言う、明光丸側は、岡本覚十郎が乗り込み積荷を聞き調べた結果、〝米、豆、砂糖程度のもの〟と言う。

結果は、いろは丸側が七万両を取り上げたが、その後、その金は大洲藩に支払われず、どこかへ消えた。今の価額では、一両、五万円とすると三十五億円、どこに消えたか。大洲藩船「いろは丸」の賠償金の七万両だが、一旦土佐藩が預かり、後に龍馬に支払われる約束だったが、龍馬は暗殺された。そして、土佐藩から大洲藩に、「いろは丸」の弁償金や積荷の代金も、一切支払われていないらしい。

最近の調査では、ボイラーの一部、靴、ドアのノブ、ワインの瓶が見つかったが、銃の部品は見つからず、刀の飾りに使う〝えい〟の皮などが、見つかった。龍馬の言葉は、賠償金を引き上げる「ハッタリ」だったようである。

83 龍馬暗殺に関して、松平春嶽は

『龍馬タイム27号』に、石川県のK子さんの、興味ある記事を見付けた。

「私は、宮地佐一郎先生の『坂本龍馬全集』の中に書いてある、先生の「龍馬取材の旅」にそって、少しずつ旅をしています。その取材の越前福井の中で、「松平春嶽公記念文庫」に幕末に関するものが数多くあると記されており、福井へ行って来ました。福井で春嶽《しゅんがく》の〝未公刊〟の書状を活字化された史料を手に入れました。その中に興味深い文が載っていましたので、コピーを送ります。これは慶応三年（一八六七）十一月十六日に

書かれた、春嶽より養子茂昭《もちあき》に宛てた手紙で、龍馬が暗殺されたことが記されています。この文は宮地先生の『坂本龍馬全集』の中には掲載されていませんが、なぜでしょうか。全集の中に載せてある、中根雪江《なかねゆきえ》の『丁卯日記』に、その時の事が詳しく書かれているので、全集には載せなかったのかも知れません。でも私は、興味を持ちました。春嶽は、十六日に二人が死んだと聞いている事と、土佐藩参政・福岡藤次《とうじ》は、殺人者は分かっているが、自分は聞いていないと言っているところです。一緒に藤次の話を聞いた雪江の『丁卯日記』には、龍馬は死んだが中岡は深手と、書かれているし、相手は恐らく新選組だろうと書いているのです。この違いは何故だろうと、色々深く考えるのですが、私の様な凡人には分かろうはずもありません。春嶽の手紙で私が悔しく思うのは、龍馬に対する追悼の言葉など、一つも無い事です。「安政の大獄」で橋本左内が刑死した時などは、落涙し花や菓子をあげて霊を慰めてくれと書いているのに、やはり左内は自藩の人間、龍馬は他藩の人間の差でしょうか。そして感動をするのは、聡明で知られる春嶽ほどの人が、薩摩藩の事を「芋藩」と書き、〃姦策〃などと、激情を露《あらわ》にしています」。

松平春嶽

「解説」。

『龍馬全集』三版発行の時、本史料は未公開。福岡は、殺人者は分かっているが「自分は聞いていない」の部分は「不申聞」は「申シ聞カセズ」。十一月十六日、藤次《とうじ》（孝弟《たかちか》）（1835〜1919）を呼んで話を聞いたのは春嶽（1828〜1890）、中根《なかね》雪江《ゆきえ》（1807〜1877）、本多釣月《ちょうげつ》

（1815〜1906）らで、その席では犯人の名は語られず、後日、別人から「新選組説」を聞き及んだ。「福岡は真犯人を知る、〃藤次も不申聞候〃は知っているが、語らない」と、西尾秋風氏は、K子さんに答えている。

84 龍馬暗殺、原市之進黒幕説

越前福井藩主・松平春嶽が著した回顧録に、『逸事史補《いつじしほ》』というのがある。春嶽（1828〜1890）が政界を退いた明治三年（一八七〇）より起稿し、同十二年（一八七九）に脱稿した大作である。この中に「坂本龍馬と原市之進」という一項があり「龍馬暗殺」にまつわる、意外ともいうべき記事が出ている。

それは、慶喜側近の原市之進《はらいちのしん》（1830〜1867）が、秘かに〃龍馬暗殺〃を何者かに命じたというものだ。春嶽は「さりながら風聞によれば　真偽保証しがたし」としながらも、「この人（原市之進）窃《ひそか》に誰かに命じて龍馬暗殺せしという」と、記している。

龍馬の暗殺は、慶応三年（一八六七）十一月だが、市之進は既に、この年の八月十四日の朝、京都において、陸軍奉行竹中丹後守重固《しげかた》の配下に暗殺されている。二条城の板倉勝静邸前（二条の官舎とも）において、幕府歩兵組水戸藩藩士鈴木恒太郎・鈴木豊次郎・依田雄太郎に殺害される。将軍慶喜に、兵庫開港を奏請させたというのが、その暗殺理由である。

もし春嶽が耳にした風聞通り、「市之進の命令」で龍馬が暗殺されたとするなら、次の様な事しか考えられない。即ち、命令は、市之進が暗殺された八月十四日以前に出されたものであり、彼の死後もこの命令だけが生き続け、ついには、龍馬は暗殺されてしまうという筋書きである。しかも私には、龍馬とも市之進とも親しかった関係があった春嶽が、その風聞を記録しているところに、何か捨て難いものを感じる。市之進の死を知った春嶽は、「頗る人材なり、惜しむべし」とその死を痛嘆したという。考えてみれば、八月十四日以前といえば、龍馬は、幕府にとっては憎むべき〝不穏分子〟であった。将軍慶喜の〝ブレイン〟である市之進から暗殺命令が出ても、おかしくない。実際に、龍馬暗殺に、市之進は直接関係がないとしても、生前の市之進には、そうした風聞が立つ様な言動があった可能性も、考えられなくもない。

一橋家に仕えた渋沢栄一（１８４０～１９３１）は、「市之進は、公の一橋に御座《おは》しし頃より帷幕《いばく》に参じ、幕府の機務おおむね市之進の参画を経ざるはなし」。この人は「自分の目の黒いうちは、徳川幕府は潰させない」と口癖の男で、海舟を嫌っていた。勝海舟（１８２３～１８９９）が、雄藩連合の挙国一致体制を作る思想の持主だったからである。市之進は、早くから長州と薩摩を潰し、徳川主導による「郡権制」を構想していた。そこへ敵である両藩を周旋する、土佐浪士の存在が耳に入ったのは、慶応元年（一八六五）十一月の事であった。

85 龍馬暗殺―女性問題による怨恨説と、「いろはのお龍」の謎

額を斬られ眉間《みけん》から鮮血を吹き出した、龍馬の恨めしそうな顔が、もの凄い形相で追ってくる。「ゆ、ゆるしてくれ、坂本先生」。

以下、西尾秋風氏は、薩摩藩士篠原国幹《しのはらくにもと》（１８３７～１８７７）と、高台寺党の篠原泰之進《たいのしん》（のちの秦林親《はたしげちか》）（１８２８～１９１１）を混同した間違い。〝大ミステーク〟とご本人も、後に認めていらっしゃる。

これは、西尾秋風氏の昭和五十七年（一九八二）二月九日の「週間Ｋ」の記事である。

篠原国幹

微《かす》かに呻《うめ》くが如く、弱い一声を残して、ついに、篠原国幹は、熊本吉次《きちじ》峠《とうげ》に於いて、その四十一年の波乱の生涯を閉じたのである。時は明治十年三月三日、〃大西郷〃が城山の露と消ゆる日に、先立つ事、半年の余であった。私は卒業論文として「坂本龍馬暗殺事件の政治的考察」と題する一文を提出したのであるが、その基本文献は『維新正観』（蜷川新　千代田書院１８５２）であった。「一佐幕派説、二勤王派説、三個人怨恨説」と分類して論じたが、本音は「岩倉、大久保、西郷、高台寺党」であった。そして俗説の「勤王派が龍馬を暗殺するのは、当然反対派の佐幕方だ」と頭から決めてかかる風潮に、一点の警鐘を打ちたかったのである。

ではここで、「個人怨恨説」を紹介しよう。昭和三十三年（一九五八）、京都新聞の、京大のN先生の一文を見ると、「龍馬の暗殺者は見廻組と一般に伝わるが、先年、高知で妙な〃噂〃を聞いた。真犯人は土佐人だという説で、その根拠は、龍馬と共に斬られた中岡が、聞いた言葉の「こなくそ」である。土佐の方言で「こら、くそっ」。私にこの説を聞かせて下さった土佐の先輩は、「当時の土佐人で、千葉門下で塾頭迄つとめた龍馬を斬れる〃腕きき〃は誰と、指摘出来るのだが〃子孫も現存〃しておられるので、その方の名前は申し上げられぬ」といわれた。原因は、女関係という推定であると……。

私（西尾氏）がこの記事に気が付き、N先生を上高野の御自宅を訪ねたのは五年前、既に二十年を経ており、この伝承を語った老先輩は他界されていた。勤王派か、佐幕派かと政治的視野に捕われているが〝女性問題〟のもつれによる、単なる怨恨であったかもしれない。

又、面白い話がある。西尾氏が調査中、意外な話を聞いた。「S家覚書」なる家伝書の中に「龍馬系統の女性が、S家に関わりを持った」とあり、それは、西尾氏の大学同窓S氏の祖母・トラ女の母（曽祖母）は龍馬ゆかりの人で、西陣の侠客「いろはのぼん」（梵?）と結ばれ「いろはのお龍《りょう》」と名乗って、自らも任侠道に踏み込んだという。

さて、「いろはのお龍」を名乗り、鉄火場で火を吐くような炎の女が果して居ただろうか？　しかも、龍馬ゆかりの女性で、である。〝あのお龍〟を於いて他には考えられない。さらに、お龍の養母を祖母とするN氏の話によると、彼女は薙刀の心得があり、度々、刺客と立ちまわりをやったという。

〝お龍〟は、明治三年（一八七〇）に高知の坂本家から逃げ出して京都へ帰り、（明治五年、東京に移住）ついで明治八年（一八七五）七月、横須賀で西村松兵衛氏と再婚する。その空白の一時期に何かの思案があって、侠客の群れに身を潜め、その中で、龍馬の隠し児を、長崎丸山花月の遊女「おさだ」が生んでいた様に、はからずも一女児を設けたのでは無いのか。

俗説によると、長州の高杉の妾「おうの」と同じ様に、龍馬の供養をする為に、「高城家井筒屋」（堀川上立売上ル有職織物商）が円山《まるやま》に庵室を設け、お龍に仏門に入る様に勧めたが、附近の若者と過ちを犯して、京を追われたとされる。事実は、女侠客として、喧嘩《でいり》の尻拭いに、心ならずも草鞋《わらじ》をはいたのではないだろうか。

お龍も、飛竜の様な、近代性を持った女であったのだ。

86 近江屋事件の時、龍馬はピストルを持っていた！

「龍馬とピストル」と「龍馬と皮靴」は、付物である。

「龍馬暗殺調べの神様」西尾秋風氏の『坂本龍馬謀殺秘聞』（1987）を読んで見ると、先年、近江屋井口家から新資料が発見され、やっぱり龍馬は当夜も〝ピストル〟を所持していた事が、証言されたのである。明治三十九年（一九〇六）十一月十六日付の『日出新聞』に記載されている「阪本、中岡志士の遺品を観る」と題された一文がそれである。

曰く「奇傑阪本龍馬、中岡慎太郎の二氏、刺客の凶刃に倒れてより、こゝに四十年。故旧諸氏相図り、十五日、霊山招魂場に於いて、其、祭典を修し、遺品を山下翠紅館に陳列して、有志者の参観を許しぬ。余は此日早朝腕車（人力車）を駆り、紅白、其他の旗織、〝へんぽん〟たる坂路を辿り、先ず霊山の墓を拝し、ついで翠紅館に入りしが、遺品数十点は一室に陳列しあり、即ち就いて観る。床の間には、龍馬氏が遭難当時の着衣と写真を置き、其上に板倉槐堂《かいどう》の描きし〝寒椿梅花〟の幅をかけたるが、こは其時、座間にありし由にて、血痕四点表装にそそぎ居れり、次に氏が当時帯たる〝吉行の刀〟あり、鋒鋩凛《ほうぼうりん》として、尚ほ永の如きが、其鞘は咄嗟の際、刺客の斬下す刀を受けたる為め、一、二寸斬り裂れたる痕跡あり、又、同じく所持せりし〝ピストル〟ありしが、こは同志の士が駆けつけて、死骸の始末をなせし時、淋璃たる鮮血中より露はれしなり」。彼は、寺田屋遭難の時と同じようにピストルを持っていたのだ。西尾氏は「何故彼は一発も発射出来なかったのか？　何故ピストルの件を伏せられたのか？」と問い、「やはり共にいた同志（書生？）が裏切ったのでは無いか」としている。

このピストルは、龍馬の遺品として、愛刀吉行と一緒に、遺族に引き渡されたのだろう。

西尾秋風氏は、昭和五十八年（一九八三）の京都国立博物館の「龍馬遺品展」で板倉槐堂の落款を押捺した、〝血染めの掛軸〟を確認した。あの掛軸は、事件当夜、近江屋二階奥八畳間の床の間に掛けてあったので、当然、近江屋井口家の所蔵品と推定していたが、不思議な事に、当博物館歴史資料課の台帳には「北海道　坂本弥太郎寄贈」となっていた。「昭和六年納入」。ピストルは寄贈されていないが、遺品は北海道の坂本に引き渡され、その後、火災で「吉行の刀の鞘」は焼失したとの事である。このピストルもその時、一緒に燃えたと思われるのである。

跡を継いだのは高松太郎（のちの坂本直《なお》）（1842～1898）、実子直衛（1884～1921）、直道（坂本直寛の長男）（1892～1972）と続き、山岳画家の坂本直行（1906～1982）さんもおられた。この父が、坂本弥太郎氏（郷士坂本家第7代当主、坂本直寛の長女・直意の夫）である。

87 龍馬暗殺の神様、西尾秋風氏の「オーミスティク」

霊山歴史館の入口正面の「硝子ケースの刀剣」の前は、何時も人盛りである。龍馬を斬った桂早之助（1841～1868）の所持刀と書かれている。この刀は、始めは西尾秋風氏に寄贈される予定であった。

西尾氏は、桂早之助を一生懸命調べた。鳥羽の戦場から「悲願寺共同墓地」（京都市伏見区下鳥羽柳長町）、「法伝寺」（伏見区下鳥羽中三町）へ。桂家に、この辺りで戦死していると伝承があったのだ。そして早之助の死体は、大坂に移送され「心眼寺」（大阪市天王寺区餌差町）に葬られた。秋風氏は、必至の調査の上、無縁仏なっているお墓を発見された。

週刊Kに掲載の『第十三話桂早之助秘帖』を読んで見る。

京都二条城西北隅を西に向かう一帯は、かつてこの辺りは所司代組、奉行所組、城番組の与力・同心たちの役宅の並んでいた所。その一角に、今も昔の面影を留めている古い表構え。こゝに昭和五十六年（一九八一）十月に訪問。主人桂某氏は、H大学の名誉教授。私（西尾氏）、下鳥羽の中村正三氏の御紹介でと、龍馬事件の資料は無いかと聞き込んだが、

「何も聞き伝えていません、又、資料もありません」。「私は市販の書物で、それを知ったのです……。」

そして、秘蔵の由緒書を拝見した。その他に、遺品の愛刀と十手があった。遺愛刀は、無銘ながら〝なかなか〟の業物《わざもの》で、伝承によれば「慶応三年十二月、二条西洞院辺りを巡回中、たまたま薩摩兵と衝突、一名を負傷させたが二名は逃亡。その時の〝刃こぼれ三個所〟を留める」と、あった。

結局、「近江屋事件」に関するものは、何一つ得られなかった。

さて、最後の一言。

「私は、今回の取材で大失敗をしたのである。それは取材を終り帰り際に、進呈した「M新報」のコピー。拙文発行に不用意にも、〝下手人〟とか、〝暗殺者〟とか〝犯人グループ〟とかの語句が使用されていた。御子孫にして見れば〝御先祖が犯人呼ばわりされている〟とお怒りになるのは当然で、申し訳無い次第」。

しかし、これで、彼に寄贈された所持刀は、霊山歴史館の方へ行ったのだ。

西尾氏は、近江屋の御子孫の井口家へもしばしば通い、色々と資料を発見、「お龍さんの写真」も彼が見付けた。又、大学同窓のS君宅の家伝書に、「龍馬ゆかりの女性が、吾が家系にあり」、明治初年の一時期〝いろはのお龍〟として侠客の群れに身を投じていた「お龍」を発見した。

面白い人であったが、彼の功績は余り知られていない。

88 龍馬の暗殺―高松太郎の亡霊が語る

これはA氏の小説である。

死んだら叔父の龍馬に黄泉《よみ》の国で会えると思っていたが……近江屋で暗殺された事に関わる人たちだった。私（高松太郎、のちの坂本直）（1842〜1898）は、あの事件について十分に納得出来ぬまま、そして、真相を知っていそうな人に質《しつ》する機会の無いまま、そうした人々に先立たれた。実行犯について、事件から二年以上も経った明治三年（一八七〇）二月に、自供や証言などで「幕府配下の見廻組殺害」という事で決着がついた。最も私は、それについて不審な点は残ったと思うが、それより誰がこの暗殺を指示したのか。そして示唆したのか。〝示唆〟とは、裏切りないしスパイの意味がある。

高松太郎

坂本家は、長兄の権平《ごんぺい》（1814〜1871）と龍馬（1836〜1867）以外は男子がいなかったので、私が権平の遺跡養子として「直《なお》」を名乗った。

冥土で、問い質したかった人の名をあげよう。西郷吉之助、大久保利通、岩倉具視、木戸孝允、後藤象二郎。特に大久保と岩倉、何れも生前には、会いたくても会えない明治の高官である。この中に元凶がいるのでは……。

私の母は、龍馬の長姉の千鶴《ちづ》（1817～1862）、郷士高松順蔵の元に嫁いで私を生んだ。母には栄《えい》（？～1845）と乙女《おとめ》（1832～1879）の二人の妹がおり、その下が末っ子の龍馬。この二人の叔母の生涯は、それぞれ波瀾に富み、後世に逸話も残っている。私は龍馬より七つ年下、叔父の脱藩までは、時々家に遊びに来ていて、私は叔父を尊敬していた。又、私自身も、はじめ本州の人、日根野義興に、更に九州で斎藤歓之助（斎藤弥九郎の三男）（1833～1898）について剣道を学んだ。

文久二年、叔父が脱藩すると、後を追い翌三年（一八六三）正月、「神戸海軍操練所」に入った。十九才だった。操練所解散、それ以後、「亀山社中」、「海援隊」と叔父と共に行動した。そしてあの悲運の慶応三年（一八六七）十一月十五日、叔父龍馬が、中岡と共に暗殺された夜、私は龍馬の命を受けて、海援隊の貿易商店開設の準備で、大坂に出向いていた。あの日は、不幸にも京都に残っていた海援隊士は、白峰駿馬（1847～1909）ら三人のみ、しかもそれぞれ別の宿にいた。後は丹波、近江、摂津そして大坂などに散って、龍馬の命ずる仕事をこなしていた。たいてい、海援隊の資金作りで、海援隊は自足自給の組織であった。あの日、せめて二人でも三人でも近江屋の階下に護衛として詰める余力があったなら、今更せんかたなし。

私が急報を受けて、京に駆けつけたのは十七日夕。その日、命のあった中岡も絶命。敵の行方も分らぬまま我々は、二人の遺骸を東山鷲尾に葬った。

それからわずか一月半。「鳥羽・伏見の戦い」が、戊辰戦争の始まりで、これは、龍馬が構想を立て、薩摩、長州、土佐の指導者の合意も取り付けていた、〝大政奉還後の徳川を含む列侯会議による連合政権〟の路線とは著しく異なっていた。薩長の出方は、まるで龍馬の死を待っていたとしか、思えない程の転換ぶりだった。結果は、江戸開城後も内戦が止まず、ようやく、慶応四年九月八日に明治改元、新政府が発足した。実質的には岩倉、大久保、木戸の三人を中心とする薩長独裁政権であった。

そういう私も、その新政府の一員となった。叔父が重要性を説いた、北海道経営の遺志を継ごうと思ったからだ。その為、五稜郭に籠って抵抗する榎本軍と戦ったりもした。その後、東京府の役人もやったが、十年程前にキリスト教信者である事を理由に、解任され高知に帰った。キリスト教は、海援隊の時、イギリス人や地元の日本人信者たちを通じて深く感化された。叔父も無関心では無かった。ある時、私らに冗談交じりに言った。「薩長雄藩の偉い人が、何時までも腰を上げぬなら、キリスト教信者の力を束ねて幕府に向かうが……。」

叔父暗殺の背景に疑いを抱く様になったのは、高知に帰って暇になってからだ。政治には、特に変革期には、権謀術策《けんぼうじゅつさく》が付きものだ。剣を交える様に、討幕と佐幕にはっきりと別れて〝やあやあ〟とやって終る訳にはいかぬ。私は、薩長の誰かが、あくまで武力討幕薩長独裁政権樹立路線を貫く為に、その障害となる存在の龍馬を、「見廻組」に売ったのだと思う。龍馬の近江屋の〝隠れ家〟を知っていたのは、土佐の同志の他は、薩長の幹部級だけだったはずだから。しかし、いくら彼らが冷血漢とはいえ、当の薩長同盟の最大功労者で盟友である傑出した人物を、闇に葬る気になれるだろうか。もっと他に、何かがありそうだ。しかし非力にして、生前には真相を究明出来ぬまま、五十六才の死を迎えてしまった。

西尾氏は、高松太郎の亡霊の話を聞いた「近江屋事件」をもう一度頭に入れようと、一冊の書を書棚から抜き取った。『坂本龍馬の悲劇』とある。

十一月五日、龍馬は、越前福井から京都に戻って来た。福井では龍馬のサポーター、春嶽《しゅんがく》公に会って、政変後の収給の為上洛を要請し、財政通の由利公正《ゆりこうせい》と新政府の財政と金札発行等について会談。それ迄の下宿は、車道《くるまみち》の材木商酢屋方で海援隊京都詰所であった。龍馬は直ぐ「新政府綱領八策」を書き、新政府の構想と人事について西郷らと具体案を練った。やがて酢屋に龍馬が起居している事が、幕府側の密偵に知れたと情報が入った。大政奉還の実質的立役者として龍馬は、新選組、見廻組に狙われていた。「新選組」は浪士層（町人、農民身分を含む）から成り、「見廻組」は幕臣の次男、三男から成り、互いに力を競っていた。

土佐藩は、安全の為に藩邸に移る事を勧めたが、生来、自由を好み、それを謝絶して河原町の近江屋新助方に移った。新助は裏庭の倉を改造し、裏の寺の墓地へ逃げられる様、出口を作り梯子も用意した。福井から帰って、風邪をこじらせていた龍馬には、倉の冷え込みと、大小便の不便さは、こたえた。そこで、母屋の二階に移らせて貰った。

十一月十五日、寒い京都の冬である。格別〝しんしん〟と冷え込む日であった。夜になって陸援隊長中岡慎《なかおかしん》太郎《たろう》が訪ねて来た。龍馬より三才若く、脱藩して、主に長州の志士たちと交流を深め、龍馬よりは武断的な討幕の志を抱いていたが、仲はよかった。中岡は、陸援隊士の処遇の相談に来たのだった。それは直ぐに話が終り、二人は火鉢を挟んで雑談していた。途中、一人、岡本健三郎という若い藩士が来た。「軍鶏（シャモ）を食べたい」と言う龍馬の希望で、買い物に行く〝峰吉〟が席を立つに合わせて、岡本も帰った。

二階は龍馬と慎太郎、それに隣の部屋に控える〝藤吉〟の三人となった。夜の九時を廻っていた。階下で戸を叩く音がした。元相撲取りの藤吉が巨体を敏感に反応させて、階段を降り、取次に出た。戸の外の男は、大和十津川郷の何某と名乗った。十津川は、朝廷の御料米を作る郷で「勤王の士」も多く、龍馬の知り合いも多い事を、藤吉は知っていた。戸を開け、男の差し出した〝名札〟を受け取って二階に上り、それを龍馬に渡し、再び階段を降りようとした時、いきなり一人から斬りつけられた。その脇を、別の二人が駈け上がった。藤吉は、更に数太刀を浴びて絶命した。

龍馬は、油断というよりも安堵感に満たされていた。そうだろう、〝新政府〟の発足を向けて、やるべき事はやった。特に、この一年は、吾ながらよく働いた。その結果、先月十四日、「大政奉還」が上奏《じょうそう》された。間もなく、列藩の有力者が続々と上洛し、新政府が動き出す。全て、自分の構想通りである。〝ぎりぎり〟まで各地を廻って、京より寒い福井に行ったせいか、やる事はやったと安堵感のせいか、風邪を引いてしまった。しかし、その〃けだるさ〃も愉楽の内だ。こうして〃掻巻《かいまき》〃に身をくるんで、火鉢に両手をかざし、気心の知れた中岡と歓談をしている、好物の軍鶏料理も、もうすぐ届く。そこへ届いたのは軍鶏でなく、二人の刺客の刀だった。龍馬、中岡二人は、共に刀を脇に置いていなかった。最初に慎太郎に太刀を浴びせた刺客は、「こなくそ」と叫んだ。二人共、最初の太刀で頭をやられ、更に数太刀を浴びて倒れた。

　惨劇が終った後、現場には遺留品が残された。刺客の刀の鞘《さや》と、先斗町瓢亭《ひょうてい》の印入りの下駄。調査の結果、下駄については前日、新選組とおぼしき武士に貸した事実が判明。〃刀の鞘〃については、高台寺党の伊東甲《いとうか》子太郎《したろう》（１８３５～１８６７）が、新選組の原田の物だと証言。「こなくそ」とは四国伊予の方言であり、原田左之助（１８４０～１８６８）は伊予の出身。伊東は、三日前に龍馬を訪ね「新選組に入れているスパイから、龍馬襲撃の準備に入ったとの報があり、用心されたし」と告げた。この時、中岡は礼を言ったが、龍馬は気にしなく、伊東が怒ったといわれている。

　土佐藩は、大目付の永井尚志《なおゆき》に抗議。永井は、新選組の近藤勇を呼びつけて訊問、近藤は否認。その翌日、伊東は新選組に暗殺され、事件の重要参考人が消えた。

　維新後、明治三年、元新選組の隊員二名が、犯行は見廻組と証言。見廻組の今井信郎《のぶお》が自供したが、自分は見張り役で、誰が命令したかも知らないと述べた。その時、名があがった七人の中に、六人迄、「鳥羽・伏見の戦い」で戦死していた。

　西尾氏は考える。疑問点は何だろう。まず酢屋に居る事が、密偵に知られたという情報は本当か？　海援隊の詰所から龍馬を離し、防備力の少ない近江屋への移動は、策略では？　当日は特に、海援隊員は手薄も？　事件の夜、龍馬を訪ねて来て直ぐに帰った岡本は？　「十津川の者」と名乗って来た智恵者は？　新選組の証拙品の鞘と下駄を残した知恵者は？　伊東は何故、忠告に行ったのか？

　歴史好きの人たちの大関心は、龍馬暗殺の謎なのである。京都で龍馬暗殺に一生涯をかけ、取り組んだ人、西尾秋風氏が居られ、又、大阪に万代修という地味な研究者が〝こつこつ〟と、この問題に取り組まれた研究成果を御紹介して行く。

　最近、こんなコペルニクス的展開説が出た。「中岡慎太郎が、標的説」である。中岡暗殺に龍馬が巻き込まれた説だ。確かに、いくら龍馬と中岡が海援、陸援の仲、薩長同盟を共に成立した仲とは言え「十一月十五日」「近江屋」というのは偶然にしては出来過ぎとの見方もある。しかし、龍馬が頭を斬られたのに対し、中岡がめった斬りされている。

　龍馬、中岡を消そうと思っている者の犯行なら、比較的自由に動いている中岡を尾行し、結果的に、二人共殺されたのだ。

89 龍馬の葬儀も、二説ある謎

「隊の式を以て、これを葬むる事となりせば、海陸両隊士は勿論、土藩士及在京諸藩の同志来り合し、十八日の八ッ時（午後二時）、近江屋より三棺を出せり。第一に龍馬、次に慎太郎、最後は可憐にも両雄の死に殉せし忠僕藤吉の棺なりき。薄れ行く夕暮の日影淡く、白張の提灯、風に靡き、葬列は群鴉の声々頭上に掠《かす》めて、西の空には、はや星の瞬き涙を含めるものの如く、土佐藩邸の前より霊山目指して過ぎ行くを、沿道の士女は垣をなして、これを送れり。この幾千の群衆の中には、必ずや前日の刺客も潜み居るならむ。さらば会心の笑みをなしてこれを見る、あらむと思えば、隊士は胸もそぞろ張り裂くる思いせり」。

『田中光顕談話』にはこうあり、これが定説になっていたが、新資料により、十七日夜、秘かに執行されていた事が分かってきた。

海援隊士・八木彦三郎（１８３９～１９１６）の『宮地彦三郎真雄略伝』に、こう書かれている。

「何れも会津下方新選組申事也。海陸隊長一時に失たり、此以後、才谷位ごふけつハ土州には生じ不申。上下泣涕之至に不堪候、若、当敵相分候得ば、一時兵を操り出居拠此上は後藤参政上京之上、只恐事候、且長岡謙吉も同断也。土州之官府に権無之より、件次第と残念候。才谷下宿へ隊中詰切に而巨細は得不申上候。長岡昨帰京候。両隊長葬式は昨夜相済申候」とある。十一月十七日夜に、葬儀が行われていたのだ。

中村半次郎（桐野利秋）の日記にも、十八日「墓参」と書かれている。

土佐藩は冷たい。「多分新撰組等之業なるべしとの報知也。右承る否、御目附方よりは夫々手分し而探索させたるよし也。然るに此者両人とも、近此之時勢に付、寛大之意を以、黙許せしといえども、元、御国脱走者之事故、未御国之命令を以て両人とも復籍事にも相成ず、そのままに致し有し故、表向不関係之事」（『寺村左膳の日記』）。脱藩者であるので土佐藩は関係ないと。

龍馬は土佐藩邸にも入れず、「小弟思ふニ、御国表の不都合の上、又、小弟さへ屋鋪ニハ入ルあたハず。又、二本松邸ニ身をひそめ候ハ、実ニいやミで候得バ、萬一の時も存之候時ハ、主従共ニ此所ニ一戦の上、屋鋪ニ引取申べしと決心仕居申候。」『慶応三年十月十八日付望月清平宛』

「自分は藩邸に入れないし、二本松邸に入りたくもないので、もし刺客に襲われたら近江屋で一戦する」と、予期していたのに、何故、無防備に襲われたのか不思議である。

90 酢屋嘉兵衛は男でござる。宅に居たのは、才谷ですぇ

京都の池田屋事件跡の石碑を見て、三条通りを東へ歩く。高瀬川の清流が〝さらさら〟と流れるのを眺め右へ、目の前の「瑞泉寺」の寺門に「秀次事件」の駒札が大きく目に入る。

慶長十六年（一六一一）、角倉了以《すみのくらりょうい》（1554～1614）が高瀬川発掘工事の際、「塚」が荒廃している様子を発見。豊臣秀次とその一族に以前から深く同情していた了以は、浄土宗西山派の僧「立空桂叔和尚」（後に瑞泉寺の開山上人）と計り、江戸幕府の許可をとり、荒廃した墓域を整理すると共に、一族の菩提を弔う寺をその場所に建立することとした。山号は、高瀬川を往来する船に因んで「慈舟山」、寺名は、京極誓願寺の中興教山上人が新たに秀次に贈った法名「瑞泉寺殿高巌一峰道意」からとって「瑞泉寺」とした由緒あるお寺である。

一筋下った橋を渡る。この道は、当時は「牛馬通り」といって、三条大橋の下流を牛馬は渡渉《としょう》していたのだ。今も先斗町筋のところに、鴨川に下るルートの跡が残っている。右側の古い京町家の前の駒札に、「海援隊京都屯所跡」（京都市中京区河原町三条下ル龍馬通東入）の説明がされている。ここが酢屋嘉兵衛宅である。現在は、「千本銘木」として三条千本に会社がある。当時のまま、龍馬の面影を残す建物を保存されている。

昭和五十八年（一九八三）三月十七日、「週間K」に載った西尾秋風さんの古い記事を見付けた。

「酢屋嘉兵衛は男でござる」。

昭和五十六年十二月二十二日、私は思いがけず、九代目酢屋嘉兵衛氏にお目にかかる奇縁を得た。当日、所用があって近くのT銀行を訪問、職員のM氏と話していた時、同氏が「今、あそこで支店長と商談している人が、酢屋さんですよ」と教えてくれた。勿論、私が龍馬研究者であることを承知しておられたからである。商

談を終って出入り口にさしかかった酢屋氏を、M氏は、私を紹介するために呼びとめて下さった。

以下、その折の珍問。

「初めまして私、立命館史学会の西尾と申します。先生のお宅は坂本龍馬を匿ったお家と聞いていましたので」

「知りませんなあ、うちで世話をしたのは、才谷梅太郎どすせぇ」と、

「その才谷とは坂本龍馬のことで・・・」

「いや才谷どす。坂本龍馬ではない」。この人は、才谷とは龍馬の変名である事を知らないのか？

「うちでは代々、龍馬の名を出すと、親父から〝げんこつ〟でなぐられたんどす。それほど口は堅かったんどす」。

ははん、この人は、今でも秘密裡に龍馬を匿《かくま》った、当時の家人への戒めを守り続けているわけだな。つまり、赤穂浪士をかばった天野屋利兵衛じゃないか、酢屋嘉兵衛は男でござるというつもりか。ようやく合点が行く、

「一度〝おじゃま〟して、龍馬関係の資料を拝見させて頂きたく思っていました」

「うちでは、あの当時に全部焼きましたよ」

「維新史研究上、惜しいですね」

「いや、それでいいのじゃないですか。何も残らない方が。匿った人に関するものですから」

「私は、龍馬暗殺事件の真犯人を追跡しています。だから……」

「そんなことして何になるんです」。

こりゃ話にならんと、聊《いささ》か感情を害したが、さりげなく話を変えたところ、

「宅には、いろんな人が取材にくるので、私はいちいち会わんことにしている。会ってもおらんのに、会ったような話を記事にしているのがいる。それに映画や小説やらで、金儲けの為に龍馬を利用しているのは、けしからん」。

「しかし、それによって龍馬先生の人気が伝わっていくのですから、ありがたいことで」

「龍馬という人は、自民党から共産党まで支持者がいる。こんな大人物は他におらん」

「私も、常々そのことを言うんですよ」。

やれやれ……。ようやくの一致である。わずか五分間位の話は終った。気の毒なのは、私を紹介してくれた行員のM氏であった。

筆者（青木）は、先年十一月十五日の龍馬祭の折、酢屋さんに行った。大勢の人が家の前に集まっている。この酢屋嘉兵衛さんの夫人である方が、酢屋と龍馬の話を〝とうとう〟とされていた。この中で、才谷梅太郎は、一度も出てこなかった。家訓を守った御主人嘉兵衛さんの昔堅気なお声が聞えてくるように思った。

「才谷梅太郎を、うちはお泊めしていたんですよ……」と。

龍馬の幽霊や、池田屋の人々、本間精一郎の幽霊の話は全然聞かない。

91 龍馬と北海道、そして土佐

「札幌雪祭り」は、日本の冬の観光のイベントのトップを飾っている。昭和六十年（一九八五）二月の札幌雪祭りでは、高さ十五メートルの龍馬の大雪像と高さ八メートルの高知城が作られ、大きな話題を呼んだ。

高知県から北海道への移住者は、明治二年（一八六九）から昭和十年（一九三五）までに、約六千世帯に及んでいる。坂本直寛《なおひろ》（坂本南海男《なみお》）（龍馬の甥）（１８５３～１９１１）や前田駒次《こまじ》（１８５８～１９４５）と「北光社」。男爵川田龍吉《りょうきち》（１８５６～１９５１）と「男爵芋及び蒸気自動車第一号」、沢辺琢磨（山本琢磨）（１８３４～１９１３）と「ハリスト正教会」、広井勇《いさみ》（１８６２～１９２８）と「小樽運河」、武市安《たけちあん》哉《さい》（龍馬の親戚）（１８４７～１８９４）と「聖園《せいえん》農場」、大町桂月《けいげつ》（１８６９～１９２５）と「層雲峡や文学碑」、中江兆民（１８４７～１９０１）と「北門新報」等々、北海道に関わり活躍した人は多い。ユニークな人、「湧別《ゆうべつ》原野開拓の祖」といわれ、アイヌ人を妻とした徳弘正輝《まさてる》（１８５５～１９３６）の事も、知らねばならない。

幕末安政四年（一八五七）、山内豊信《とよしげ》（容堂《ようどう》）（１８２７～１８７２）は、手島季隆《てしますえたか》（１８１４～１８９７）と下許武兵衛《しももとぶへい》（１８３０～？）に命じて箱館を視察させ、手島は、『探箱録《たんかんろく》』としてまとめている。

そして、文久三年（一八六三）には、土佐を脱藩した勤王志士の小松熊市（小太郎）（１８４４～１８６３）、能勢達太郎（1842〜1864）、北添佶摩《きたぞえきつま》（源五郎）（池田屋事件で闘死）（1835〜1864）、安岡直行（斧太郎）（1839〜1864）が、四月から六月にかけ北方視察に行き、その実情を究《きわ》めている。

勝塾生となった彼らは、同年七月二十二日に勝義邦（海舟）に蝦夷地視察を報告している。この後、北海道から帰った北添を、坂本龍馬が訪ねているので、この北方旅行によって得た知識が、後の龍馬による北海道開発論に結びつくのである。元治元年（一八六四）六月十七日の『海舟日記』に、「坂本龍馬下東（略）聞く、京摂の過激二百人程皆蝦夷地開発通商為、国家憤発す。此輩悉く黒龍船にて神戸より乗廻はすべく志気盛んなり……」とある様に、龍馬は、京の巷に溢れている浪人たちを引き連れて北海道へ移住させ、その開発事業に従事させようとしていた。

慶応二年（一八六六）十月二十八日に、亀山社中が、プロシアの商人チョルチーから、薩摩藩の保障で、兵庫商人名義の洋式帆船（のちの大極丸）を入手した時、この船を北海道開発に利用する計画を立てている。この計画は、龍馬（1836〜1867）が暗殺された為実現出来なかったが、彼はこの事業に、大きな夢を抱いていたのである。

龍馬の甥「高松太郎」（のちの坂本直《なお》）（1842〜1898）は、明治元年（一八六八）に、北海道箱館府の権判事に任命された折、北海道開拓についての建白書を中央政府に提出し、厳しく、「アイヌ人差別撤廃」を主張した。彼は龍馬の意向を受けて、北海道との物産交流計画を立て、龍馬の事業に、強い思い入れがあった。その後の明治四年（一八七一）八月二十一日、龍馬の家督を相続して朝廷から永世十五人扶持を給せられ、名を「坂本直」と改める。以後、東京府典事、宮内省雑掌、舎人などを歴任するも、キリスト教信奉を理由に宮内省を免職になる。キリスト教に帰依した後は、高知教会（現在、日本基督教団高知教会）の熱心な信者になり、同じくクリスチャンとなった龍馬の暗殺犯とされる今井信郎《のぶお》（1841〜1918）を、龍馬の法要に招いたりもしている。晩年は弟・直寛宅に同居した。明治三十一年（一八九八）、病没、57才。

後に、一族の民権運動家・坂本直寛《なおひろ》（1853〜1911）が、北海道北見で開拓事業を、親戚の沢辺琢磨（1834〜1913）も、龍馬に命を救われ北海道に渡り、ギリシャ正教信者の日本第一号となったのである。

龍馬が生きていたら……。

92 龍馬の子孫たち

龍馬は、幕末時に京都にあふれている浪人を引きつれて蝦夷地に移住させ、その開拓事業に従事させようとしていた。その開拓事業に大きい夢を抱いていたが「近江屋」で起った暗殺で、実現の夢は泡となって消え去った。しかし後年になって、龍馬の夢は、坂本一族の開拓移住という形で実現することになる。91話と重複した話であるが、明治四年（一八七一）八月、政府は、継子を残さなかった龍馬の名跡が絶えることを憂慮して、元海援隊士で龍馬の甥にあたる高松太郎（長姉千鶴と高松順蔵の長男）（1842〜1898）に家督を継がせた。高松はそれ以来、龍馬の諱《いみな》「直柔《なおなり》」の一字をとって、「坂本直」と名乗った。先に龍馬の命を受け蝦夷地との物資交流の実現に奔走したこともあり、高松は明治元年（一八六八）、箱館裁判所の権判事に任命された。その後、東京府典事《てんじ》、宮内省雑掌《ざつしょう》、舎人《とねり》を歴任、明治二十二年（一八八九）に免職となり、高知に帰って弟直寛の家に同居した。龍馬の縁故により、封爵の内示があったが実現しなかったという。

坂本直の弟で、龍馬の長兄権平の跡目を継いだのが坂本直寛（1853〜1911）である。土佐の自

坂本直寛

由民権家として奔走後、立志社《りっししゃ》の片岡健吉（1844～1903）、林有造《ゆうぞう》（1842～1921）らと共に、明治二十八年、北海道開拓移民の募集事務所、合資会社「北光社」を開設し、その初代社長に直寛が推された。翌年八月に坂本直寛、澤本楠弥《くすや》、前田駒次、西原清東《さいはらせいとう》らが先発隊としてクンネップ原野に入り、この地を北光社農場の建設地とし、参加者を募った。明治三十年四月、開拓移民募集に応募した百十二戸、約六百五十人が高知浦戸港を出発。宗谷岬をまわってからは流氷に進路を阻まれるなど、入植に向けての航海は、困難極まる命がけのものであったという。やがて網走に上陸した移民団は、原始林生い茂るクンネップ原野を切り開き、現北見市開拓の先駆者となった。直寛は、この移民団を出迎えた後、移住準備のため一旦高知へ帰り、翌明治三十一年（一八九八）五月、四十五才の彼は、叔父・龍馬、兄・直が託した北海道開拓の夢に燃えて、一家を引き連れて高知を発った。北海道樺戸郡月形村浦臼に移住して四ヶ月後の九月七日、石狩川の大洪水に見舞われ、開拓移住団は大打撃をうけた。悲嘆にくれる一家に、十一月、郷里に残してきた兄、坂本直の死去の知らせが届き、その妻・留と子の直衛（1884～1921）が北海道に来て、同居することに至った。成人した直衛は、のちに日本郵船、大阪商船、他の国際航路の船員として渡り歩いたが、大正十年（一九二一）、賭博のもつれから火夫長と〃喧嘩〃となりピストルで討たれて死亡したという。ここに「龍馬家」は、いったん断絶したのであった。しかし、昭和十五年（一九四〇）に、直寛の長男の直道（1892～1972）が、直衛の跡目を相続した。

水害救済運動に奔走した直寛は、明治三十五年（一九〇二）二月、札幌でキリスト教系日刊紙「北辰日報」が創刊されると、その主筆に迎えられ、そのころ夕張炭鉱の鉱夫を中心に結成された、労働組合の先駆ともいえる「大日本労働至誠会」の会長にも推されている。しかしなぜか周囲の排斥をうけて、ついに政界を絶縁し、キリスト教伝道師として北海道各地で福音を説いて歩きまわった。龍馬、直、直寛と引きつがれてきた蝦夷地開拓の夢は挫折したが、「魂の開拓者」として直寛の果たした功績は大きい。叔父・龍馬の理想を継承したともいえる波瀾の人生であった。

昭和六十一年（一九八六）四月二十八日に、高知市と北海道北見市とが姉妹都市の「縁結び」を行ったが、その源流には、幕末期に京の浪人衆を見すえて、北海道開拓を夢みた偉大なる先見者の龍馬がいたのである。

93 龍馬に隠し子がいた。その秘密をカナダに追う

高知の龍馬研究会の会報記「龍馬研究第67・68合併号」（平成三年八月二十日発行）著・永国淳哉氏の記事、「龍馬の隠し子?!　その秘密をカナダに追う（一）」を紹介しよう。

龍馬の秘密が、そう簡単に分かるわけがない……。そう知りつつも、何か測り知れないロマンに誘われて、カナダのバンクーバー島行きのフェリーに乗った。この島に、坂本龍馬の落し胤の足跡があるというのである。

カナダの西海岸、最大のバンクーバー。日本を離れる時は『万古福港』という記録から、この大都会の郊外墓地に、坂本龍馬の遺児と伝えられる〝草野《くさの》春馬《しゅんま》〟は、眠っていると考えていた。

長崎龍馬会の柴崎賀広会長に依頼して入手した『草野家家系史明暗記録—生命の中に現存する先祖』（草野重松、1981）、同会会員松本啓一氏の先祖の記録である。同氏は、長崎県水産部漁業調整課に勤務する技官。昨年八月、たまたま復元された咸臨丸二世号の船上講師として、長崎オランダ村まで航海した時、若い同会のメンバーと酒席を共にした時が、私共の初対面であった。

「この男の顔は、龍馬に似てませんか」と聞かれ、ふと「似てますねぇ」と言ったことから、ことが始まった。にぎやかな酒席が急に静かになり「龍馬の落胤」の話となった。

「本当の話なんです」。あくまでも青年技師らしい真面目な口調である。

「真実かどうか、判かりませんよ。しかし、先祖代々の伝承記録にあるのです」。

同氏の四代前にあたる、草野貞重《さだしげ》を中心に、その家系記録を読んで見ると、次のようになる。

貞重は、大正十四年（一九二五）九月に七十四才で他界している。

貞重には、三人の男児がいて、長男としてある「春馬」が、龍馬の一粒胤と伝えられる息《そく》。二男が貞弥、三男が、この家系記録の筆者である重松《しげまつ》。

重松はその名を「龍松《りょうまつ》」とつけると父が言ったが、母親が「長すぎる」と反対したという。龍松を「たつまつ」と読ますのであれば、重松と同じ長さなので、龍馬好きの父親は「りょうまつ」と読まそうとしてに違いない。長男が龍馬の息という〝春馬〟で、三男が龍松、この二人を合わせると「龍馬」となる。

バンクーバー島ゆきのフェリーの速力が急に落ちた。甲板に向かって走る人につられて、左舷に出てみる。夏とはいえ、カナダの海風は冷たい。

「ホエール！」黒い胴に白線を走らせて、シャチが五頭。心なしか、春馬の眠るエスクワイモルト英海軍墓地の方に向かって跳び、私（重松）を誘っているかのようである。

春馬は、龍馬に似て、海への憧憬が強く、明治二十一年（一八八八）九月、海軍兵学校に入学、同二十四年（一八九一）に卒業し、翌年七月二十六日、海軍省の辞令を得て海軍少尉候補生となる。同年九月十六日、日本海軍の金剛艦に搭乗。

「外洋に航す。其の学びし所を練習する所以なり。航程万里風涛険悪、艦まさに覆らんとすること数回、生、力を竭し事に従ふ。一朝病に罹《かか》り篤し、艦已《すで》に米国（カナダの誤り）万古福港に達し、二日を越えて遂に起たず……」。

「発病三日にして急性肺炎で他界した。……墓碑はバンクーバー（島）エスクワイモルト英海軍墓地に現存している」。

龍馬の遺児と知ってか、その遺髪が長崎に帰ってきた明治二十六年（一八九三）四月。海軍賻金《ふきん》を贈り、「諸将校、儀杖兵、護送兵、野砲兵を率ひ来り会す。会送者、殆んど千人、其愛重するところ此くの如し。」

たまたま、〝海門〟と〝満珠〟の二つの軍艦が、長崎に停泊中であったとはいえ、その葬儀の列は、龍馬を霊山墓地に送った、海援隊士の列を想起さす。

私を乗せたフェリーは、バンクーバー島の観光都市ビクトリアの近くの港に入った。ここから、エスクワイアモルト英海軍墓地のある、ナナイモ市までは、まる半日のドライブである。

春馬の父・貞重は、龍馬より七つ年下の天保十三年（一八四二）生れ。さらにその父（春馬の祖父）である草野正次郎が、亀山社中、海援隊を精神的、財政的にも援助していた関係で、貞重も海援隊に志願していたという。そんな縁で、戊辰の役の奥州戦線より帰郷した貞重が、龍馬の遺児を、自分の子として入籍したと伝えているのである。母は伊東さだ（おさだ）。

この話を記録している重松は、前述したように、春馬の異母兄弟。重松の実姉の話では、兄の春馬の母親の〝サダ〟は「対馬の生れで、丸山随一の遊女屋疋田屋（現、花月亭）の遊女頭であったらしい」。「明治二年に見受け（身請け）したが、彼女にはその時二才の男児があり、坂本龍馬の子だと述懐したという。」「父は、その子に〝春馬〟と名づけ、母と児を共に引き取った……」。

バンクーバー島は花の島。古き良きイングランド。この外国の島を歩いても、龍馬は似合いそう。そんな勝手なイメージを車窓に描きながら、車を北へ走らせていた。

以上である。

筆者（青木）も、幕末期の人間模様を色々と調べている。新選組でも土方歳三の子が生れていたことを発見したことがある。土方は入洛した当時は、あのイケメンで〝もてて、もてて〟と故郷に送った手紙が残っているが、芹沢暗殺後は、隊の専務的な副長として、毎日多忙の日々で、新選組の発展を支えていた。そんな中彼は、上七軒の「君鶴」という女性を一人、愛していたのであった。そして彼女は、土方の子を生んだ。女の子であったといわれ、歳三の死後、京都の誰かのところにお嫁入りをした。これは、佐藤彦五郎の長男俊宣《としのぶ》（1850～1929）が、この娘を探しに京都に来た〝日記〟に、うかがわれる。

さて、春馬の長崎の葬儀などを考えると、本当の遺児であったと思われるのである。当時の長崎の人は、知っていたのであろう。千人の葬儀参加の人は、これを裏付けているのだ。

筆者は平成十年（一九九八）に、「新選組・龍馬研究家」万代修氏より大量の資料の寄贈を受け保存していた。今回「龍馬おもしろばなし百話」執筆に当り、それを整理検証している中に、この龍馬研究会（高知市鷹匠町日米学院内）の会報に「龍馬の隠し子」永国淳哉氏の記事を発見し、「龍馬百話への中の一話入れたい」と念頭し、日米学院に連絡したが、研究会の当時の方々は他界され、永国氏も他界され、ご遺族とも連絡はつかない。何しろ二十五年前のことなのでとの回答で、この「消え去り行く」一話を、この百話に入れることを決意した次第で、この貴重な話が残していただいた永国氏及び万代氏に感謝いたすものであります。

94 龍馬の手紙を焼いた、高知のお龍

下関長府の三吉家を辞したのは、慶応四年（一八六八）三月、彼女お龍《りょう》（1841〜1906）は、末妹「君江」（起美）を連れ長崎に行き、龍馬（1836〜1867）の遺志であった、妹と海援隊士千屋寅之助《ちやとらのすけ》（菅野覚兵衛）（1842〜1893）と結婚祝事を済ませて、一人で京都へ戻り霊山の龍馬と対面し、河原町の近江屋に龍馬生前の礼に訪問した。その時、多く所持していた龍馬の手紙の中から一通を、記念に近江屋新助に贈り、それより高知に旅立ち、龍馬の「生家坂本家」に身を寄せるが、数ヶ月後、安芸郡和喰村の庄屋千屋家（千屋寅之助の実家）の厄介になる。

「されど龍子は放恣《ほうし》にして家を守らず非行を敢てす。乙女子怒って龍子を離別す。」と、千頭清臣『坂本竜馬伝』には記しているが、お龍は、「姉さんはお仁王と云う綽名《あだな》のあって元気な人でしたが私には親切にしてくれました。私が土佐を出る時も一緒に近所へ暇乞いに行ったり、船迄見送って呉れたのは乙女姉さんでした」。（『千里駒後日譚』）

千屋家は、妹「君江」の夫、寅之助の実家である。この家に十一才になる千屋家の娘「仲子」が居て、お龍によくなついて起居を共にした。彼女、中城仲子の「回想談」を見ると「坂本のおばさんが、土佐にきたのは

明治元年頃だった。その時私は、未だ十一、二の子供だったが」と、語り残している。「お龍さんは、その時、年まさに二十八才の女盛りだった。どちらかといえば小柄な身体に、渋好みの衣服がぴったりと似合って、細面の瓜実顔は、色あくまで白く、全くの典型的京美人でした」。この地へ来た時は初夏で、よく「仲子」を連れて毎日二、三町離れた山を駆け廻り、「龍馬が生前持っていた六連発のふところ拳銃で雀を打つのを楽しみとし遊びつかれては泉に行き、水を飲んでは憩ふという有様であった。

〃流れまかせに身は浮草の　どこで花咲くことでやら〃と言う唄をよく唄った」。

そして、「龍馬が、龍馬が」と、言葉出ない日は一日も無かったという。

「龍馬との手紙」は、全てお龍が保存していて「和喰の家」では、時々取り出して回想に耽る事もあったが、お龍が土佐を去る時、「この手紙は人に見せたくないから、すっかり焼いてくる」と言い残して行ったので、何でもないもののように、焼き捨てたので、今は一通の影もない。

お龍は自分の帯止を〃仲子〃に渡し「これは龍馬が、〃刀の下げ緒〃と〃目貫〃とで妻に造ってくれたもの、長い間世話になった貴女にあげる」と、涙ながらに別れた。

お龍は、土佐に来て一年余りして、明治二年（一八六九）六月頃、和喰村《わじき》の庄屋千屋《ちや》家を出て、浦戸湾巣山の辺りから出る大坂行きの船で、京都に帰って行った。彼女にこれから、苦難の人生が始まった。

95 お龍に子供がいた、西村松兵衛との出会い

筆者は別文で、西村氏がお龍の遺骨を京都霊山の龍馬のところへ、夜、埋骨に京都へ来た話を書いたが、お

龍の回想取材に、横須賀の彼女の許に通った青年がいた。海援隊士安岡金馬（１８４４～１８９４）の三男〃重男〃である。彼は、お龍の妹君江の夫、千屋寅之助（菅野覚兵衛）の親族であった。安岡金馬の兄・重房の妻・お力は、菅野覚兵衛の実妹という関係にあり、お龍が横須賀で再婚した時、金馬が媒酌の労を取ったという。

この安岡重男（秀峰、夢郷）に、彼女（お龍）は、話を残している。そして、明治三十二年（一八九九）二月から三十三年にかけて雑誌「文庫」に発表した。

お龍（１８４１～１９０６）は、明治八年（一八七五）七月、西村松兵衛（１８４５～１９１５）妻「西村ツル」として入籍。横須賀で新しい一歩を踏み出した。〃松兵衛さん〃は、京都の大きな呉服屋の若旦那で、京、大坂を往復する時、何時も「寺田屋」を定宿とした。この関係で寺田屋の女将・お登勢（１８２９～１８７７）が、お龍さんに同情して二人を結びつけた。更に、お龍さんの口裏から推察すると、松兵衛さんは坂本龍馬の恋敵であったらしく、松兵衛さんは競争に負けて諦めていたが、龍馬（１８３６～１８６７）がこの世を去り、一旦諦めていた恋が猛烈に、そしてお登勢に、切々と恋情を打ち明けた。そこへ〃お龍さん〃が、海援隊の人々に見放れ、坂本家から離縁となり、実家の井筒屋とも義絶、母（貞）と妹（中本光枝）を抱えて途方に暮れていたので「松兵衛の恋」は成功したのだ。母の「お貞」は、近江八日市の出身で、お龍に引き取られて、明治二十四年（一八九一）一月、病死。

お龍には〃子供〃がいた。その子は、明治の中頃まで生きていたのである。この子は、二十才で死別している。第二の夫・西村松兵衛の子である。お寺（横須賀信楽寺）の過去帳には「楢崎太一郎母」（おていい）の記載があり、さらにめくると、明治二十六年九月九日「見応松道信士」西村松平子、十九才とあり、お龍三十四才頃に生れた子である。これは、色々と俗説を見直す話である。この辺りには、幸せを新しくつかんだ〃お龍〃があった。

俗説を見ると、神奈川宿の料亭で仲居を勤めていて、威張って酒ばかり飲んでいたので、松平衛が〃面白い女〃と見込んで一緒になった。当時彼は、海軍の御用商人であったが事業に失敗して、裏長屋に入り「どっこい飴屋」を生業としていたという。

「お良（りょう）さんの2度目の良人松兵衛さんは、背のすらりと高い、面長の、商人上がりの温厚な人であった。どっちかと言えば無口な方で、お世辞も言わなければ、〃おべっか〃も使わない。めったに怒った顔を見せた事がないという男」とある。（『龍馬百話』宮地佐一郎著　文藝春秋　1991）。

安岡重男は、長火鉢を囲んで〃ちびちび〃酒を飲みながら取材をした。お龍は大酒家だったので、持参した一升は、夫が夜店の仕事をして帰る迄に、一滴も残らなかったと、書かれている。

96 お龍の遺骨は、龍馬の墓のそばに埋められた ―お龍の第二の夫西村氏を、西尾秋風氏が語るお話―

昭和五十八年（一九八三）十二月二日、週間テレビ京都に掲載された西尾秋風氏の「龍馬の刺客を追って」の記事を読んでみる。

「ここで話を少し転じて、お龍の第二の夫である西村松兵衛氏について一言弁じたい。彼は通説によると呉服の行商人だったとか。どっこい、どっこいの大道芸人、もしくは夜店露店商人だったとか、十人十色に語られている。

本当はこの人は、彦根藩にも出仕したこともある化学者でビール、セメントの製造も手がけたことがあり、お龍と再婚した当時は、横須賀で造船所を経営する実業家であった。

さて、お龍が臨終を迎えたのが、明治三十九年（一九〇六）一月十五日、さすがに気丈夫な彼女も〝うわ言〟で「龍馬、龍馬」とかすかに叫んだ。彼女の遺言にしたがって、松兵衛氏はその分骨を龍馬の墓と実家の楢崎家墓に納骨すべく、わざわざ、京都にやってきたのである。京都で世帯を持っている養女（実は姪）と二人して、一夜秘かに、東山維新の道に眠る龍馬の傍に埋めたという。いかに維新の俊傑とはいえ「龍馬への思慕を持ち続けていた」吾が女房、それだけでも、夫としては堪えがたい。それを松兵衛氏は、明治八年から三十年間を連れ添って、生前は愛する妻として十分に面倒を見てやり、その死後は再び、維新の英雄坂本龍馬の妻として葬ってやった心意気に、私は男として、涙なきを得ないのである。

ところが実は、お龍の遺品（龍馬の日記、愛用扇子、掛軸）三点が、遺言によって西村氏祖母のもとに届けられたそうである。これ等の遺品は、元来、龍馬の形見であって、あの遭難事件の折りは、裏の近江屋の倉に置き残されていたものであり、どうしてお龍が入手したものであろうか。お龍は、明治初期に近江屋に世話になっていたことがあり、その時に形見の品として受領したのであろう。

この形見の品は、大正五年（一九一六）、謎の不審火によって焼失したという。西村氏母堂の談話によると、祖母夫妻は、部厚い龍馬の日記をめくりながら、「坂本龍馬という人は、偉いお人や。よくもまぁ、こんな事まで考えて、いやはったなあ」と、感心しながら見入っていたそうである。別れ際に、西村氏は「あれは、焼かれたことになっているが実は」と、気になる一言を発した……。

落葉の舞う晩秋の一日、幻の龍馬日記を求め筆者（西尾秋風氏）は孤剣を抱いて車窓の人となった。目指す行く手は、東江州、果たして鬼が出るか、蛇が出るか。憤然、まなじりを決して、瀬田の鉄橋を過ぎれば、比良の連峰が……全語終り」。

「これから一年近くたった昨今、西村平造氏より電話で〝土蔵の長持に入れられて、曾祖母の実家の某寺に、封印されて存在する〃との報告を受けた」と、次回の記事に書いてあるが、西尾秋風氏は、其後の調査は健康のためできず、そのままになってしまったようである。お龍の形見は、東江州のどこかのお寺の倉の長持に、封印されて眠っているのではないか。

97 佐那子へのお龍の嫉妬

お龍（１８４１～１９０６）は、佐那子（１８３８～１８９６）について、龍馬の語ったこととは、全く違う発言をしている。

「千葉の娘のお佐那といってお転婆だったそうです。親が剣道の指南番だったから御殿へも出入りしたものか、一橋公の日記を盗み出して龍馬にくれたので、龍馬は徳川家の内幕をすっかり知ることが出来たそうです。『お佐那はおれのためにはずいぶん骨を折ってくれたが、オレは何だか好かぬから取り合わなかった』と言っておりました」

「千葉周作の弟・定吉の娘さな子（佐那子）は親に似ぬ淫奔女であったそうです。肩揚の跡のまだ鮮やかな時分から門弟の誰彼に心寄せて附文《つけぶみ》をしたり、あたりに人の居ない時は優男《やさおとこ》を捉えて口説いたり、いやもう箸にも棒にもかからぬ女で、それが美人ならば、師匠の眼をかすめても、時にあるいは花陰に眠る者もあるでしょうが、悪女の深情けとやらで我が侭で腕力が強くて、それでいて嫉妬深いものですから、皆が逃げ廻って居りました。ところが龍馬が周作の門弟になった時、早速附文をされたので龍馬も呆れ返って、なるだけ顔を合わせないようにしていました。後に同志の人々が集まった時に『いやもう私は天下に恐るる敵は無いが、彼女には閉口した』と、頭を掻いて苦笑したそうです」。

お龍の言葉は、悪意に満ちている。

どちらかと言えば、女としての、嫉妬だろう。お龍がこれほど、悪意に満ちたことを言っているので、龍馬と佐那は、婚約していたのが本当ではないか。龍馬が乙女に書いた手紙には、非常に好意的に書かれているが、お龍の佐那子に対する言葉は……。

98 佐那子の話「結婚していた！」

千葉佐那子は、結婚していた。

龍馬の恋人、婚約者といわれ、龍馬を愛していて、その墓石にも「坂本龍馬、室」と刻まれているので有名な人である。生涯、龍馬を愛して独身をつらぬいたといわれてきた。

このたび、この彼女は、元鳥取藩士と結婚していたとする、明治期の新聞記事が見付かった。発見したのは、〝あさくらゆう〟さん。この歴史研究家は〝こつこつ〟と幕末維新の人物を調べて〝謎解き〟をしている人だ。司馬氏の龍馬のコラムなどから、独身説が広く知られているが、あさくら氏は、「記事は、かなり正確」としている。

さな（佐那）は、北辰一刀流を開いた千葉周作の弟、千葉定吉（1812?～1879）の娘。江戸へ出た龍馬は千葉一門に入門し、さな（佐那）と知り合い、婚約したとされている。

平成二十二年（二〇一〇）に発見された、この新聞記事は、明治期に横浜で発刊された毎日新聞（今の毎日新聞とは無関係）が、明治三十六年（一九〇三）八～十一月に連載した「千葉の名灸」。さな（佐那）が、晩年、千住《せんじゅ》で営んだ灸治院の来歴などを描いた内容で、さな（佐那）の親族に取材して書かれた。

十月四日、五日の記事によると、明治六年（一八七三）に横浜に移り住んださな（佐那）が、父定吉の剣術師範役を務めていた鳥取藩の元藩士・山口菊次郎から求婚され、龍馬の七回忌も済んだことから受諾した。しかし、家格の低さもあり、定吉が反対。「お前の命は、かつて龍馬の霊前に捧げようとしたものではなかったのか」と怒って、佐那を切ろうとしたため、近くの商家が仲裁に入り、翌年七月に結婚した。あさくらゆうさんは、鳥取藩主の伝記等々から菊次郎の名前や、当時横浜在住だったことも調べ出し、『横浜市史』から商家も確認。佐那の横浜期の戸籍などは、戦災で焼失していた。菊次郎の身持ちの悪さから、十年たたず離婚。

「彼女は独身で通した」と、紹介されている本が多い、この「千葉の鬼小町」「小千葉小町」は、その後、明治十五年（一八八二）九月、京都の学習院女子部舎監として奉職。その後、明治十九年（一八八六）千住に移り住み、亡くなるまで、一人で通したという。

その死後、身寄りが無く〝無縁仏〟になるところを、山梨県の民権運動家・小田切謙明（1846～1893）が、小田切家の墓地にある、甲府市の日蓮宗妙清山清運寺に納骨した。その墓石には「坂本龍馬、室」と彫られている。

99 龍馬の室、さな子（佐那子）の墓を作った人

司馬遼太郎氏の『余話として』（文藝春秋　1979）を読んで見ると、「千葉の灸」という話が描かれている。甲州で古い人なら「小田切謙明、一生懸命」という言葉を知っているだろう。子供などが、遊戯をしていて、

いざ正念場という時に、「おだぎりけんめい、いっしょうけんめい」と、唱えたものだと聞いているが、と言って、この人物がどういう人物か、今は、甲州でも余り知られていない。筆者も、明治の自由民権家という以外、よく知らなかった。

この人は、生きているうちに神様に祭られたという、〝生祠《せいし》〟である。祭神である、当の人間は、浮世のどこかで飯を喰ったり、汽車に乗ったり、排便したりしているのだが、別の場所で、一団の大真面目な連中が集り、その人物を祭神にし、地を定めて祠《ほこら》を作り、春秋二季に神主を呼んで来て、大祭などをしたりするわけである。日本の土俗信仰の中でも、生祠だけはおそらく、世界に類の無いものに違いないが、ともかく、こういうことをやる民族というのは、どこか、不可解なものをもっているに相違ない。生祠〟という土俗がいつ頃から、はじまったものかは知らないが、山梨県に最も多く、広島県にもいくつかあるという。多くは、農民を救済した、義人的な庄屋、または租税を軽減するなどの善政をやった代官などが、祭神となったというから、江戸時代の農民が、発明したものかも知れない。

小田切謙明は、明治十六年（一八八三）に、甲府城のそばで温泉を発見し、県庁の許可を得て掘り、これがために、それまで草原だったところが、たちまち「湯治湯」になって賑わった。そこで土地の人が謙明をありがたがり、その恩を感謝するため、明治二十一年（一八八八）九月、櫻町に祠をつくって祭った。謙明は号を「海州」といったから、神様の名は「海州大権現」ということになった。謙明は、甲府市新青沼の生れで、幕末、十八才で、すでに青沼村の庄屋であった。維新後、自由民権運動に投じ、私塾を作ったり、啓蒙新聞を発行したりして、政府当局から圧迫されたりしたが、のち、板垣退助の結社に加わり、各地に奔走して、いわゆる〝民権闘士〟としての名を全国に知られた。明治十三年（一八八〇）十一月に東京で開かれた国会期成同盟の大会では、福島の河野広中《ひろなか》、福井の杉田定一《ていいち》らと共に幹事の列につらね、その後結成された自由党で常議員ということになっているところを見ると、地方的活動家であったとはいえ、相当な存在だったといってよい。

話は全く変わるが、金子治司氏の著書に『幕末の日本』（早川書房　1968）という本がある。まことに、新聞記者の著作らしく、いちいち足で確かめられた幕末史話で、その中に「千葉の灸」というくだりがある。剣の千葉家には、周作の神田お玉ケ池道場と、周作の弟・定吉の桶町道場との二つがあり、たとえば、坂本龍馬は、その桶町千葉家に剣道修行で入門した。著者金子氏によると、桶町千葉家の子孫は、定吉からかぞえて五代目、千葉晃という人で、晃氏は歯科医の免状を持ち乍ら、灸治院を経営しておられたそうだ。このくだりに、私は興味があった。なぜなら千葉家には、周作、定吉の頃から「千葉の灸」といわれた独特の灸が伝わってい
て、それが維新後、剣術が、流行《はや》らなくなってから、桶町千葉家の〝生業〟となった。それが、今なお根強く支持者があり、五代目の晃氏によって、灸法が継がれているというのは面白い。（司馬氏『余話として』から）。

金子氏は、そこで、晃氏から〝言い伝え〟を聞こうとされたが、言い伝えは聞いていないという。言い伝えは、絶えてしまっていたのだ。この定吉と、その子・重太郎の墓は、雑司ケ谷の墓地にある。この本には〝さな（佐那）子の墓〟は、分からないと書いてあるが……。

龍馬は、桶町千葉道場で、ほとんど千葉家の家族同様に待遇され、のち諸国を奔走している時も、江戸に来れば必ず千葉家を宿とした。しかし、自然の成り行きで、〝さな子〟は龍馬に好意をもったが、龍馬もむろん、同様だったに違いない。彼は〝技能を持つ才女〟が好きで、それから見れば、さな子は、娘ながら北辰一刀流の免許皆伝の持主である。

ところが、この恋は結ばれなかった。龍馬は、その晩年、最後に江戸を発つ時、さな子から胸中を打ち明けられ、彼も驚いた、或は、驚いたふりをした。何故ならば、龍馬は妙に艶福家でこの時すでに、京で「お龍」という娘を得ており、これを結局妻にした、という事情を打ち明けられず、かといって恩師の娘を〝いたぶる〟

ことなならず、窮したあまり、「自分は危険な奔走をしている。いつ死ぬか分からず、だから結婚ということは考えられる境涯ではない」と婉曲に断り、「しかし、うれしい」など言って、いきなり自分の着ている着物の片袖をひきちぎり、「浪人の身で、何も差し上がるものは無いが、これを私の形見だと思って下さい」と言って、その桔梗紋入りの片袖をさな子に渡し、千葉家を去った。その後、龍馬は死んだ。さな子は、学習院女子部の生徒たちに、時々昔話をし「私は坂本龍馬という人の許婚者でした」と語ったが、娘たちは、坂本某とは何者であるかよく分からなかったそうである。さな子は、その後、千住に居た。

前記の小田切謙明が中風に病み、小田切夫人豊次《とよじ》が、千住に中風の灸点をおろしてくれる家があると聞き、謙明を人力車に乗せて訪ねた。奥の間から上品な老夫人が出てきて、表ノ間で容体を聞き、やがて灸をしはじめた。通ううちに、小田切夫妻は、この老婦人が何者であるか興味をもち、身の上を聞くと、なんと桶町千葉家の娘で、龍馬の許婚者であると言う。

謙明は、自由党の板垣とは親しく、彼が土佐人である関係で、坂本龍馬という人物のことは早くから聞いていたし、その板垣が、かつて自由民権を唱えたのは、自分でなく、それ以前の坂本龍馬であると語ったことを覚えていた。そこで、この老婦人の境遇が、気にかかり聞いてみると、〝一人暮らしだ〟という。謙明もその夫人も親切者で、自分たちと甲府で住もうと、さな（佐那）に言った。

その後謙明は、明治二十六年（一八九三）四月に、甲府の自宅で死んだ。夫の死後、豊次は〝さな（佐那）〟を甲府に引取り余生を送らせ、その三年後、さな（佐那）も死んだ。さな（佐那）は、生涯、龍馬の妻のつもりでいて、死後、この墓碑によって、その思いが定着したのだった。

九　文献の中の龍馬（大正期）

100 珍書坂本竜馬奔走録

大正三年（一九一四）、博文館発刊の千頭清臣《せんずきよおみ》著『坂本竜馬』第二版の増補版に書かれている。これによると、この「奔走録」は、当時大正三年には、日本に二冊あるのみと書かれている。千頭清臣による「作り話」が多いと思われるが、それを読んでみることにする。

一、**奔走録に関する説明**

或る、二、三の方面より余に向かって坂本の「奔走録」に関する事情の説明を求め来る。是れ、坂本の実伝研究として、さもあるべき要求なりと思ふが故に、余は之につき御所見を吐露し、質者に答え、伴せて世人に質さんとす。先以て「奔走録」の原本と思はるる者にして、世に存在するは極めて僅少なりと信ず。余の知る所を以てすれば、高知に一本、奥羽地方に一本あるのみ。奥羽地方の分は、某学者の所有に係り、余の本書に引用せるは、即ち是れにして、嘗《かつ》て余の一友人が之を謄写して、余に送り来りしものなり。而《しか》して「奔走録」なるもの、果して坂本が自ら筆を執りしや否やは一問題なるも、余は坂本の性行より推して、其自ら筆を執りしにあらざるを信ず。某先輩云ふ、これ坂本が時々臨機応変に談論せしものを、其親近者が書留めしか、或は又坂本の死後、友人子弟等が相会し、互に坂本の言行につき語り合ひしものを、何人か筆記せしにあらざるかと。今暫く、其自筆なるか又は他筆なるかをおき、兎もかくも余の信ずる所によれば、該録中に見なれたる各條中、少くとも其一部分は坂本の言談たるに相違なかるべく、其言々語々の奇抜超凡なるは、単に坂本を表出せるのみならず、其証拠として故中島信行男爵の語りたるに「坂本氏は、時々実に意表に出べる事を言ふ人なりき。一日自分に対して、子は今後数々天下の志士などに出会ふことあるべし。其際に相手の人物の容貌が、如何程恐しきとても、決して怯臆《きょうおく》するに及ばぬなり。対談の時、此人が彼の房事《ぼうじ》の場合には、如何なる顔を為し居るかを思へ。さすれば抜山倒海《ばつざんとうかい》の英雄も、忽ち平々凡々の士を成り了るべし、云々といへり」と。坂本は此独特奇警の語が現に「奔走録」に記載せらるるを見れば、其中の記事、是れ坂本の胸に湧き喉を経て口を衝きたる天籟《てんらい》と断じ得べきにあらずや。既に本文に略記し置きたるが、余、一日、故佐々木候を訪ひ「奔走録」につきて、其意見をたたきしことあり。是れ候が、坂本と長崎に於て深交ありしを以てなり。候云ふ「元来坂本といふ男は、時と場合により、臨機応変、言はば出鱈目に放言する人物なりき。例えば、穏和過ぎたる人に会する時には、非常に激烈なる事を言ひ、是に反して粗暴なる壮士的人物には、極めて穏和の事を説くを常とせり。欺様の筆法なる故に、坂本には矛盾などと言ふ語は決してあてはまらぬなり。昨日と今日と吐きし言葉が全く相違するといって少しも意とせず、所謂《いわゆる》、人によりて法を説くの義なりと知るべし。「奔走録」なるものは、いかにも坂本の言ひさうな事と思ふ云々」と。候は尚、語を続け「一体坂本は、時として随分過激の語を吐きしが、性来は頗《すこぶ》るやさしき男なりき。老人、幼者、婦女等に対しては殊におだやかにせり。長崎に在りし際、時々部下の壮士をひきいて、酒楼に上りし事ありしが、女共は何時も「坂本さん、坂本さん」と云ひて非常にしたひたり。尤《もっと》も是れは、単に個人としての坂本の深切（親切）に感ずるばかりでなく、坂本が居る時は、壮士等は敢へて乱暴の振舞をなさぬ故に、坂本の来るのは、彼女らの歓迎すべき筈なりき。坂本、又、言ひし事あり。「我々は今、国事に奔走して幕府の指目する所となり居れば、何日何時、縛に就くやも測られず。若し万一、我々が芸妓風情と相携へて撮影することありて、之により其踪跡を物色せらるゝあらば、志士の面目として大いに恥づべき業なれば、我々は断じて此の卑猥の行為あるべからず」。と彼は疎大豪放なるが如くにして、其実、思慮の周密なること斯《かく》の如し。それかと思ふと、又、斯様の事を言ひたり。「人間は初めの働きこそ大事なれ。例えば軍のことに就いて言へば、初陣に大功を顕《あらわ》さば、何某は豪勇の士なりとの好評を博すべし。一たび、此好評を受けなば、其後の戦に於いては、逃げても別に差支えなしといへり」と。以上は、佐々木侯の談話なり。侯は、坂本が臨機応変を以て人に接すと云はれしが、余嘗《かつ》て故、陸軍中将岡崎生三《せいぞう》（土佐藩士岡崎生《いさお》三男）（1851～1910）に聞きしことあり。たしか京都の事なりき。中将、一日先輩坂本を其旅舎に訪問したり。時に十五、六の成童なれば、初対面の中将、案内に応じて其部屋に入るや否や、坂本は大声揚げて「貴様は仲々身体が大きい立って見よ」と。坂本は声に応じて直立したる中将を見て、大いに満足の意を表はし、それで宜しとて座に復せしめ、青年の心得べきことを懇々と言聞かし、尚別れに臨んで「天下の為にしっかり遣れ」と励まされ、自ら着し居られたる洋服を与えられたりと。坂本の人と応接の態度は、先づ斯様《かよう》なりしが如し。余は、尚ほ言を添えざるべかざる事あり。「奔走録」を見るに「義理などは夢にも思ふ事なかれ云々」とか、或は「親子兄弟と雖《いえど》も、唯執著の私なれば蛆虫《うじむし》同様の者として愛するに足らぬ活物也云々」とかの言あり。此等の言によりて、坂本の人と為りを想はば、坂本は、如何にも残酷無情極まる性質なりしが如し。されど、其臨機応変的の片言隻語《へんげんせきご》によりて、坂本の本領をトすべからざるは、叙上のことを以って之を知り得べし。坂本、豈此（かく）の如き残酷無情の人ならんや。試みに其兄弟に贈りし手紙を見れば、如何に其友愛の情に富み、孝悌の心の厚きかを分明に認め得べし。只に手紙に其心情の流露せるのみならず、其実行も亦た誠に坂本の愛血多涙の人たるを證して余りあり。其善く青年立身のために心を労し、困窮者のために金銭物品を賑恤《しんじゅつ》するをいとはざりしか如き、其一にして足らずと聞く。後藤象次郎《しょうじろう》の将軍家大政奉還の大企図を抱懐し、二条城に於て将軍に謁見する際に当り、坂本は京師の旅舎にありて建白の結果如何なるべきかと、流石《さすが》の英雄も百錬の鉄腸を九廻《きゅうかい》しつつ案じ居たり。折柄忽《たちまち》後藤伯より一封の書翰来りしば、取る手遅しと之を披見するに、将軍慶喜公は愈《いよいよ》大政奉還に決心せられたりとの吉報なりき。之を読み終りし、折柄丁度中島信行氏奉り、坂本がオロオロと涙を流し平生にあらぬ異様の態度を見て、大いに怪み、如何なる故かと之を問へり。坂本聞きも終らず、先づ之を見よとて、伯よりの手紙を示す。取り敢へず之を読み下せば、兼ねて坂本を始め同志一同の切望奔走せる、大政奉還の目的を達せるを報じたる後藤伯の手紙なり。中島氏は、この実に国家の為めに慶賀すべき事なるに、先生が却って流涕《りゅうてい》せらるるは、聊《いささ》かも何事にやと不審すれば、坂本は大息して「君、能く考え見るべし。何しろ歴世相継ぎ三百年の久《ひさし》きに渉《わた》りて握りたる政治の大権を、慶喜公の代となり、一朝一夕に之を返さねばならぬ事に立到りたるは、公の立場よりすれば、其苦痛如何ばかりぞや。其心事、誠に察し遣らるるなり。公、既に此処に意あり。「余は今後公の為めに一命を擲《なげう》っても尽力し、其国家の為めに捧げられたる高義に酬《むく》ゆべし」と云いたりとは、何等の狂気豪気真気ぞや。是は蓋《けだ》し武士道の精華にして、坂本の本領は茲《ここ》に発揮せられて豪髪も遺憾なきを覚ゆ。

二、疑はしき話

聊《いささか》も坂本の逸話として、世に伝わるものの中には、頗《すこぶ》る疑わしきものなきにあらず。今、其二、三をあげて余の所見を陳ぜんに、坂本の子供の時分に「鼻汁垂《はなた》れと言はれたり」と。「鼻汁たれ」とは土佐の方言にして馬鹿若しくは愚鈍と、言ふことを意味す。之を以って、坂本の幼年時代は真の馬鹿にありきと評し居る者あり。これは大なる間違なりと聞く。能く坂本の幼年時代を知れる先輩の話によれば、坂本は決して馬鹿者にあらず、子供相当分別ありし人なりきと云ふ。要するに、坂本が其姉に贈りし手紙の一つに「どふぞ、私を昔の鼻汁たれと思ひ下され間敷候云々」といふ言あり。是よりして、子供時代は事実上まさしく馬鹿なりきと、誤解する人を生じたるかと察せられる。坂本が手紙中に、しか謂《い》ひしは、戯談的《ぎだんてき》に謙遜して、かくも態と興味ある辞句を弄《ろう》したるならむ。尤《もっと》も、当時其附近郷党の婦人達が、誰れ云ふとなく「竜馬さんは、ぼんやりだ」と言ひ居りしと聞く。これ或は実を得たる批評ならむか。所謂《いわゆる》大器晩成とは是等の謂《いひ》なるべく、坂本は断じて現代青年の如き、小才子にてはあらざりしなり。

又、江戸に於て幕府の捕吏に追跡せられ、一人の婦人を片手に抱き、縄か細引《ほそびき》かを片手につかみ、辛うじて二階を下り逃げたりと説く者あり。これは絶対的に有るまじきことなり。坂本が江戸に在りし時分は、学生の身分にして撃剣若《も》しくは航海術の研鑽に五尺の形駆を委ねたる折なりき。尤も航海術を修むる前に在りては、既に一箇の志士として藩国を脱走せる身也。されば江戸に在りても国事に周旋せざるにあらざるも、間もなく大局を見る所ありて、勝伯の門に入り、慶応年間に於て〝土藩の坂本〟と海内に喧伝せらるゝ素養を、こそ茲に作りたれ、当時、決して狂激浮浪の徒と伍を為《な》し、幕府の指目を受くるが如き行動は、未だなかりし筈なり。要するに読者の言は、後年、夫の美人竜子を劇中に交へたる、最も色彩ある伏見寺田屋事件の史実の一駒をば、更に誇張し潤飾し、之を江戸に移して偉人の風情を、小説的に映出せしめんとしたる業《わざ》なりと知らる。

其外、些細の事に於て空中に楼閣を画き、講談師、碑史家等の得たり賢しとして、其舌頭、筆端に上するもの数少なからざるも之を略す。左の談柄は、余の諸先輩を始め其他信憑すべき人より聞き及び逸話にして、確実と思量するものなり。

三、男勝《まさ》りの姉乙女

直接坂本に関する事にはあらざるも、縁近き姉の動作なれば、茲《ここ》に之を紹介すべし。坂本の姉乙女子《おとめこ》(1832〜1879)は、体格非常に大きく坂本家の仁王と謂はれ、略文武の技に通じたる男勝りの女なりき。夜間或は竹藪の中に入りてピストルを放つが如き、又、弟竜馬の朋友と撃剣の仕合ひをなすが如き、なかなかに通常繊弱《せんじゃく》の婦人にあらず。又、太閤記、源平盛衰記、三国志などの軍書類を愛読したり。その多くは、貸本屋より幾千の損料を出して、一時借り出せし書なりといふ。而して彼女の記憶は特に強く、一度目にふれれば大体の道筋は、明白に之を脳中に印象したり。弟龍馬の子供時代には、善く英雄談を試み、之を聞かしたりといへば、精神的に弟を教化する上に於て、多大の効力ありと思はる。

四、竜馬の平気

坂本の歌に「世の人は　我を何とも　云はば云へ　我為すことは　我のみぞ知る」との作あり。或書には上句を「世の中の人は　何とも　云はば云へ」と記したるものもある。坂本は歌の通りの人物にて、たとひ他人が何と彼を批評するも総《す》べて頓着する所なかりしが如し。辺幅などは、一向、意を用いざりき。土佐の方言に「バタラゲル」といふことあり。そは衣物の着様整はず、胸を見はす事などを指すなり。坂本は則ち「バタラゲ」男なり。固《もと》より衣類の縞柄《しまがら》などは何でも構はず、一度着れば、破るゝまで之を着通すを常とせりとぞ。穿《はき》物《もの》なども見当り次第、勝手に之を引っ掛け、時には左右の足穿物、一様ならざる事ありて、五尺の荒くれ男が、其片足には紺色紬の緒を結び附けたる婦人の駒下駄を穿《うが》ちて、見る者の失笑を買ひしとかや。余は、又某に聞く。其人嘗て坂本と深交(親交)ありし土佐勤王の士にして、現代の遺老たる大石弥太郎翁に問ふに、坂本の人なりを以てしたり。翁云ふ、「竜馬は帯解けひろげの〝バタラゲたる男〟であった」と。「帯解けひろげ」とは、半帯を解き放して、礼節に構はざる態度をなせるを謂ふなり。但し、こは坂本の形体を評したるものにあらずして、其精神を謂ひたるなり。即ち精神の規矩に拘泥せずして、常経を以て律すべからざるを謂ひたるなり。余は、深く其適評たるを感ず。内部既に然り、外部亦此の如し。坂本の外部は、其内部を欺かざるなり。対座の時の一くせに、談話佳興に入れば、夢中となって、羽織の紐を舐め、而してそれを指先にてぐるぐると回転し、紐を染めし唾沫《つばまつ》が座中に粉飛するも、坂本は平然たりしと云ふ。

或る雨夜、友人を訪問して正に帰らんとする際、友人は提灯を貸し遣らんと云ふ。坂本はスット立ち上り、其座に燭しありし行燈を携へ、何気なき体にて立去りしと。奇行此の如き故、坂本の叔父に当る福富といふ人は、毎度「竜馬は変わり者だ」と評し居たりと。

西郷従道《つぐみち》の談話なりとて、鹿児島人より聞きし事あり。或時、侯、辺見なりしか又は村田なりしか、其中の一人と二人連れにて、鹿児島市街を通行しつゝありし折柄、前方より長刀を帯び、頭髪はムシャクシャと乱れ、飛蓬《ひほう》の如き一人の大男出て来りたり。誰なるやと摺れ違いざま之を視るに、絶えて見知らぬ士なりけり。こは必定他藩士ぞと考へ、二人は行く行く「彼は何といふ奴なるか、あの様な乱暴者が現るゝ様になったから、世の中は物騒至極である」などと、互ひに語り合ひつつ其友人を訪問し、刻を移して、侯は連れの一人と別れ、単身我家に返り、兄なる南州《なんしゅう》の部屋に入りしに、思ひがけなく来客ありたるが、其人こそ正敷先刻途中で見たる風変りの男にてありき。其状態如何とうかがうに、床に肘をつき、両足を長く伸し、片手に漢籍を掲げて之を見居たり。時々「先生これは何か」と南州に不審するを、南州は後に振り向き「斯様云々」と説明すれば、会心げに「おゝ左様か」と首肯せり。兎角《とにかく》する中、南州は弟の従道に向ひ「これは此程来鹿せられた土藩の坂本竜馬殿なるぞ、善くお見知り置き願へ」と。よって相当の挨拶をなしたるが、侯が坂本を知りしは、実に此時が始めなりきと云ふ。

加ふるに、坂本の少しも頓着せざりしは、手紙の文字文句なり。筆跡は巧妙にあらざるも、達者なりとは謂ひつべし。其ゆどみなく、すらすらと大きく或は小さく字を書き下す行間には、片假名もあれば、平假名もあり、格に入った書牘体《しょとくたい》から見ると、忽《たちま》ち土佐方言の通俗対話語をさう入し、其中に宛字を使用するなど、手紙は何でも宜し、分りさへすれば事足るとの意が、明に推察し得らるるなり。志士の遺墨は固《もと》より、一般に識者の好愛する所にして、其累迫渇望の情を遣《つかわ》るべく、之を珍蔵する人多し。

前年国民新聞社の計画にて、維新志士遺墨展覧会なるものを開催せし以来、謡品は識者となく、俗人となく、世間広く注意、嘱目《しょくもく》する所となり、随《したが》って売買価格も非常に上昇し、夫の乃木将軍の書の如きは、数千金を以て購求せらるゝと聞く。坂本の筆跡も亦た多くの人々に重涎《ちょうたい》せらるるも、概して其入手の難しさを歎じ居る様子なり。此程、一、二の方面より余と意見を聞きたしとして、中岡慎太郎《しんたろう》の画に、坂本が賛せしと云ふ一幅と、外二箇坂本の筆跡を唱ふる幅と、都合軸物三箇を示されたり。余は素より鑑識の明なし。故に之を某先輩に就いて質したりしに、坂本には此様な筆跡は絶対に無之しとの證言なりき。元来坂本は学者にあらず、書家にあらず、文字はむしろ不得手の方なるのみならず、其性質より、之を云ふも、毫を甜《ねぶ》り墨を吮ふなどの事は有り得られざる業と思はる。随って印章を持ち居る筈なし。然るにも拘らず、余に示されたる軸物は、其上下に立派なる印章押捺せられありたり。興に乗じて筆を走らせたりと、云はば尚説あるべきも、文房器物を其備し墨客雅人の風流にならふといふに至っては、益坂本の真面目に遠ざかるを覚えて、余は其偽物たるを断言するを憚らず。蓋《けだ》し近年遺墨の盛に流行するに当り、時好に投じて此種の偽物が狡児《こうじ》（悪知恵の発達した人）の手に成りて、多々世を欺《あざむ》き居るは明白なる事実なり。好事家の注意を要す。而して坂本の筆跡にして世に存する者は、少数ながら其書翰なり。

五、竜馬は、実行家にして能く其時機を知る

坂本は西郷南州等と同様、議論家にあらずして実行家なり。一問題に接触して、人或は反対の説も出す事あるも、坂本は敢えて之を攻撃することなく、又自説を強ひて辨解もせず。此間に處《しょ》して自ら綽々《しゃくしゃく》として余裕あり。「天下の事をなす者は、ねぶとも能く能く腫れずては、針へ膿を着け不申候」といひ、「新田義貞の太刀を海に投じて、潮の退しも時を知りてのことなり」といひ、凡て此等鋭利《えいり》警抜《けいばつ》の観察は、議論を超じて実行に落つ。古人の「諸君は舌を以て賊を打つ、我は手を以って賊を打つ」との言は、正に坂本の心事を現はすならむ。但《けだ》し坂本は、又彼の家康の「啼かざれば啼くまで待とう時鳥」てふ、忍耐力に富みたる人物なりき。実行家なる故に、坂本は其目的を貫徹せんが為に、能く之に適応する方法、手段を講究したり。

彼の「エソップ物語」に、ネズミが猫に捕へらるゝを、嫌ひ、数多くの者之を避くる方法を講究せんとて会議を開きたるに、猫のクビに鈴を結び着くるの案を提出する者あり。大多数之を讃す。然《しか》るに老練なる一ネズミ、質問の矢を放ちて曰く「自分も此案の最良なるを知る。然れども聊か誰れが之を実行し得るぞ」と。群鼠一語なくして事を罷《や》むと。

されば目的如何に其の善を尽くすのも、之を決行する手段の伴《とも》なはざるに於ては、単に机上の空論に終るのみ。坂本の事を謀るには、此迂闊なし。己が目的を立つるや、必ず同時に其、実行方法を講究したる也。これに関し一、二の例をあぐれば、長崎に於て何人か英国の水夫を殺害したる者あり。海援隊士は其凶行者たるの嫌疑を受け、当時のパークス英公使、そが談判の為に軍艦に坐乗して土佐藩須崎港に来るも、結局要領を得ず。

是より先、土藩の重役佐々木高行と、微行して国に帰れる坂本と、英国書記官サトウ氏との三人は、同船して長崎に赴き、凶行者を取調ぶる事となれり。坂本は上陸するや否や、直ちに市中に張紙をなし、暴徒の姓名を届け出づる者は、其賞として百金を与ふべしと。是に於てサトウ氏は以為《おもへ》らく、海援隊にして如此大金なる

懸賞をなすを見れば、凶行者は決して此隊士中にあらざるべしと。而して嫌疑は忽ちにして晴れ、パークス公使も始めて、釈然たりきと云ふ。坂本の機敏なる、此の如し。佐々木侯曰く、「坂本は目的を定めなば、必ず之を達する手段を講究したり。余は或夜、坂本と種々の談話を交換したりしが、此時坂本云ふ。「我国にヤソ教を輸入し、以て幕府を苦め倒さん」と。余云ふ「好《も》し幕府を倒し得るとするも、該教の蔓延は、我国体上の大変なり」と。双方論ずること久し。深更に至り此等の研究は、他日に譲る事なし、果ては大笑を催しつつ寝に就きたり。ひにて何の役にも立たず。結局両人共にヤソ教の何にものたるを知らず、俗に云ふ、盲人の叩き合坂本が目的に対して其手段を講究すること此類なり」と。かの薩長連合策も、我帝国統一の目的を達するの大手段なりき、而して能く之を成就したり。大政返上論も亦然り。其一生の心血をそそぎたる航海術も、要するに海洋中に孤立する我国家の権威を維持し、之を発展し、之を拡張するの手段たるの外ならず。

坂本一日後藤伯に向って「兎角《とにかく》天下はおだやかに治めねばならぬ。就《つい》ては僕、何かの名義の下に入獄の身となりたし」と。伯は事の意外なるに感じ其故を問えば、表面は入獄の身となり、其実、将軍家の奥間に潜み、慶喜公の顧問となり、以て天下の大計に参与せんと。後藤好しと称したるも、其事止みたりと。封建の昔時に在りて、坂本は既に代議政体を唱道せり。其識見の超凡なるは、呶々《どど》するを須ひず（くどくど言う必要はない）。彼の有名なる八策の最後に曰ふ、「皇国今日の金銀物価を外国と平均すべし」と。其先輩は之を以て、坂本は当時既に金貨制度を唱へたりと評す。然れども余の所見によれば、此案の趣意、未だ金貨制度とは行かぬが如し。当時我国は、金銀の価格殆んど平均に近くして、左程の差なし。之に反して外国は非常の相違ありて、金一にして銀十乃至十五、六の割合なりき。故に外国人が銀を我国に持ち来って金と交換し、一挙にして巨万の富を作りたる者鮮やからず。坂本は多分之を考慮し、金銀物価を外国と平均するの説を案出したるべし。

余、頃日、後藤伯に会し、談々たまたま坂本に及ぶ。時に後藤伯、曽《あえ》て海舟より聞ける逸話なりとて余に伝ふ。一日坂本、南州と当時の形勢に関し、談話中、南州曰く「横井小南は、しばしば其説動き一定不変の識見を欠く云々」と。坂本これを聞くや否や「元来横井は識見に富み、すこぶる先見の明あり、故に其説の変ずるものは尋常変節の徒類の一《ひとつ》とするものにあらず。貴殿の如く常に自己の説を固持して変ぜざる者は、固陋管見《ころうかんけん》に陥るの弊を免れ難く、千変万化の渦中に投ずるに際し、其の用に適せず。横井小南を変節と非難するは其人の不明に依る。彼の明よく将来を観察し、時宜に応じて画策する所あるなり。此の如き彼は、貴殿の天才と智識に長ずる處なりといふべし」。南州是に於て暫く沈思黙考して曰く「成る程」と。海舟この逸話を後藤伯に伝え終り「君、この両雄中、いづれを偉とするか、南州に向ひ直接にかくいへる坂本を偉とするか、或いは坂本の言を聞き手「成る程」と説に首肯する能はざるべし。今日多くは是を以て諫を防ぐに足る徒なり云々」。而して後藤伯、唯々して退く云々と。

六、竜馬の度量

海援隊士に佐々木某といへる躯幹偉大の腕力家ありたり。数々同輩と酒楼に上り豪飲をたくましくしたるが、其果てには何日《いつ》も〝喧嘩なり〟。故外務大臣宗光伯、当時陸奥陽之助の如き議論は頗る巧妙なるも、最後の腕力に至っては到底叶はぬなり。単に陸奥のみならず隊士の多は、毎に此佐々木に圧倒せらる。故に何れも大不平にて、終に彼を追い出す計画をめぐらし、名義を如何にするかとの問題となるや人曰く「彼は佐幕党なり、此点を以て隊長にうったへん」と。議忽ち一決し、代表者を出して隊長に具陳する所ありたるに、坂本笑って曰く、「我党の中に一人佐幕家ありとも、何の差支ある筈なし、船さへ能く乗らばそれで好し」と。これを坂本の度量器局の大なるを示す好例証にあらずや。

長崎にて海援隊に属する船員と幕府の船員と衝突したる事あり。海援隊士、之を聞いて大に怒り報復を謀る。

坂本之を聞くや某主なる者を呼び、此、喧嘩は隊長に任せよといふ。隊士之に従ふ。坂本乃ち中島信行氏を招き辞令を授けて、幕船某丸に使《つかひ》せしむ。中島、命を受けて之を訪へば、船中の光景尋常ならず。既に銃器の準備杯に取掛り、海援隊士の襲撃に応ぜんとするものの如し。中島、先方の船長に会し、従容隊長の命を伝えて曰く、「今日我国は航海術を振興すべきの秋《とき》なり。然るに船乗の少き折柄に、船員同志のケンカなどに双方に取り決して、ほめた次第にあらず。貴下にして異存なくば水夫の衝突の如きは、双方の隊長にて円満に落着さしては如何が」と。意外の沙汰に先方の船長は非常に喜び、少しも意存なしとの事、直ちに解決したり。是れ亦、前者と同じく坂本の人物其偉大なるをうかがふに足る。

坂本が初め剣道修行として江戸に遊学せし同行者の一人は、其、朋友野村栄造なりし事は本文に之を叙述したり。余は頃日、其野村の親族たる某より以下の事実を聞く。本文記載の事実とは、いささか異なるのみならず、更に語って詳なるものもあれば、茲に之を掲ぐべし。当日一行の立宿は、高知城西小高坂村の野村家なりき。時刻至るや見送る者に、ようせられつつ一行は既に旅程に上りしと思ひの外、該家を距《へだた》る数丁の外にて、坂本の姿の見えぬに気付きたり。こは如何なる故ならん、或は猶居残りやせんかと、見送りの一人は野村家に向って踵《きびす》をとって回したるに、案の如く坂本はまだしも該家に留り居ぬ。而して台所なる襖に源平壇ノ浦合戦の江戸槍を貼付しあるを、余念なく眺め居たるが、見送人の返り来るを見て、こは義経の〝八艘飛びぞ〟と、いとも興味あり気に指し示せり。落付き払ったる其態度は、あたかも、三百里外に旅立ちする身なるを覚えざるが如くありしかば、他人は坂本の平気なるに舌を捲きたりとぞ。聊も交通の不便を護国の大條件となしたる封建時代にありきては、其旅行の如き決して容易の事にあらず。随って送る者も送らるゝ者も、自ら一種の悲哀悽愴《せいそう》の威に打たるるが常なるに、弱冠前後の坂本が早くも既に、其境を逸出せるを見れば、後日、海援隊長たりしは意外の事にあざるべし。同行の野村も亦、気概の士なりき。其坂本と共に郷国を出て剣を江戸に学びしが不幸病魔に冒され、少荘有為の身を以て客土の鬼となり、終《つい》に維新の風雲に孤負《こふ》して唾手功名《だしゅこうみょう》を坂本に譲りしは、残念なりと謂ふべし。

後に「カミソリ大臣」として辣腕をふるった外務大臣・陸奥宗光は、坂本竜馬についての評で最大級の賛辞を贈っている。

「坂本は近世史上の一大傑物にして、その融通変化の才に富める、その識見、議論の高き、その他人を遊説、感得するの能に富める、同時の人、能く彼の右に出るものあらざりき」。

また、このようにも述べている。「竜馬あらば、今の薩長人などは青菜に塩。維新前、新政府の役割を定めたる際、竜馬は世界の海援隊云々と言へり。此の時、竜馬は西郷より一層大人物のやうに思はれき」(千頭清臣『坂本竜馬』)。

七、竜馬、大久保一翁に会す

坂本が勝海舟翁に初対面の際、場合によれば殺害の意ありしとは、世間に喧伝せらるゝ所なり。大久保一翁子に対しても、亦、之と同様の逸話あり。

維新後大久保子が東京府知事たりし際、余の先輩某、一日、子《し》を訪ひ「英雄豪傑とは聊も如何なるものかと問ふ。子曰《のたま》ふ「非凡の人なり」と。問ふ「如何なる人が非凡なるか」。答ふ「例えば西郷其人なり」と。問ふ「西郷は如何なる点が非凡なるか」。曰く「西郷が郷里に棲居したりし当時、兎角此人出ずしては国家統一の業成らずとて、強ひて参議を引上げたり。然も重大の件を議するに当って、西郷は何日も、いや私は久しく田舎に閉じこもりたれば未だ東西が分からぬとて、何も意見を述べざりき。西郷にしか云はるるは、非常に底気味悪しかりしなり。是れ西郷が非凡であるからの事なり」。問ふ「其他の人は如何」。曰く「木戸、大久保は並み上出来、板垣、後藤の如きは並なり」。問ふ「然らば土佐には非凡の人物はなきか」。大久保は〃やゝやゝ〃暫く沈思してありしが、やがて曰ふ「あるある、大ありである。坂本竜馬と云ふ男がある」と。而して語を継いで曰ふ「坂本は最初、余の家に同志四、五人を伴ひ来りて、余に向かって曰ふに「鎮攘の事、幕府因循して決せず。今、僕に決死の同志四、五十人あり。相卒いなば在横浜の洋館を焼くを得べし」と。余は之を聞いて呵々《かか》と打ち笑ひたり。すると忽ちにして一人顔色こう然として怒り、急に刀鞘を握りたり。坂本は扇を以て其手を打ち、叱して曰く「無礼するな」と。更に坂本、余に向かって曰ふ「高教を辱《かたじけな》くするは僕の願ふ所なり、然るに尊公笑《えみ》を以て人に接するは如何」と。余深く之を謝し、更に曰ふ「如何に幕府衰えたりといえども、其部下を駆らば、夷館を焼き払ふが如きは易々《やすやす》たる事のみ。されどこれを挙行すればとて、鎮攘の目的を達し得べき乎《なり》。これを大に考慮すべき所ならずや」と。坂本拝謝して曰ふ「高諭に接して迷霧頓に一掃す」と。而して急に辞し去りたり。余思ふ、坂本の裕然大悟したるは、是れ真なるか、容易に解し得べからず。今にして之を思ふも、いささか底気味悪し。けだし坂本は、或は自身に於ては、とくに鎮攘説の非なるを知るも、同志の頑柄《がんぺい》なるを開発するの一策として、余の口を籍たるに非ざるかと。親敷大久保子は聞きしとて、余に語りし先輩の言、斯くの如し。

尚、当時子が、坂本と会談せし梗概《こうがい》をあげて横井平四郎に贈りし書簡は、本文中にさう入せり。就い坂本の勝翁に始めて而晤《しご》せしも、単独にあらずして四、五人の同志を伴ひしと伝ふる者あり。然らば、或は大久保子の推測せし事と同一の事情にあらざるか。

八、竜馬の眼中死生なし

国事に奔走する者は元より生死を度外に措《お》かざるはなし。殊に物騒なる維新前の世に在りては、尚更の事なり。而して此等決死の志士中にて西郷南洲と坂本とに於て、最も其然るを見る。坂本は文久年間、藩禁を破りて脱走し、其罪を土佐藩に獲たるのみならず、夫《そ》の土佐参政にして同藩佐幕党の首領たる吉田東洋を殺害したる刺客と、消息を通じ居たりとの嫌疑さへ蒙《こうむ》り居たる、所謂一種の浪人也。されば、在大坂の土佐陣屋への出入は危険千万にて、何時捕縛せらるやも測り知るべからず。然るに彼は無頓着にも、しばしば此處に出入せり。夫の慶応年間の坂本に至っては、最早、土佐藩嫌疑の坂本にあらずして幕府嫌疑の坂本なりき。しかるにも顧ずして幕吏追跡の真最中に大坂にて、城代大久保一翁子を訪ひたるが如き、何れも死生の眼中になきと覚ゆ。兼ねてより懇意なる大久保が坂本に向かひ、既に偵吏が捕縛の手当をなし居る旨を告ぐれば「あ、左様か」と一言を発し悠然として立去るが如き膽気《たんき》の程、実に傍若無人の振舞と評すべき也。其九死一生の場合、京坂、薩長、土佐、福井等を東奔西走して少しも意とせず。友人数度忠告する所あるも、其好意を謝するのみにして自若《じじゃく》たるは、畢竟《ひっきょう》「命は天に在り。殺さるればそれ迄の事」と、常に決心し居たるによるべし。

夫の寺田屋事件の場合、虎口の難を脱して材木貯蔵場に潜みたる際、常人として之を処せしめば、多分恐怖して為す所なかるべし。坂本は然らず。同行三好の急報により、薩邸より迎えの士、来るまに際し、梁上にイビキ声、雷の如く眠り居たるが如き、大膽不敵《だいたんふてき》の態度に至っては、殆んど常情外と云うふべき也。

「奔走録」に「予死する時は、命を天に返し、位高き官へ上ると思ひ定めて、死を畏るゝなかれ」とあり。それかと思ふと又「成る丈、命は惜しむべし。二度と取り返しのならぬもの也」と謂へり。佐々木侯の批評の如く、到底坂本は、矛盾杯の辞句を以て律することはなし得らるべきにあらず。兎も角も死生は、彼の眼中に無かりしものと思はる。

最後に一言す。今井信郎は坂本の刺客なりと伝へられ、又自ら白状し居る者也。此今井は曽《かっ》て、某新聞記者の何故に彼を殺したるかとの問に答へて「土佐は恐るゝに足らぬが、一人の坂本が恐ろしかりき」と言へりといふ。一浮浪の身にして政治的権威の大なるは、之にても推察さらるゝにあらずや。

九、竜馬の書翰 一筆啓上仕候

坂本の書翰にして、本書編後入手したる者、鮮《すくな》からず。今其中の在高知の野島氏の好意に依る若干を茲に掲ぐべし。

私事は初より少々論がこと異なり候故、相かはらず自身の見込所を致し候所、皆どふ致し候ても事ができぬゆへ、初に私しお、わるくいゝ、私しお死なそふとばかり致し候ものも、此頃は皆々何となく恋したいて、そふだん致し候よふに相成り、実にうれ敷存候。(世上に義理太イ分ンわかりたり)私は近日おふゝゝ軍致し、将軍家を地下に致候ができず候時は、も外国に遊び候事を思ひ立候。二国三国そうだんにおふじ候得ども、何分時節が十分になく長州のよふ、つまらぬ事にて致候てはならぬと存じ候。夫《それ》おかんが私へとても、一生うちにおりてぬかみその世話を致すはいやと存候ば、今日にてよく御存被成度候。今私が事あげ致候時は、皆大和国や野洲やにて軍五六度致し候ものをあつめをき、夫をつかひ候得ば、どうしても一度はやりさへすれば志をうると存候。然共中々時がいたらず。「以下、切断」古書が切れていた。

此書定めて兄権平が、姉乙女子にか贈りしものなるべし、稺気(稚気)を帯びたる文字の間に、よくもその雄大な抱負を洩らしたり。

別紙航海日記応接一冊を西郷に送らんと記せしが、猶思ふに諸君御覧早々西郷小松などの本に御廻付ては、石川清之助などにも御見せ奉願候。又だき(惰気)にて、御一見の後御とどおき(留め置)被候ては不安候間、

御らん後西郷あたりに早く御見せ可被下候。実は一戦仕候と存候間、天下の人によく為知て置度存候。早々菅野様　多賀様

御送り公法　但馬国　難有奉存候

そして活板字がたり不申ざれば、其不足の字は御手許より御頼か、又、伏水にては、相談以前の坂本師に御申付可被成奉願候。謹言。才谷十一日　秋山先生　左右

一筆啓上仕候

弥御機嫌能可被成御座目出度奉存候。然に先頃長崎より後藤参政と同船にて上京仕候処、此頃英船御国に来るよしなれば、又日比参政と同船にてスサキ港まで参り居候得ども、ひそかに事を論じ候得ば、今まで御無音申上候。此度英船の参る故は、長崎にて英の軍艦水夫両人酔て居候処を、たれやら殺し候よし、夫お幕吏に土佐国の人が殺候と申立候よし、其故にて御座候。其英の被殺候時は、去る月六日の夜の事にて候、同七日朝、私持の風帆船横笛と申が出帆し、又御国の軍艦が同夜に出帆仕候。右のつがふ（都合）を以て、幕吏が申スニハ、殺し候人が先づ横笛船にて、其場引取て又軍艦に乗りうつり、土佐に帰り候と申立候よし也。夫で幕軍艦、英軍艦ともに参り候よし也、然れ共先づ後藤、由比、佐々木の談判にてかたづけ申候。此頃又御願申上度品在之候。彼御所持の無銘の了戒、二尺三寸斗の御刀、何卒拝領相願度、其かわり何ぞ御求被成度、西洋もの在之候ば御申聞奉願候。先付今持合候時計一面さし出し申候。御笑納奉願候、今夕方急々認候間、はたしてわかりかね可申かと奉存候得ども、先早々此如期後日候。恐惶謹言　八月八日　直柔　尊兄左右（兄権平氏）

訂正
本文　岡内俊太郎氏（男爵）を海援隊士となせしが、こは誤にて、男は藩命を帯びて、坂本と同時に長崎に滞在し居たり。

十、松平春嶽、坂本を勝に紹介せりと云ふ

竜馬始めて勝を訪ひしは、文久二年中のことに相違なきも、その月日審《つまびらか》ならず。然るに、本書刊行後、偶然、岩崎氏の親切に基き春嶽より土方伯へあたえたる書を得て、やや之を明かにするを得たり。全文左の如し。以下

「坂本竜馬氏は土州藩臣にして、国事の為に日夜奔走して頗る尽力せしは衆庶の知る所あり。先生初めて面会せしに文久三年七月と存ずる。老生政事総裁職の命を受くるは六月也。或日朝登城の前、突然二人の士、常盤橋の邸に参入して、春嶽侯に面会を乞ふ、諾して面話す、登城前ゆえ中根雪江に命じて両士の談話を聞かしむ。此二人は坂本竜馬、岡本健三郎なり。其後、此両士を招き、両士の談話を聞くに、勤王攘夷を熱望する厚志を吐露す。其他、こん篤の忠告を受く。感佩《かんぱい》に堪へず。右両士の東下するは、勝安房、横井平四郎の両人暴論をなし、政事に妨害ありとの与論を信じたるゆゑなりと聞く。坂本、岡本両士余に云ふ。勝、横井に面晤仕度候の紹介を請求す。余諾して勝、横井への添書を両士に与へたり。両士この添書を持参して、勝の宅に行く。両士は勝に面会し、議論を起して、勝を斬殺するの目的也と聞く。両氏、勝の座敷へ通ると、勝は大声を発して我を殺すために来るか、殺すならば議論のあとに為すべしと云ふ。両士は大いに驚き落膽《らくたん》せり。両士勝に面会して勝の談話を聞き、勝の志を感佩心服し、これよりしばしば勝へ往来すると云ふ。其後、勝、評判不宜、暗

殺の風聞ある頃には、夜々坂本、岡本両士は、ひそかに勝の宅を夜廻りして警衛せしと、これ坂本氏の懇厚の志を見る一斑なり。横井へも添書を以て面会す。当時横井廃帝論家の評判を受く。両士横井に談話する、尊王の志厚く廃帝杯の事はいささかも、これなく、横井の忠実に頗る感佩せりと云ふ。

慶応三年坂本氏暗殺の翌朝、後藤象二郎君に面会いたしたく書状を送り候所、答書に、坂本氏の暗殺にて用多く、来邸を辞すとの事也。初めて此の死亡を聞て、驚愕痛悼《きょうがくつうとう》に堪へず。老生見聞する所を記載して追思往事の證を表す。明治十九年十二月十一日、故山内容堂公親友なる松平慶永、土方閣下

之に依って観れば、竜馬と勝との初対面は文久二年七月中の事に属し、同伴者は千葉にあらずして、岡本健三郎なりし也。これ恐らくは事実ならむ。而し猶ほうたがはば、うたがはれざるにあらず。「維新土佐勤王史」によれば、竜馬の藩を脱したるは文久二年四月二十四日、九州を遊歴して大坂に着したるは六月十一日、これより上京して江戸に発向したるは八月中の事とあり、本書亦之に準拠したるが、もし春嶽公の書にして誤謬ならずば、勤王史の記事誤謬なるべし、勤王史の記事真実ならば、春嶽公の書、真実ならざるべし。何れにしても五六十年前の事、今俄《にわか》に一方を否定して他方を肯定するは能はざるを憾とす。

エピローグ

「世と共に　うつれバ曇る　春の夜を　おぼろ月とも　人はいふなれ」。

世の中の流れと共に動いていると、春の朧月の様に〝ぼんやり〟した人間だと思われるだろうな……。目の前の現象にばかり気を取られずに、悠々と太平洋の様な広い視野で、先を見なければいけないと……。

龍馬は既に、〝近代人〟としての一歩を踏み出していた。彼は、武士の魂を持つ経済人、壮大な構想を立て新しい日本の建設に活躍する「パイオニア」。春の朧月の空、星座ペガサスは輝く。秋の晴れた夜、星座ペガサスは飛んで行く。「おーい、才谷梅太郎」と呼んで見よう。羽の生えた〝龍馬ペガサス〟が、「平成の龍馬よ。出て来い！」と現われるだろう。あまりにも物質的に豊かになった現在、精神的なものは完全に失われつつある社会。ミュージカルの「薄桜鬼《はくおうき》」、「新選組」は、中国や台湾の人に迄人気だが、坂本龍馬は知らないという。「龍馬」は、ゲームにもアニメにもミュージカルにも商品化されていない神聖な星なのである。2017年は、百五十年祭、龍馬の復活を祈る筆者である。

主な参考文献

（引用図書の多くは、本文中に記載しました）

『海援隊始末記』は、戦前の昭和十六年（１９４１）に、戸田城聖先生が経営していた大道書房から出版されたものである。この書籍には、十六頁に亘って関係写真を掲載した後、子母沢寛の序文で始まり、平尾道雄の緒言に続いて、目次・附録が配置されている。

目次によれば、本文は四十三の章で構成されている。

「世界の海援隊」「町人郷士、坂本龍馬」「劔術修行」「河田小龍の通商航海論」「土佐勤王黨」

「坂龍飛騰」「吉田東洋の暗殺」「海舟と一翁」「航海術練習生」「岡田星之助暗殺」

「廣井磐之助の復讐」「神戸海軍操練所」「勤王黨瓦解」「長崎出張」「望月龜彌太と池田屋騒動」

「安岡金馬と忠勇隊」「海軍操練所解散」「長崎の結社」「汽船ユニオン號」

「上杉宋次郎の自殺」「薩長聯合成る」「寺田屋の遭難」「お登勢とお龍」「ワヰルウエフ號沈没」

「馬關海峡戦」「商社經營」「大極丸と蝦夷開發計畫」「長崎清風亭」「海援隊と陸援隊」

「いろは丸遭難顛末」「船中八策」「英艦イカレス號水兵殺害事件」「長崎裁判」

「江戸町の異人斬り」「ライフル銃購入」「大政奉還」「近江屋の兇變」「天満屋の夜襲」

「長崎奉行所占領」「天草島鎮撫」「讃岐諸島經營」「帝國海軍創設建白」「海援隊解散」

『坂本竜馬』	千頭清臣著	博文館	1914
『大阪朝日新聞　大正4年8月5日11面』			1915
『坂本竜馬関係文書 第1,2』	日本史籍協会	岩崎英重	1926
『十津川郷』	十津川村史編輯部	西田正俊	1954
『竜馬がゆく　5巻』	司馬遼太郎	文藝春秋	1966
『坂本龍馬』	川本直水 （京都高知県人会長）	白川書院	1969
『京一中・洛北高校100年史』	校史編集委員会		1972
『海援隊士近藤長次郎』	吉村淑甫	新高知新聞連載	1978
『歴史と旅 実録御家騒動』		秋田書店	1979
『歴史と旅』		秋田書店	1979
『撓いのひびき』	瀬尾謙一（渡辺篤孫弟子）	神修館	1982
『昭和57年～58年　週間K』		西尾秋風	1982- 1983
『昭和57年～58年　週間K』		万代修	1982- 1983
『坂本龍馬を斬った男』	今井幸彦（今井信郎孫）	新人物往来社	1983
『歴史と人物』		中央公論社	1983
『歴史研究』		歴研	1985
『坂本龍馬の写真─写真師彦馬推理帖』	伴野朗	新潮文庫	1987
『十津川剣道史』	十津川村教育委員会	十津川剣道史 編集委員会	1988
『幕末ものしり読本』	杉田 幸三	廣済堂出版	1988
『維新風雲回顧録』	田中光顕	河出書房新社	1990
『竜馬研究 67・68号他』		高知竜馬会	1991
『おどろき日本史249の雑学』	太田 公	三笠書房	1991
『竜馬百話』	宮地 佐一郎	文春春秋	1991
『坂本竜馬─飛べ！ペガスス』	古川 薫	小峰書店	2000
『別冊歴史読本　坂本龍馬伝』		新人物往来社	2009
『坂本龍馬74の謎』	楠木 誠一郎	成美文庫	2009
『坂本龍馬 - 海援隊始末記』	平尾 道雄	中央公論社	2009
『歴史読本 特集日本史奇談』		新人物往来社	1989

その他参考図書

■経営書院		
高野澄	龍馬海援隊・夢と志	1993
■廣済堂出版		
岳真也	決戦鳥羽伏見 ―徳川慶喜の選択	1997
川澄哲夫	ジョン万次郎とその時代	2001
■講談社		
砂田弘	坂本竜馬 ―明治維新の原動力	1985
飛鳥井雅道	坂本竜馬	2002
加来耕三	龍馬の謎―徹底検証	2002
■光風社出版		
小林久三	龍馬暗殺―捜査報告書	1996
■光文社		
阿井景子	龍馬の姉・乙女	2004
■小峰書店		
古川薫	勝海舟 ―わが青春のポセイドン	2001
■三一書房		
石尾芳久	大政奉還と討幕の密勅	1979
大橋昭夫	後藤象二郎と近代日本	1993
■三修社		
高野澄	坂本龍馬・33 年の生涯	2003
■実業之日本社		
童門冬二	佐久間象山―幕末の明星	2004
■清水書院		
奈良本辰也	佐久間象山〔新装版〕	2014
■社会評論社		
寺尾五郎	倒幕の思想＝草莽の維新・ 思想の海へ－解放と変革－	1990
■集英社		
加野厚志	龍馬慕情	1997
■寿郎社		
合田一道	龍馬、蝦夷地を開きたく	2004
■春陽堂書店		
風巻絃一	竜馬とその女	1990
童門冬二	竜馬暗殺集団〔新装版〕	1996
■アガリ総合研究所		
高杉俊一郎	龍馬の洗濯 ―亀山社中から薩長同盟	2005
■朝日新聞社		
松浦玲	横井小楠（朝日評伝選 8）	1976
海音寺潮五郎	西郷と大久保と久光	1989
■岩波書店		
アーネスト・サトウ	一外交官の見た明治維新	1960
■戎光祥出版		
阿井景子	龍馬と八人の女性	2005
小椋克己 他	図説・坂本龍馬	2005
小椋克己	龍馬が長い手紙を書く時	2006
■大空社		
大町桂月	伯爵後藤象二郎 ―伝記・後藤象二郎	1995
■学習研究社		
加来耕三	勝海舟と坂本龍馬	2001
山村竜也	史伝・坂本龍馬	2003
■学陽書房		
豊田穣	坂本竜馬	1996
■角川学芸出版		
石黒敬章	幕末明治の肖像写真	2009
■角川書店		
津本陽	密偵―幕末明治剣豪綺談	1991
■グラフ社		
古川愛哲	勝海舟を動かした男大久保一翁 ―徳川幕府最大の頭脳	2008

小美濃清明	**坂本龍馬と竹島開拓**	2009
菊地明	**坂本龍馬 101 の謎**	2009
菊地明	**坂本龍馬日記**	2009
■新潮社		
海音寺潮五郎	**幕末動乱の男たち**	1975
■青春出版社		
小林久三	**龍馬暗殺に隠された恐るべき日本史—われわれの歴史から伏せられた謎と物証**	1999
■青人社		
邦光史郎	**坂本龍馬をめぐる群像（幕末・維新百人一話）**	1993
■第三文明社		
早乙女貢	**龍馬暗殺**	2003
■大和書房		
池田諭	**坂本龍馬—平和と統一の先駆者**	1968
■高城書房		
芳即正	**坂本龍馬と薩長同盟—龍馬周旋は作り話か…**	1998
■竹井出版		
会田雄次 他	**龍馬と晋作—維新回天に命を賭けた二人の英傑の交遊と生涯**	1989
■淡交社		
木村幸比古	**龍馬の時代—京を駆けた志士群像**	2006
■筑摩書房		
阿井景子	**龍馬の妻**	2009
菊地明	**龍馬—最後の真実**	2009
■中央公論新社		
大江志乃夫	**木戸孝允—維新前夜の群像 4**	1958
松岡英夫	**大久保一翁—最後の幕臣**	1979
池田敬正	**坂本龍馬—維新前夜の群像 2**	1986
平尾道雄	**中岡慎太郎・陸援隊始末記〔改版〕**	2010

■小学館		
中浜博	**私のジョン万次郎—子孫が明かす漂流の真実**	1994
■祥伝社		
童門冬二	**小説・横井小楠—維新への道を拓いた巨人**	1994
木村幸比古	**日本を今一度せんたくいたし申候—龍馬が「手紙」で伝えたかったこと**	2000
竹下倫一	**龍馬の金策日記—維新の資金をいかにつくったか**	2006
■新人物往来社		
嶋岡晨	**龍馬追跡**	1977
平尾道雄	**坂本龍馬のすべて**	1979
今井幸彦	**坂本竜馬を斬った男—幕臣今井信郎の生涯**	1983
嶋岡晨	**坂本龍馬の生涯**	1983
中野文枝	**坂本龍馬の後裔たち**	1986
山田一郎	**坂本龍馬・海援隊隊士列伝**	1988
大浦章郎	**徹底推理・龍馬暗殺の真相**	1991
桑原恭子	**龍馬を創った男—河田小龍**	1993
小美濃清明	**坂本龍馬と刀剣**	1995
木村幸比古	**龍馬暗殺の真犯人は誰か**	1995
松岡司	**武市半平太伝—月と影と**	1997
松岡司	**中岡慎太郎伝—大輪の回天**	1998
源了円 他	**横井小楠のすべて**	1998
小美濃清明	**坂本龍馬・青春時代**	1999
菊地明	**龍馬暗殺・完結篇**	2000
三上一夫 他	**由利公正のすべて**	2001
土屋雄嗣	**坂本龍馬暗殺事件覚え書**	2002
松岡司	**定本坂本龍馬伝—青い航跡**	2003
菊地明	**京都見廻組史録**	2005
菊地明	**坂本竜馬の 33 年・歴史読本クロニクル**	2006
土居晴夫	**坂本龍馬の系譜**	2006
小西四郎	**坂本龍馬事典〔コンパクト版〕**	2007

星亮一	ジョン万次郎—日本を開国に導いた陰の主役	1999
岡崎久彦	陸奥宗光とその時	2003
木村幸比古	龍馬暗殺の謎	2007
津本陽 他	幕末京都血風録	2007
■冨山房インターナショナル		
中浜博	中浜万次郎—「アメリカ」を初めて伝えた日本人	2005
■富士見書房		
富田常雄	坂本竜馬—土佐海援隊	1991
■プレジデント社		
澤田ふじ子 他	坂本龍馬 —幕末を駆け抜けた男 (歴史と人間学シリーズ)	1990
■文藝春秋		
阿部牧郎	大阪をつくった男 五代友厚	1998
一坂太郎	高杉晋作	2002
■勉誠出版		
泉淳	坂本竜馬	2004
■毎日新聞社		
阿井景子	もうひとりの龍馬の妻	1990
神坂次郎	龍馬と伊呂波丸	1996
■マツノ書店		
尾崎卓爾	中岡慎太郎先生	2010
■三笠書房		
風巻紘一	坂本龍馬のすべてがわかる本	1993
■民友社		
弘松宣枝	坂本龍馬	1896
■吉川弘文館		
大平喜間多	佐久間象山〔新装版〕	1987
松尾正人	木戸孝允 (幕末維新の個性 8)	2007
■臨川書店		
宮川禎一	龍馬を読む愉しさ—再発見の手紙が語ること	2003

■中経出版		
森友幸照	龍馬はこう語った—大変化を生きる男の魅力	1990
■汐文社		
絲屋寿雄	坂本龍馬	1975
■東京大学出版会		
伊藤隆	木戸孝允関係文書	2005-
■東洋経済新報社		
尾崎護	経綸のとき —小説・三岡八郎	1995
■東洋書院		
堅山忠男	坂本龍馬—現代的に学ぶ	1997
■徳間書店		
寺尾五郎	薩長連合の舞台裏 —坂本竜馬と中岡慎太郎 (中岡慎太郎と坂本竜馬 - 薩長連合の演出者)	1990
■永岡書店		
河合敦	図解日本を変えた幕末・明治維新の志士たち —知的にひらめく!	2008
■ナツメ社		
木村幸比古	図解雑学坂本龍馬	2003
■日本実業出版社		
木村幸比古	もっと知りたい坂本龍馬(歴史を動かした人物Series)	2003
■ PHP 研究所		
大内美予子	おりょう—龍馬の愛した女	1989
邦光史郎	坂本龍馬(歴史人物シリーズ—幕末・維新の群像)	1989
岡崎久彦	陸奥宗光(上下)	1990
邦光史郎	坂本竜馬の研究 —人脈づくりの達人	1990
宮地佐一郎	坂本龍馬全集	1995
宮地佐一郎	龍馬の手紙—坂本龍馬全書簡集・関係文書・詠草	1995
稲葉稔	竜馬暗殺からくり —開化探偵帳	1999

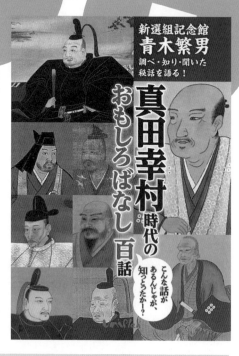

おもしろばなしシリーズ第三弾！
「こんな話があるんじゃが、知っとったかー？」

調べ・知り・聞いた秘話を語る！

新選組おもしろばなし百話

好評発売中！

著者　京都史跡研究家・ふるさと探訪クラブ代表
青木繁男（新選組記念館館長・幕末史家）

仕様　定価　本体**1500円**+税
A5判 248ページ

新選組にまつわる選りすぐりのエピソード満載！
青木氏による初公開の秘話も必見です。
新選組活躍の裏話や隊士の顛末など、まさに著者のライフワーク集大成！

主な内容

■新選組結成前
■新選組初期～芹沢暗殺
■野口の切腹
■池田屋事件
■禁門の変
■色々な事件（慶応元年）
■河合耆三郎切腹事件
■油小路の変と周辺
■天満屋事件と新選組の衰退
■甲陽鎮撫隊
■近藤勇斬首
■新選組逸話
■隊士たちの逸話
■箱館戦争
■新選組の最後とその後

青木繁男　著者プロフィール

■昭和7年3月
京都市下京区にて出生。同志社大学商学部卒業
旧第一銀行入行　京都、伏見、本町、丸太町、浜松、梅田、京都支店を歴任

■平成4年3月
第一勧業銀行京都支店にて定年退職
余暇を利用し、飲食業レジャーサービス業の研究と経営コンサルタント、
京町家と幕末、特に第一銀行の創始者渋沢栄一の研究の際、土方と栄一の接点から新選組の研究へと発展。昭和35年より始める。

■平成4年3月
京町家保存会を設立。「京町家草の根保存運動開始」行政に町家保存を訴える。

■平成5年4月
京町家動態保存のため、京町家の宿、京町家ペンションをオープン。
唯一の町家の体験宿泊施設。

■平成5年7月
池田屋事変記念日を期に、新選組記念館オープン。館長就任

■平成9年10月
(財)京都市景観・まちづくりセンターが第3セクターを設立、町家保存事業に市が動きだし、ボランティアとして調査に参画。

■平成10年11月
京都市まちづくり事業幕末ボランティアガイド塾を立ち上げ、塾長として55名の市民と幕末京都の史蹟や史実、京町家・町並みの調査研究、市民や観光客に紹介運動開始。

■平成11年6月
塾活動が大きく評価をあび、NHK、KBS、読売テレビや神戸新聞、静岡新聞、京都新聞、リビング新聞に紹介される。

■平成13年3月
21日より1ヶ月間、関西初の「土方歳三京都展」を西陣織会館にて開催。地元大手企業と連帯して、土方歳三の新しい京都に於ける実像に迫る。

■平成14年3月
京都で初めての新選組展を西陣織会館にて開催。

■平成16年1月
NHKスタジオパーク「誠」に出演。

■平成20年9月15日
内閣府エイジレス受賞

■平成26年
平成26年度京都府地域力再生プロジェクト事業「平家物語による町おこし、観光開発」を実施。平家物語を軸とした歴史ボランティアガイドの育成及び同ガイドによるウォークツアーの開催。「治承の乱の高倉宮以仁王生存伝承を追う」による町おこしを実施。

■平成27年1月
著書「京都幕末　おもしろばなし百話」を出版。
好評を得る。
・高倉宮以仁王伝承の研究
・京都と滋賀の妖怪霊界物語伝承の研究を強化する。

■平成27年8月
月刊京都8月号に京都妖怪図鑑掲載。

■平成28年1月
「真田幸村　時代のおもしろばなし百話」を出版

■現在
「新選組　おもしろばなし百話」「龍馬　おもしろばなし百話」発行中。次回、井伊家の祖、「戦国100話（仮称）」執筆中。
宇治市観光ガイドクラブ初代代表　新京都シティ観光ボランティアガイド協会顧問
京都町作り大学院大学　講師

ガイドツアーのご案内

＊新選組記念館では、京都史跡コースのガイドツアーを承っております。日時、人数、ご希望など下記にお問い合わせください。

TEL.075-344-6376
FAX.0774-43-3747

■写真提供
青木繁男など

新選組記念館青木繁男
調べ・知り・聞いた秘話を語る！
龍馬おもしろばなし　百話

定　価　カバーに表示してあります
第 1 版第 1 刷
発行日　2016 年 12 月 15 日

著　者　京都史跡研究家・ふるさと探訪クラブ代表
青木繁男（新選組記念館館長・幕末史家）
ユニプラン編集部

編集・校正　鈴木 正貴・橋本 豪
データ入力　橋本 治
デザイン　岩崎 宏
発行人　橋本 良郎
発行所　株式会社ユニプラン
http://www.uni-plan.co.jp
（E-mail）info@uni-plan.co.jp
〒 604-8127
京都市中京区堺町通蛸薬師下ル　谷堺町ビル 1F
TEL（075）251-0125 FAX（075）251-0128
振替口座／ 01030-3-23387
印刷所　株式会社　谷印刷所
ISBN978-4-89704-405-7　C0021